ABITUR-TRAINING
ERZIEHUNGSWISSENSCHAFT

Zentralabitur NRW 2009

Christoph Storck

Entwicklung, Sozialisation und Identität
Normen und Ziele in der Erziehung

STARK

ISBN 978-3-86668-046-3

Inhalt

Vorwort

Die pädagogische Perspektive **1**

1 Was ist die Aufgabe von Erziehung? 1
1.1 Erziehung als Reaktion auf die Entwicklungstatsache 2
1.2 Der Erziehungsbegriff Klaus Beyers 2

2 Freiheit und Moralität als zentrale Erziehungsziele 5
2.1 Immanuel Kant: Erziehung zur Aufklärung und zur Moralität 5
2.2 Johann Friedrich Herbart: Erziehender Unterricht als Fundament einer Erziehung zu Freiheit und Moralität 7

3 Erziehung und Bildung aus pädagogischer Perspektive 10

Entwicklung und Sozialisation in der Kindheit **13**

1 Modell der Beschreibung psychosexueller Entwicklung: Sigmund Freud 13
1.1 Der Ansatz der Psychoanalyse 13
1.2 Das Phasenmodell menschlicher Entwicklung 17
1.3 Zentrale Einsichten der Psychoanalyse 19
1.4 Die Bedeutung der Psychoanalyse für die Pädagogik 22
1.5 Kritische pädagogische Würdigung der Psychoanalyse Freuds 22

2 Psychosexuelle und psychosoziale Entwicklung im Kindesalter nach Erik H. Erikson 25
2.1 Das epigenetische Prinzip 25
2.2 Einteilung des menschlichen Lebens in acht Phasen 26
2.3 Kritische pädagogische Würdigung des Phasenmodells Eriksons 38

3 Die Stadien der kognitiven Entwicklung nach Jean Piaget 42
3.1 Grundlagen der Lehre Jean Piagets 42
3.2 Die Phasen der kognitiven Entwicklung nach Jean Piaget 44
3.3 Einwände gegen Piagets Theorie 50
3.4 Kritische pädagogische Würdigung des Ansatzes Piagets 52

4 G. H. Meads Modell symbolisch-sprachlicher Kommunikation und Interaktion 56
4.1 Grundgedanken und Intentionen Meads 56
4.2 Kritische pädagogische Würdigung des Modells symbolisch-sprachlicher Kommunikation Meads 58

5 Sozialisation als Rollenlernen: Die funktionalistische Systemtheorie Talcott Parsons 61
5.1 Grundannahmen und zentrale Begriffe Parsons' 61
5.2 Der Prozess der Sozialisation nach Parsons 63
5.3 Sozialisation und psychische Entwicklung 66
5.4 Kritische pädagogische Würdigung des Ansatzes Parsons 68

Entwicklung, Sozialisation und Identität im Jugend- und Erwachsenenalter 73

1 Das Modell der produktiven Realitätsverarbeitung nach Klaus Hurrelmann 73
1.1 Hurrelmanns kritisches Verständnis von „Kindheit“ als Fundament seiner Theorie 73
1.2 Das Modell der acht Maximen der produktiven Realitätsverarbeitung 76
1.3 Entwicklung des Modells der produktiven Realitätsverarbeitung 79
1.3 Pädagogische Würdigung des Modells Hurrelmanns 84

2 Ursachen für Jugendgewalt und Gegenmaßnahmen 86
2.1 Klassische Aggressionstheorien 86
2.2 Neuere Erklärungsversuche für Jugendgewalt 95
2.3 Maßnahmen zur Gewaltprävention und Gewaltminderung 99

3 Jugendkrisen aus systemischer Sicht: Schlippe, Stierlin 108
3.1 Wie entsteht systemisches Denken? 108
3.2 Systemisches Denken und systemische Therapie 109
3.3 Systemische Therapie mit Jugendlichen 113
3.4 Pädagogische Würdigung des systemischen Denkens im Umgang mit Jugendkrisen 117

Normen und Ziele in der Erziehung 121

1 Deutung von Kindheit in der Geschichte: Ariès, de Mause, Postman 121
1.1 Philippe Ariès: Historische Kindheit kein Fortschritt für Kinder 122
1.2 Lloyd de Mause: Historische Kindheit als Albtraum 124

1.3 Kritischer Vergleich der Theorien von Ariès und de Mause 127
1.4 Neil Postman: Das Verschwinden der Kindheit im 21. Jh. 129
1.5 Pädagogische Überlegungen zur Bedeutung von Kindheit heute 132

2 Ansatz und Praxis der Montessoripädagogik 134
2.1 Wie entstand der Ansatz Montessoris? 134
2.2 Grundlagen der Montessoripädagogik 136
2.3 Pädagogische Würdigung der Montessoripädagogik 141

3 Ansatz und Praxis der Waldorfpädagogik 145
3.1 Grundlegende pädagogische Gedanken Steiners 145
3.2 Die Pädagogik der Waldorfschulen 149
3.3 Waldorfschulen in der Gegenwart 155
3.4 Pädagogische Würdigung der Waldorfpädagogik 156

4 Erziehung im Nationalsozialismus 159
4.1 Ziele nationalsozialistischer Erziehung und Bildung 159
4.2 Die Praxis der Erziehung im Nationalsozialismus 159
4.3 Erklärungsversuche für den Erfolg der NS-Erziehung 162
4.4 Erziehung zum Widerstand oder zum „Nicht-Mitmachen“ 164

Identitätsbildung **167**
1 Das Rollenkonzept des soziologischen Interaktionismus nach Lothar Krappmann 167
1.1 Krappmanns Kritik traditioneller Rollenkonzepte 167
1.2 Das Rollenkonzept des Interaktionismus 171
1.3 Kritische pädagogische Würdigung von Krappmanns Identitätskonzept 175

Lösungen **177**

Stichwortverzeichnis 211
Quellennachweis 215

Autor: Dr. Christoph Storck

Vorwort

Liebe Schülerinnen und Schüler,

seit dem Jahr 2007 werden in Nordrhein-Westfalen die schriftlichen Abituraufgaben im Grund- und Leistungskurs zentral gestellt. Das vorliegende Abitur-Training Erziehungswissenschaft hilft Ihnen dabei, sich gezielt auf die **Abiturprüfung 2009** vorzubereiten. Alle **inhaltlichen Schwerpunkte** für Grund- und Leistungskurse werden in diesem Buch berücksichtigt.

Im Einleitungskapitel werden Sie in die pädagogische Perspektive eingeführt. Dann werden die jeweiligen Inhalte und Theorien zu den prüfungsrelevanten Themen „Entwicklung und Sozialisation in der Kindheit", „Entwicklung, Sozialisation und Identität im Jugend- und Erwachsenenalter", „Normen und Ziele in der Erziehung" und „Identitätsbildung" zunächst vorgestellt und in einem zweiten Schritt kritisch gewürdigt.

Aufgaben am Ende jedes Kapitels helfen Ihnen dabei, Ihr Fachwissen selbst zu überprüfen. Sie können üben, dieses nicht nur zu reproduzieren, sondern auch kritisch zu reflektieren und in anderen Kontexten heranzuziehen. Am Ende des Bandes finden Sie **Lösungsvorschläge**, damit Sie Ihre Antworten beurteilen können.

Tabellen und Skizzen erleichtern das Lernen und unterstützen Sie darin, Wissen zusammenzufassen oder vergleichend zu betrachten. Ein ausführliches **Sachregister** ermöglicht es Ihnen, Fachbegriffe schnell nachzuschlagen und Wissenslücken effektiv zu schließen.

Auf die konkreten Aufgaben können Sie sich mithilfe des Buches „Abitur 2009. Prüfungsaufgaben mit Lösungen. Erziehungswissenschaft" (Stark Verlag, Best.-Nr. 55940) gezielt vorbereiten. Dort finden Sie die Abituraufgaben der letzten Jahre und Übungsaufgaben zu den Schwerpunktthemen mit Lösungen. Beide Bände ermöglichen im Zusammenspiel eine **optimale Vorbereitung** für die Abiturprüfung 2009.

Viel Erfolg bei in der Abiturprüfung wünscht Ihnen

Dr. Christoph Storck

Die pädagogische Perspektive

1 Was ist die Aufgabe von Erziehung?

Wer das Unterrichtsfach Erziehungswissenschaft belegt, beschäftigt sich u. a. mit Entwicklungs- und Sozialisationstheorien oder auch mit der Geschichte der Kindheit und des Schulwesens. Diese Inhalte können auch in anderen Fächern behandelt werden: Sozialwissenschaften, Geschichte, Psychologie oder im Religionsunterricht. Worin besteht also die spezifisch pädagogische Perspektive?

1.1 Erziehung als Reaktion auf die Entwicklungstatsache

Wenn Menschen auf die Welt kommen, können sie nicht ohne Hilfe überleben. Sie benötigen die Unterstützung Erwachsener, bis sie ihr Leben selbstständig führen können. Der Pädagoge **Siegfried Bernfeld** hat diese Einsicht in eine Definition von Erziehung einfließen lassen:

> *„Erziehung ist die Summe der Reaktionen einer Gesellschaft auf die Entwicklungstatsache.“* Siegfried Bernfeld (1892–1953)

Die Tatsache der Entwicklung von Kindern und Jugendlichen ruft unterschiedliche Reaktionen hervor, z. B. die Bereitstellung von Nahrung und Kleidung. Ohne Nahrung und Kleidung können sich Kinder und Jugendliche nicht gesund entwickeln. Ist aber das schon „Erziehung“?

1.2 Der Erziehungsbegriff Klaus Beyers

Erziehung als Versuch, die Entwicklung der Edukanden zu fördern

Welche Reaktionen auf die Entwicklungstatsache als „Erziehung“ begriffen werden können, hat der Erziehungswissenschaftler **Klaus Beyer** präzisiert:

> *„‚Erzieherische Handlungen‘ ... sind solche Handlungen, mit deren Hilfe versucht wird, die Entwicklung (der Dispositionen) einer (anderen) Person in deren Interesse zu fördern.“* Klaus Beyer (geb. 1941)

Beyer unterscheidet zunächst **Handeln von Verhalten**. Verhalten umfasst alle menschlichen Aktivitäten und Äußerungen, Handeln nur einen Teil davon. Wer handelt, verfolgt immer bewusst bestimmte Ziele. Im nächsten Schritt unterscheidet er **verschiedene Arten von Handlungen**. Handlungen können sich – z. B. als technisches Handeln – auf die Natur beziehen oder – als soziales Handeln – auch auf Menschen. Es ist ein Unterschied, ob mit einem Rasenmäher der Rasen geschnitten wird oder ob ein Mensch einen anderen bittet, das Fenster zu schließen. Letzteres könnte dieser verweigern.
Nicht jedes soziale Handeln ist Erziehung. Soziales Handeln liegt z. B. auch vor, wenn Erwachsene mit anderen Erwachsenen Verkaufsgespräche führen. Was ist dann das Besondere an Erziehung? Beyer antwortet: **Erziehen ist soziales Handeln mit einer besonderen Absicht**. Er nennt drei Merkmale, die Erziehen von anderen Formen sozialen Handelns unterscheiden:

1. Erziehen strebt keine kurzzeitige Verhaltensänderung, sondern die Veränderung und den Aufbau von Dispositionen an.
2. Erzieherisches Handeln will die Entwicklung seines Adressaten fördern.

3. Und dies soll im Interesse des Edukanden geschehen. (Auch die Werbung zielt darauf ab, die Disposition ihres Adressaten zu verändern. Sie hat aber ein wirtschaftliches Interesse: ein Produkt zu verkaufen und Gewinne zu erzielen. Dies muss nicht im Interesse des Adressaten sein. Man denke z. B. an Werbung für Süßigkeiten, die sich an Kinder richtet.)

Erzieherisches Handeln ist immer eingebettet in **Bedingungen**. Eine Familie lebt in einem bestimmten Wohnumfeld, hat bestimmte soziale Kontakte und finanzielle Möglichkeiten, nutzt bestimmte Medien. Diese Bedingungen haben mehr oder weniger großen Einfluss darauf, ob beabsichtigte **Wirkungen** erzieherischen Handelns eintreten oder nicht.

Jeder Erzieher macht die Erfahrung, dass die beabsichtigte Wirkung nicht mit der tatsächlichen übereinstimmt. In der Regel treten auch Nebenwirkungen auf, die oft unerwünscht sind. Der Erzieher wird dann darüber nachdenken, ob er das richtige Erziehungsziel angestrebt, angemessene Mittel gewählt und die Bedingungen richtig eingeschätzt hat.

Erziehung in technologischer und axiologischer Sicht

In seinem **Strukturmodell** liefert Beyer ein Instrumentarium von Begriffen, das zur Analyse von Erziehungssituationen und zur Planung von erzieherischem Handeln genutzt werden kann. Er unterschiedet zwei Ebenen:

- **technologische** Gesichtspunkte: Welche Mittel sind zur Erreichung welcher Ziele unter welchen Bedingungen erfolgversprechend?
- **axiologische** Aspekte: Ist das Handeln bzw. das Ziel des Handelns wertvoll?

Abb. 1: Klaus Beyers Strukturmodell

	Handlungsdimension		**Bedingungsdimension**	**Wirkungsdimension**
	Zwecke	Mittel	Bedingungsfeld	Wirkungshypothesen
	zu prüfende Erziehungsziele	zu prüfende erzieherische Handlungsmöglichkeiten	erkennbare Bedingungen erzieherischen Handelns	absehbare Nebenwirkungen erzieherischen Handelns
technologisches Kriterium	erreichbar	erfolgversprechend	erfolgsfördernd, -widrig, -neutral	erfolgsverstärkend, -widrig, -neutral
axiologisches Kriterium	normativ wünschenswert	normativ wünschenswert	normativ erwünscht	normativ wünschenswert

Beyers Erziehungsbegriff ist allgemein angelegt. Er geht nicht darauf ein, welche Ziele und Mittel gewählt werden. Darum ist er geeignet für die Planung erzieherischer Handlungen und für die Kritik vorliegender Konzeptionen und Praktiken.

Erzieherisches Handeln, das erfolgreich realisiert wird, muss noch nicht **erzieherisch gutes Handeln** sein. Die Erziehung in der Hitlerjugend war zweifellos effektiv, und dennoch wird sie nicht als wertvoll angesehen. Umgekehrt können gute erzieherische Ziele allein nicht gewährleisten, dass sie auch erreicht werden. Was aber ist „gutes" Handeln, was sind „gute" Ziele? Hier ergeben sich folgende Fragen:

- Welche Rolle spielt z. B. der Adressat erzieherischer Handlungen? Wird seine Mitwirkung beim Prozess seiner Entwicklung unterschätzt?
- Wer bestimmt, ob bzw. welche erzieherischen Handlungen im Interesse des Heranwachsenden sind?
- Was heißt Erziehung in unserer komplexen, modernen, demokratisch verfassten Zivilgesellschaft? Wodurch unterscheidet sie sich von Erziehung in vormodernen Gesellschaften, in faschistischen oder kommunistischen Diktaturen, in Gottesstaaten? Gibt es Maßstäbe, mit deren Hilfe Erziehung in verschiedenen gesellschaftlichen Systemen sinnvoll bewertet werden kann?

Der Erziehungsbegriff Beyers und die Fragen, die sich daraus ergeben, führen vor Augen, wie weitreichend pädagogisch gedacht werden muss, will man einseitige Urteile vermeiden. Sicherlich können im Alltag nicht immer alle Gesichtspunkte einer pädagogischen Handlung berücksichtigt werden. Darum muss man die **Ebene des unmittelbaren pädagogischen Handelns** und die **Ebene der distanzierten pädagogischen Reflexion** unterscheiden.

Pädagogikunterricht zielt darauf ab, Wissen und Kompetenzen für pädagogisches Handeln zu vermitteln. Im theoretischen Unterricht kann die Ebene des unmittelbaren erzieherischen Handelns aber nur indirekt berücksichtigt werden, vornehmlich findet erziehungswissenschaftliche Reflexion statt. Deshalb soll der Pädagogikunterricht nach Beyer **„paideutisches"** Wissen und „paideutische" Kompetenzen vermitteln. Mit dem Begriff „Paideutik" macht er deutlich, dass im Pädagogikunterricht vor allem das nötige Wissen vermittelt werden soll, um die erzieherische Wirklichkeit kritisch betrachten zu können und innerhalb einer solchen Perspektive handeln zu lernen. Er erkennt nur pädagogisch kompetentes und reflektiertes Denken und Handeln als paideutisch an. Tatsächlich findet im Alltag häufig pädagogisches Handeln statt, das nicht auf fundiertem pädagogischem Nachdenken beruht.

2 Freiheit und Moralität als zentrale Erziehungsziele

Erst vor etwa 250 Jahren wurde Erziehung zum Thema, zu dem sich zunächst nur wenige Philosophen und Pädagogen äußerten. Man ging damals davon aus, dass Gott die Welt vernünftig eingerichtet hat. **Erziehung hatte ganz selbstverständlich das Ziel, die Heranwachsenden in die durch göttliche Wahrheit begründeten Traditionen einzuführen.** Konkret bedeutete dies, dass man sein Leben lang dem Stand angehörte, in den man hineingeboren war. Sozialer Fortschritt war kaum denkbar, die individuelle Entwicklung endete mit der Eingliederung in die statischen Vorgaben von Stand und Religion.

Diese traditionelle Ordnung geriet im **18. Jahrhundert** in Bewegung. Der wachsende Einfluss des **Bürgertums** (von Kaufleuten, Manufakturbesitzern, Pfarrern, Lehrern und Professoren), die fortschreitende Alphabetisierung, der Einzug marktwirtschaftlicher Grundsätze, die Erfolge bei der Verbesserung der landwirtschaftlichen Erträge führten dazu, dass am Ende des 18. Jahrhunderts mit den bürgerlichen Revolutionen in den Vereinigten Staaten von Amerika und in Frankreich die Konturen der modernen Welt sichtbar wurden. In Deutschland wurden u. a. in Preußen im System des aufgeklärten Absolutismus die Spielräume für die Durchsetzung bürgerlicher Lebensformen und Werte vergrößert. Der gesellschaftliche Status wurde jedenfalls nicht mehr allein durch die Geburt festgelegt, sondern zunehmend auch durch die Leistungen, die ein Mensch im Laufe seines Lebens erbrachte.

2.1 Immanuel Kant: Erziehung zur Aufklärung und zur Moralität

Der bedeutendste Denker, der Erziehung im Sinne der Aufklärung konzipierte, war **Immanuel Kant**. In seiner berühmten Definition liefert er einen normativen Maßstab für Erziehung:

> *„Aufklärung ist der Ausgang des Menschen aus seiner selbstverschuldeten Unmündigkeit. Unmündigkeit ist das Unvermögen, sich seines Verstandes ohne Leitung eines anderen zu bedienen. Selbst verschuldet ist diese Unmündigkeit, wenn die Ursache derselben nicht am Mangel des Verstandes, sondern der Entschließung und des Mutes liegt, sich seiner ohne Leitung eines anderen zu bedienen! Sapere aude! Habe Mut, dich deines eigenen Verstandes zu bedienen! ist also der Wahlspruch der Aufklärung."* Immanuel Kant (1724–1804)

Kant legt in seinen Vorlesungen über Pädagogik dar: **Der Mensch wird nur Mensch durch Erziehung!** Anders als das Tier besitzt er keinen natürlichen Instinkt und muss sich deshalb „seine Natur" selbst suchen. Erziehung kann

Kant zufolge zu einem wichtigen Motor des sozialen Fortschritts werden. Es geht also nicht nur um die Entwicklung des Einzelnen, vielmehr muss immer die Zukunft – und zwar die der gesamten Menschheit – in den Blick genommen werden. Erziehung muss den **„Weg zur Vervollkommnung der Menschheit“**, zu einem künftigen glücklicheren Menschengeschlecht anstreben. Was der Mensch aus seinen Anlagen machen kann, muss er in intergenerationellen Prozessen schrittweise selbst herausfinden. Deswegen fordert Kant auch, dass nur die „aufgeklärtesten Kenner“ Erzieher der nächsten Generationen sein sollten.

Kant **misstraut sowohl dem Elternhaus als auch dem Staat** (damals als absolutistischer Staat in der Hand des Adels). Beiden unterstellt er einseitige oder egoistische Interessen: „Eltern sorgen für das Haus, Fürsten für den Staat.“ Beide hätten so niemals das „Weltbeste“ im Auge.

Für den Erziehungsprozess beschreibt Kant **vier Stufen**, die er für unverzichtbar hält:

1. **Disziplinierung** meint die „Bezähmung der Wildheit“. Heute spricht man von Trieb- und Bedürfniskontrolle, die jedes Kind erfahren muss. Kant war sich dabei der Gefahr bewusst, dass Disziplinierung in der Erziehung leicht dazu führen kann, Kinder zu kritiklos-gehorsamen Charakteren zu erziehen.
2. **Kultivierung** beschreibt den Erwerb fundamentaler Kulturtechniken wie Lesen und Schreiben und auch den Erwerb von Tischsitten.
3. **Zivilisierung** bedeutet eine Weiterentwicklung der Kultivierung: Der Mensch muss lernen, sich innerhalb von sozialen Handlungsfeldern und gesellschaftlichen Erwartungen nicht nur angemessen, sondern auch im eigenen Interesse gewandt und klug zu verhalten.
4. Erst mit der **Moralisierung** erreicht aber Erziehung ihr eigentliches Ziel: Der Mensch lernt, aus eigenem Antrieb und eigener Einsicht, nur gute Zwecke zu verfolgen. Gute Zwecke, so hat Kant insbesondere mit dem sogenannten **Kategorischen Imperativ** bestimmt, sind solche Zwecke, die „notwendigerweise von jedermann gebilligt werden; und die auch zu gleicher Zeit jedermanns Zwecke sein können“.

Kant will, dass Menschen aus eigenem Willen und eigener Einsicht eine freie Entscheidung für moralisch gute Zwecke treffen. Ihm zufolge ist der Mensch als einziges Wesen nicht den Gesetzen der Natur unterworfen. Wer sich fremdbestimmt verhält, kann nicht moralisch handeln, auch wenn die Auswirkungen seiner Handlungen noch so nützlich sind. Kant überlegte auf der Basis dieser Einsichten, wie eine Erziehung zu Freiheit und Moralität gelingen kann:

„Eines der größten Probleme der Erziehung ist, wie man die Unterwerfung unter den gesetzlichen Zwang mit der Fähigkeit, sich seiner Freiheit zu bedienen, vereinigen könne. Denn Zwang ist nötig! Wie kultiviere ich die Freiheit bei dem Zwange? Ich soll meinen Zögling gewöhnen, einen Zwang seiner Freiheit zu dulden, und soll ihn selbst zugleich anführen, seine Freiheit gut zu gebrauchen." Immanuel Kant (1724–1804)

Der Mensch kann nicht von Geburt an frei handeln. Umgekehrt wäre nicht wünschenswert, wenn er nur gehorchen würde. So könnte er sich nicht zum freien Menschen entwickeln. Kant hat diese Problematik erkannt, aber keinen endgültigen Lösungsweg gefunden.

2.2 Johann Friedrich Herbart: Erziehender Unterricht als Fundament einer Erziehung zu Freiheit und Moralität

Die Einsicht, dass weder Freiheit noch Moralität eines Menschen ohne Erziehung entstehen können, prägte fast alle großen pädagogischen Denker des 18. und 19. Jahrhunderts. Insbesondere **J. F. Herbart** griff Überlegungen Kants auf und entwickelte sie weiter, Dietrich Benner hat Herbarts Gedanken für die Gegenwart erläutert. Herbart zufolge ist entscheidend, dass Erziehung als **„negative Erziehung"** gestaltet wird. Herbart beschreibt damit eine besondere pädagogische Einstellung des Erziehenden. Pädagogen müssen Wissen und Werte, Normen und Verhaltenserwartungen vermitteln, aber Kinder und Jugendliche auch darin unterstützen, eine eigene Meinung zu entwickeln. Das kann auch bedeuten, dass der Zu-Erziehende am Ende des Erziehungsprozesses Werte oder Normen, die ihm beigebracht wurden, für sich nicht mehr akzeptieren kann oder will.

Mit seinen Überlegungen zur **„Zucht"** hat Herbart beschrieben, wie Freiheit und Moralität gefördert werden können. Dieser Begriff lässt uns heute an „Züchten" oder auch „Züchtigen" denken. Herbart meint damit eine Einwirkung des Erziehers auf ein Kind oder einen Jugendlichen – ggf. auch gegen deren unmittelbaren Willen. Auch Disziplinierung ist in bestimmten Grenzen erlaubt. Letztlich besteht das Erziehungsziel aber darin, zum Handeln nach eigenen (moralischen) Einsichten und Überzeugungen zu erziehen.

Abb. 2: Zuchtbegriff nach J. F. Herbart (in der Darstellung D. Benners)

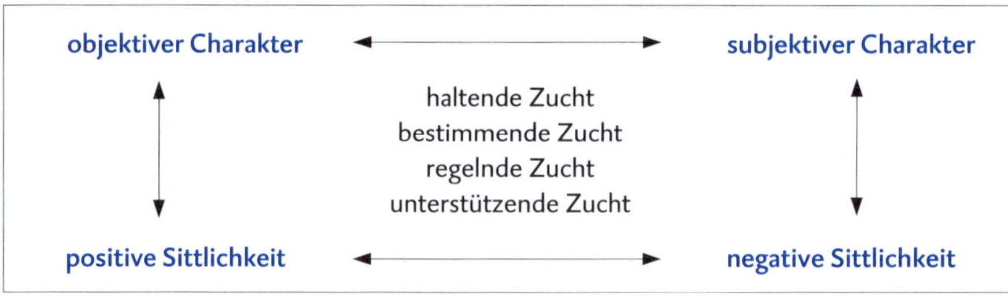

- Die **haltende Zucht** hindert ein Kind durch den Hinweis auf die Folgen daran, etwas zu tun;
- die **bestimmende Zucht** durch den Hinweis auf die Folgen vergangener Taten;
- die **regelnde** Zucht beschreibt das Gespräch zwischen Erzieher und Zu-Erziehenden, in dem über Einsicht der Beteiligten Verhaltensmaßstäbe gefunden werden;
- die **unterstützende Zucht** erinnert die Zu-Erziehenden durch Lob und Tadel für ihr konkretes Tun an diese Verhaltensmaßstäbe.

Zucht bedeutet also nicht, den Zu-Erziehenden zu bestimmten Handlungen zu zwingen, sondern er wird an bestimmtem Tun gehindert. Ein Kind erntet nicht durch Unterordnung und Gehorsam Anerkennung, sondern soll üben, sich beim tatsächlichen Tun an den eigenen Einsichten zu orientieren.

Insofern ist „Zucht" Charaktererziehung und auch pädagogische Hilfe zur Identitätsfindung. Denn auf diese Weise wird ein Mensch dazu bewogen, seinen Charakter **(objektiver Charakter)** nicht nur kritisch in den Blick zu nehmen **(subjektiver Charakter)**, sondern er soll darüber hinaus bedenken, welche Regeln und Verhaltensmaßstäbe sinnvoll sind **(positive Sittlichkeit)**, und auf dieser Basis sein eigenes Verhalten oder seine eigenen Pläne auch in einer sozialen oder moralischen Perspektive hinterfragen **(negative Sittlichkeit)**.

Der Begriff „negative Sittlichkeit" ist aus heutiger Sicht leicht misszuverstehen. Herbart will sagen, dass Erzieher nicht vorgeben dürfen, was moralisch richtig oder falsch ist, sondern sich der zu Erziehende selbst auf Basis eigener moralischer Einsichten (positive Sittlichkeit) kritisch in den Blick nehmen soll.

Das eigene Tun kann ein Mensch nur dann sinnvoll überdenken, wenn er umfassend unterrichtet wurde. Damit erweitert Herbart den Anspruch der Erziehung klar um den **Anspruch der Bildung**. Er sieht die **„Vielseitigkeit**

des Interesses" als Voraussetzung von Mündigkeit und Moralität an. Nur der „vielseitig Gebildete" kann Umstände oder Verhaltensweisen beurteilen, ohne selbst einseitig zu denken. Dieses vielseitige Interesse soll in einem **„Erziehenden Unterricht"** gefördert werden. Unterricht bezieht sich auf „Erkenntnis" (Wissenschaft und Kunst) und „Teilnahme" (Religion und Politik). Kunst, Musik oder auch Mathematik wurden als Wege der Erkenntnis verstanden, als Wege, die Welt zu beschreiben, bzw. sich auszudrücken. Erziehend ist Unterricht aber erst, wenn er an Erfahrungen der Zu-Erziehenden anknüpft, so ihr Interesse und Lernmotivation weckt, um so ein Fundament für eine kritische Besinnung und Vertiefung des Gelehrten zu schaffen. Wichtig ist auch, dass das Gelernte beim Handeln berücksichtigt wird.

Entscheidend ist, dass der Horizont des Lernenden kontinuierlich erweitert wird. Nach Herbart ist ein „einseitiges Genie" niemals wünschenswert. Denn nur wer vielseitig interessiert ist und Wissen und Kompetenzen ausgebildet hat, kann später wirklich frei und mündig urteilen und Entscheidungen treffen. Das betrifft sowohl die eigene spätere Berufswahl als auch das Wahrnehmen von bürgerlichen und politischen Rechten bzw. einer Verantwortung als Bürger eines Staates oder auch als „Weltbürger".

> *„Und ich gestehe gleich hier, keinen Begriff zu haben von Erziehung ohne Unterricht, sowie ich rückwärts [...] keinen Unterricht anerkenne, der nicht erzieht."* Johann Friedrich Herbart (1776–1841)

Herbart formuliert damit wichtige Grundsätze für Erziehung und Bildung. Beide müssen demnach darauf abzielen, dass der Zu-Erziehende **auf der Basis** eigener Einsicht und vielseitigen Wissens frei denken und handeln kann. Darum ist **Erziehung von Bildung nicht zu trennen**.

Bildung muss an den konkreten Erfahrungen der Zu-Erziehenden anknüpfen, dann aber den Wissens- und Erfahrungshorizont dieser vielseitig erweitern und diese immer wieder auffordern, alles Gelernte in ihren eigenen Erkenntnishorizont und ihre eigenen Handlungsfelder im sozialen und gesellschaftlichen Leben zu integrieren. Somit ist „viel zu wissen" noch nicht Bildung. Und umgekehrt kann man nicht von Bildung sprechen, wenn jemand zwar sein Wissen und seine Fähigkeiten auf sein Leben bzw. seinen Lebensalltag erfolgreich beziehen kann, aber einseitig orientiert bleibt.

Bildung und Erziehung sind offene Prozesse. Ihr Ausgang lässt sich nicht vorhersagen. Bildung und Erziehung sollen die Zu-Erziehenden weder formen noch prägen, sondern jungen Menschen ermöglichen, ihre eigene Formung und Prägung zu suchen und zu realisieren. Das heißt aber nicht, dass Auseinandersetzungen im Erziehungs- und Bildungsprozess ausgeschlossen sind.

Bildung und Erziehung können ohnehin nie gezielt Menschen formen und prägen. Denn entscheidend ist immer **das eigentätige Handeln des Zu-Erziehenden**. Wenn Erzieher mit Schlägen Kinder oder Jugendliche zu bestimmten Verhaltensweisen zwingen wollen, bewirken sie damit eventuell eher das Gegenteil. Darum ist wichtig, dass pädagogisch von Anfang an die Eigentätigkeit des Menschen anerkannt wird.

3 Erziehung und Bildung aus pädagogischer Perspektive

Die Überlegungen Beyers, Kants und Herbarts beinhalten **wichtige Kriterien, um pädagogisches Handeln zu beschreiben und zu bewerten**.

Erzieherisches Handeln lässt sich nach **Beyer** nach seinen Zielen, Mitteln und Bedingungen differenzieren und kann darüber hinaus aus einer **technologischen und axiologischen Perspektive** beurteilt werden. Was realisierbar ist, muss noch nicht „gut" sein; was für „gut" gehalten wird, ist möglicherweise unerreichbar oder nicht realisierbar.

Seit der Aufklärung werden **Freiheit und Mündigkeit als grundlegende Ziele erzieherischen Handelns** verstanden, eine Erziehung zur Unterordnung oder eine manipulative Pädagogik sind vor dem Hintergrund dieses Anspruchs nicht zu legitimieren. Dennoch lässt sich Erziehung praktisch nie ohne Zwang realisieren. Dieser Problematik muss sich ein Pädagoge bewusst sein. Erziehung kann nur schrittweise erfolgen. Erst auf dem Fundament von Disziplinierung kann sich ein Mensch kultivieren, auf dieser Basis seine Fähigkeiten und Handlungsmöglichkeiten in der kulturellen Welt weiter entfalten und sich nach **Kant** zivilisieren. Entscheidend ist aber, dass der Mensch lernt, „gute Zwecke" zu verfolgen. Was darunter zu verstehen ist, müssen Menschen immer wieder neu herausfinden. Lernt es ein Mensch nicht, eben diese „guten Zwecke" zu verfolgen, ist nicht auszuschließen, dass er später zur Gefahr für seine Mitmenschen und die Gesellschaft wird. Somit muss immer wieder gefragt werden, ob jeweils erzieherisch möglicherweise nur Kultivierung oder Zivilisierung, nicht aber Moralisierung angestrebt wird.

Ohne **„erziehenden Unterricht"** kann **Herbart** zufolge ein Mensch nicht mündig werden. Dort lernt er, Themen und Inhalte aufeinander sowie auf sein eigenes Leben zu beziehen. Indem er mit vielfältigen Themen und Inhalten aus unterschiedlichsten Handlungsfeldern und Wissensgebieten vertraut gemacht wird, bildet er eine Vielseitigkeit des Interesses aus, die ihn vor Einseitigkeit im Denken und Handeln bewahren kann. „Zucht" hilft ihm, seinen eigenen Einsichten und Überzeugungen praktisch Folge zu leisten.

Wann kann Erziehung aber als erfolgreich bewertet werden? Herbart hat als Maßstab dafür formuliert, dass der **„Zögling wird, was er wünscht geworden zu sein"**.

Über den **Erfolg von Erziehung** urteilen weder der Erzieher noch das Kind oder der Jugendliche, sondern der „erzogene" Erwachsene. Das heißt, ein Zu-Erziehender kann nicht bewerten, ob seine Erziehung richtig ist. Der Erwachsene muss sich bewusst machen, dass er seine Entscheidungen vor dem Kind verantworten muss und dass dieses später als erwachsener Mensch auch über seine erzieherischen Handlungen urteilen wird. Dennoch muss pädagogisch gehandelt werden. Es muss z. B. entschieden werden, wann ein 15-jähriger Teenager abends zuhause sein muss oder welche Schule ein Jugendlicher wie lange besuchen soll. Entsprechende Gebote oder Verbote erweisen sich nicht selten als elterliche Bemühungen, ihr Kind zu schützen. Das birgt allerdings die Gefahr, den Kindern dadurch eigene Lebenserfahrungen vorzuenthalten. Insofern sind erzieherische Entscheidungen nie einfach.

Aufgabe 1 Bewerten Sie exemplarisch erzieherisches Handeln unter axiologischem wie technologischem Aspekt.

Aufgabe 2 Nennen Sie ein Beispiel für erfolgreichen „Erziehenden Unterricht".

Aufgabe 3 Unterscheiden Sie „kultiviertes" von „zivilisiertem" und „moralisiertem" Verhalten.

Entwicklung und Sozialisation in der Kindheit

1 Modell der Beschreibung psychosexueller Entwicklung: Sigmund Freud

Sigmund Freud (1856–1939) wuchs in Wien auf, wo er bis 1938 lebte, lehrte und praktizierte. Als Jude musste er 1938 nach London emigrieren, wo er ein Jahr später starb. 1881 promovierte er in Medizin. Im Rahmen seiner Tätigkeit als Nervenarzt erforschte er psychisch bedingte Krankheiten. Einige Zeit arbeitete er mit dem französischen Neurologen Jean-Martin Charcot zusammen, der sich mit Hysterie-Patienten befasste und mithilfe von Hypnose vielen Menschen helfen konnte. Freud suchte einen Weg zur Heilung von Neurosen und fand Unterstützung beim Arzt Josef Breuer. Gemeinsam entwickelten sie eine Methode, neurotische Patienten ohne Hypnose zu behandeln. Freud nannte sie „Psychoanalyse" und begründete damit eine bedeutende psychologische Schule.

1.1 Der Ansatz der Psychoanalyse

Freuds zentrale **Entdeckung des Unbewussten** wird heute nicht mehr in Zweifel gezogen. Er legte überzeugend dar, dass alle Menschen auch unbewussten Motiven, Ängsten, Normen oder Hoffnungen folgen.

Freuds zweite Entdeckung ist nach wie vor nicht unumstritten: Ihm zufolge bildet sich der **Sexualtrieb** nicht erst in der Pubertät aus, sondern besteht seit frühester Kindheit. Diese These stieß auf erheblichen Widerstand; er fand aber auch viele Anhänger, die seine Lehre verbreiteten und danach Patienten behandelten. Später wandten sich seine Schüler, **Alfred Adler**, der die Individualpsychologie begründete, und **Carl Gustav Jung**, der die „Archetypenlehre" entwickelte, von ihm ab. Beide hielten aber an der Überzeugung fest, dass jeder Mensch maßgeblich vom Unbewussten geprägt und gesteuert wird.

Die Erkenntnisse der Psychoanalyse beruhen im Wesentlichen auf den Erfahrungen des Arztes Freud, der seine Einsichten primär aus dem Umgang mit Patienten gewann. Er führte keine umfassenden Forschungen mit Gesunden durch, sodass seine **generalisierenden Folgerungen** für die psychische Entwicklung aller Menschen **empirisch nicht überprüft** wurden.

Wie entstand die Psychoanalyse?

Freud behandelte als Nervenarzt häufig Patienten mit physischen Leiden, für die sich keine organischen Ursachen finden ließen, z. B. Menschen, die nicht sehen oder gehen konnten. Hypnotisierte er solche Patienten, verschwanden die Krankheitssymptome; mit dem Erwachen aus der Hypnose kehrten diese aber zurück. Die tieferen seelischen Ursachen der Leiden blieben unklar.

Dies motivierte ihn dazu, mit seinen Patienten deren Seelenleben zu zergliedern und **vergessene oder verdrängte Erfahrungen der Vergangenheit ins Bewusstsein zu rufen**. Die Patienten sollten von den Erlebnissen in ihrer Vergangenheit erzählen, dabei auch ihre Gefühle äußern und sagen, was ihnen spontan in den Sinn kam. Freud versuchte dann **symbolische Muster oder Verschlüsselungen** aufzudecken und die Ebene des Unbewussten zu erforschen. Er entdeckte, dass viele Äußerungen und Assoziationen Rückschlüsse auf Sexualsymbole nahelegten. Dies bewegte ihn dazu, von einem Sexualtrieb als Grundtrieb des Menschen auszugehen, der all' sein Handeln bestimmt.

Der bekannteste Fall, der die Entwicklung der psychoanalytischen Theorie beeinflusste, ist **„Anna O"**. Diese Patientin litt nach dem Tod ihres Vaters, den sie in den letzten Jahren gepflegt hatte, unter extremen Stimmungsschwankungen, Lähmungen, Halluzinationen und Ängsten. Ihr Arzt Josef Breuer konnte ihre Symptome lindern, indem er sie an die Zeit denken ließ, in der die Probleme begonnen hatten. Er glaubte, dass ein **kathartischer („reinigender") Effekt** Fortschritte möglich machte: Indem sich ein Mensch an traumatische Erlebnisse, die ihn unbewusst belasten, erinnert, kann er sich partiell von ihrer Wirkung befreien. Als Anna O. eine Schwangerschaft vorgab und erklärte, Breuer sei der Vater, brach dieser die Behandlung ab. Für Freud bewies die Fantasie der Patientin die These, dass Sexualität schon im Kindesalter existiert. Zunächst befürchtete er einen realen sexuellen Kindesmissbrauch durch den Vater, stellte aber dann seine Annahme auf den Kopf: Nicht der Vater habe die Tochter real missbraucht, vielmehr habe die Tochter Verlangen nach dem Vater empfunden. Anna O. habe ihren ursprünglichen Wunsch nach sexueller Vereinigung mit dem Vater dann auf ihren Arzt übertragen. Freud nannte seine Entdeckung, die sich als Geburtsstunde seines psychoanalytischen Ansatzes begreifen lässt, **„Ödipus-Konflikt"** oder **„Ödipus-Komplex"**.

Das psychoanalytische Persönlichkeitsmodell

Freuds Annahme eines menschlichen Sexualtriebes als wesentlicher Triebkraft aller Menschen resultierte aus der Analyse kranker Menschen. Ursache ihrer Krankheit war seiner Meinung nach nicht der Trieb, sondern die Tatsache, dass sie diesen nicht ausleben konnten, also die **Unterdrückung** des Triebs.

Das Mädchen, das sich eine erotische Beziehung zum Vater wünscht, muss bald erkennen, dass diese unmöglich ist. Denn der Vater ist Partner der Mutter und das Kind hat nicht die Macht, die Mutter zu verdrängen. Entsprechendes gilt für Jungen. Nach Freud wissen Kinder schon im Kindergartenalter, dass erotische Beziehungen zu den Eltern tabu sind. Sie werden folglich schon früh mit dem Konflikt zwischen eigenen Triebbedürfnissen und Normen bzw. Werten der Gesellschaft konfrontiert. Freud schrieb von einem **Unbehagen** der Menschen **an Kultur und Zivilisation**, da diese unvermeidbar zur Triebunterdrückung führten.

Freuds Tochter Anna fragte nach den pädagogischen Konsequenzen der Psychoanalyse und erläuterte dies an Beispielen: Ein Junge, der in frühester Kindheit gerne nascht und dem dies streng untersagt wird, wird das Essen von Süßigkeiten als schlecht internalisieren. Sein Leben lang wird er nichts Süßes essen, ohne Schuld- und Schamgefühle auszubilden. Oder ein Mädchen, dem verboten wird nackt herumzulaufen, kann sich später weigern, mit einer Kollegin das Zimmer zu teilen, weil sie es nicht ertragen kann, von dieser unbekleidet gesehen zu werden, was ihr aber nicht bewusst ist.

Das Konzept von ES, ICH und ÜBER-ICH

Freud nennt als Ziel von Entwicklung und Erziehung, dass weder das ES noch das ÜBER-ICH über den Menschen dominieren, sondern dass jeder Mensch ICH werden kann. Aus psychoanalytischer Sicht kann der Prozess der Ich-Werdung auf unterschiedliche Weise misslingen:

1. Ein Mensch unterwirft sich rigide den Anforderungen des ÜBER-ICH und unterdrückt seine Triebbedürfnisse auf fragwürdige Weise.
2. Ein Mensch folgt einseitig seinen Triebbedürfnissen und wird von ihnen abhängig. Er kann sich kaum in Gemeinschaften integrieren, welche über Regeln und Normen geordnet werden.
3. Die gesellschaftliche Wirklichkeit dominiert die Persönlichkeit eines Menschen so weitreichend, dass er selbst nicht mehr anstrebt, zwischen ÜBER-ICH und ES zu vermitteln.

Finden nach Freud Normen und Werte ihren Niederschlag im individuellen ÜBER-ICH, so dürfen dennoch Moral und ÜBER-ICH nicht gleichgesetzt werden. Gelingt es einem Menschen, tatsächlich ICH zu werden, kann er auch lernen, das eigene internalisierte ÜBER-ICH kritisch zu bewerten und möglicherweise zu verändern. Allerdings ist das nie leicht, da das eigene ÜBER-ICH den meisten Menschen nur wenig bewusst ist. Die Tatsache, dass sich Kinder später von den Moralvorstellungen ihrer Eltern emanzipieren können, belegt, dass Menschen auch auf ihr ÜBER-ICH Einfluss nehmen können.

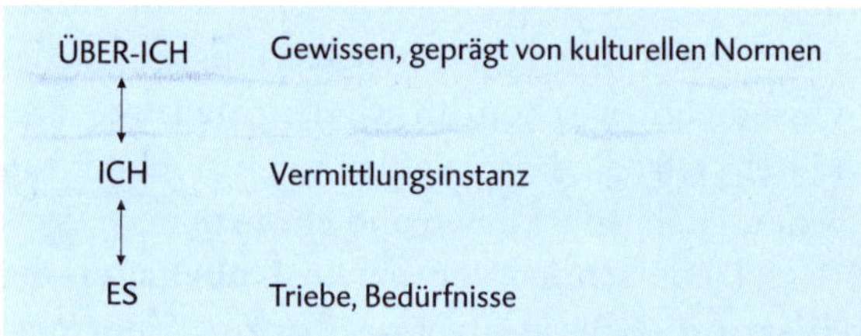

Abb. 3:
Das Konzept von ES, ICH und ÜBER-ICH

Libido und Destrudo

Zunächst nahm Freud nur einen Sexual- bzw. Lebenstrieb als fundamentale menschliche Antriebskraft an. Krankheit oder auch Gewalt interpretierte er als Folge eines Prozesses, bei dem es Menschen nicht gelungen sei, sinnvoll zwischen den Triebbedürfnissen des ES und den Normen des ÜBER-ICH zu vermitteln. Menschliche Gewalt erklärte Freud mit Enttäuschungen auf der Ebene des ES: Ein Mensch, der immer wieder am Ausleben seiner Triebbedürfnisse gehindert werde, drücke seine Enttäuschungen auf der Triebebene dadurch aus, dass er impulsiv destruktiv agiere. **Gewalt wäre demnach immer die Folge von zu rigider Triebunterdrückung.**

Später korrigierte Freud diese Auffassung, indem er neben dem Sexualtrieb auch noch einen **Todestrieb** annahm, also **neben Libido auch Destrudo**. Nach Freud will der Mensch aktiv seine Triebe ausleben, zugleich aber lenkt ihn der Wunsch, wieder in den Zustand des Leblosen zurückzukehren. Der daraus resultierende Trieb nach Zerstörung, nach Destruktion, richtet sich aber bald nicht mehr gegen sich selbst, sondern wird auf Mitmenschen übertragen.

Nach dieser Auffassung wäre dann **Gewalt Ausdruck eines dem Menschen von Geburt an innewohnenden Destruktionstriebs**. Ist dies richtig, kann das Bestreben, dem Menschen so wenig Triebunterdrückung wie möglich zuzumuten, keineswegs eine geringe Gewaltbereitschaft sicherstellen. Vielmehr müssten nach Freud Menschen lernen, im Rahmen des Zivilisationsprozesses ihren Sexual- wie ihren Destruktionstrieb zu **kontrollieren**.

Freud entwickelte seine These im Kontext des Ersten Weltkrieges. Die brutale und rücksichtslose Gewalt in dieser Zeit ließ sich nicht allein mit einer Unterdrückung sexueller Triebbedürfnisse erklären. Seine Idee eines menschlichen Destruktions- oder auch Todestriebes beruht folglich auf konkreten historischen Erfahrungen, nicht aus Folgerungen aus der therapeutischen Arbeit.

1.2 Das Phasenmodell menschlicher Entwicklung

Wenn der Lebenstrieb des Menschen tatsächlich seine fundamentale Antriebskraft darstellt, muss sich dieser von Geburt an beobachten lassen. Freud untersuchte, wo sich Triebbedürfnisse innerhalb des menschlichen Entwicklungsprozesses beschreiben lassen und wie sie sich auswirken. Ihm zufolge gewinnen unterschiedliche Organe für das Erleben von „Lust“ in den verschiedenen Lebensphasen besondere Bedeutung.

Orale Phase (0–1 Jahr)

Laut Freud ist die **früheste Quelle der Lust** beim Säugling der **Mund**; er saugt mit Hingabe an der Brust der Mutter. Beginnt das Kleinkind zu greifen, führt es alle Gegenstände zunächst zum Mund. Wird ihm die Lustbefriedigung verwehrt, ist es enttäuscht oder wütend und schreit zum Beispiel laut.

Wenn ein Kind massiv oral vernachlässigt wird, bleibt – tiefenpsychisch gesehen – der Wunsch nach oraler Lustbefriedigung bestehen: Es kann sein, dass es als Erwachsener nach Ersatzbefriedigungen für orale Triebbedürfnisse sucht. Ein Kind hingegen, dass nur orale Befriedigungen erfahren hat, kann einen oral-rezeptiven Charakter ausbilden. Ein solcher Mensch erwartet Zuwendung; er braucht Gemeinschaft und letztlich Abhängigkeit. Der oral-aggressive Typus, der als Kleinkind eher gebissen als gesaugt hat (eventuell infolge von Vernachlässigung), bleibt häufig angriffsfreudig, neidisch und auch ausbeuterisch. Er nimmt, weil er tiefenpsychisch immer Angst hat, zu wenig zu bekommen.

Anale Phase (2–3 Jahre)

Das Kind interessiert sich jetzt besonders für seine **Ausscheidungsfunktionen**, der **Anus (After)** gewinnt besondere Bedeutung. Freud hat diese Entwicklungsstufe deshalb als anale Phase bezeichnet. Das Kind beschäftigt sich gerne mit seinen Ausscheidungen. Damit verletzt es geltende Regeln der Sauberkeit und stößt auf den Widerstand der Eltern in Form von Verboten oder sogar Strafen. Darauf wird es aktiv reagieren: Es kann sich z. B. weigern, aufs Töpfchen zu gehen. Das Kind lernt so auch, seinen Willen zu kontrollieren.

Wird es in dieser Phase zur Sauberkeit gezwungen, könnte es später immer bestrebt sein, seinen Besitz festzuhalten. Ein solcher Mensch kann dann nicht abgeben oder entwickelt eine geizige Haltung. Auch in einem solchen Fall sind dem Betroffenen die Ursachen seiner Lebenshaltung nicht bewusst. Auch übertriebener Ehrgeiz oder der Drang, sich selbst immer in den Mittelpunkt zu stellen, können Folge davon sein, dass das Kind das, was ihm wichtig war, immer sofort abgeben musste.

Ödipale (phallische) Phase (3–5 Jahre)

Freud war (infolge der Behandlung von Anna O.) überzeugt, dass jedes Kind einen **Ödipuskonflikt** durchlaufen muss. Benannt hat er diese Entwicklungsphase in Anlehnung an die griechische Ödipussage. Diese erzählt davon, dass Ödipus ohne es zu wissen seinen eigenen Vater tötet und anschließend seine Mutter heiratet. Freud glaubte, dass sich – ähnlich der Figur des Ödipus in der Sage – jeder Junge in seine Mutter bzw. jedes Mädchen in den Vater verliebt und beide Hass und Neid gegen den jeweils gleichgeschlechtlichen Elternteil empfinden.

Neben der Bezeichnung ödipal wählte Freud auch den Begriff **„phallisch"**. Damit trug er der Tatsache Rechnung, dass sich Kinder in dieser Zeit des männlichen Penis bewusst werden und Mädchen das Fehlen eines Penis an ihrem Körper zunächst als Defizit wahrnehmen **(Penisneid)**.

Der Ödipuskonflikt erzeugt nach Freud nicht nur Gefühle von Hass und Neid gegen den gleichgeschlechtlichen Elternteil, sondern auch Angst. Die Kinder erkennen, dass der Vater oder die Mutter stärker und mächtiger als sie selbst sind. Freud glaubte sogar, dass bei Jungen mit Blick auf den Vater eine **Kastrationsangst** entsteht, die begünstigt, dass die Jungen vom Wunsch, die Mutter zu besitzen, wieder Abstand nehmen können. Dadurch, dass sich die Kinder mit dem gleichgeschlechtlichen Elternteil identifizieren und diesen bewundern, können sie diese Phase überwinden. Indes bleibt die Gefahr, dass Kinder tiefenpsychisch immer auf der Suche nach ihrem Vater oder ihrer Mutter bleiben. Das zeigt sich z. B. darin, dass Partner gewählt werden, die massive Ähnlichkeiten mit dem jeweiligen Elternteil aufweisen. Heute teilen Psychoanalytiker **kaum noch die Auffassung, dass jedes Kind eines Ödipuskonflikt durchläuft**, für einzelne Kinder kann dies aber zutreffen.

Latenzphase (6–12 Jahre)

Im Entwicklungsstadium im Anschluss an die ödipale Phase **konnte Freud kein zentrales Organ der Lustgewinnung des Kindes ausmachen**. Er gewann die Überzeugung, dass die Orientierung an sexueller Lust nun an Bedeutung verliert, und nannte diese Phase deshalb „Latenzphase". Die kindliche Sexualität bleibt latent: im Verborgenen wirksam. Sie wird von anderen Orientierungen des Kindes überlagert. Tatsächlich findet **in besonderer Weise**

kulturelles Lernen statt, die Kinder zeigen sich weithin anpassungsbereit und leistungsmotiviert.

Genitale Phase (13–18 Jahre)

Etwa ab dem 12. /13. Lebensjahr gewinnt Sexualität wieder neue Macht. Hormonelle und körperliche Veränderungen lassen die Bereitschaft zu neuen sexuellen Aktivitäten entstehen, die Genitalien gewinnen jetzt einen konkreten Stellenwert. Die Jungen wenden sich von ihren Müttern und die Mädchen von ihren Vätern als mögliche Objekte für „libidonöse Besetzungen" ab und suchen gleichaltrige erotische Partner. **Sexualität** wird auf diese Weise **von einer eher egozentrischen Orientierung losgelöst.** Sie wird **Bestandteil von Partnerschaft** und ist nicht nur Erzeugung und Befriedigung von Lust, sondern zugleich auch Kommunikation.

Abb. 4: Phasen menschlicher Entwicklung nach Freud

Alter	Erogene Zone	Phase	Erleben des Kindes/Jugendlichen
0–1	Mund, Lippen	Orale Phase	Erleben von Lust und Unlust, Vertrauen und gestörtem Vertrauen
2–3	Anus	Anale Phase	Erleben von Hergeben und Festhalten, von Entfaltung, Verboten und Zurückweisung
3–5	Genitalien	Ödipale (Phallische') Phase	Erleben von aktivem Gefallen-Wollen, von Konkurrenz und Unterlegenheit, von widersprüchlichen Gefühlen
6–12	–	Latenzphase	Sublimieren; Leistungsbereitschaft
13–18	Genitalien	Genitale Phase	Erleben von sexuellen Begegnungen, intimen Partnerschaften

1.3 Zentrale Einsichten der Psychoanalyse

Sigmund Freud hat seine zentralen Einsichten meist mit bestimmten Begriffen zusammengefasst. Diese helfen bis heute, die Erkenntnisse der Psychoanalyse zu erfassen. Am bedeutendsten sind **Verdrängung Projektion Rationalisierung**, **Sublimierung Regression** und **Freudscher Versprecher**

Verdrängung

Verdrängung drückt den Versuch der menschlichen Psyche aus, Belastendes oder auch Verbotenes aus dem Bewusstsein zu verbannen. Verdrängt werden Erfahrungen, die schwer auszuhalten sind. Kinder, deren Eltern ihnen gegenüber anstelle von Liebe Abneigung oder Desinteresse zeigen, verdrängen dies – oft über viele Jahre und Jahrzehnte hinweg.

Verdrängungen finden auch statt, wenn Menschen Fantasien entwickeln, die sie in Konflikt mit geltenden Moralvorstellungen bzw. dem eigenen ÜBER-ICH bringen. So mussten in Zeiten einer rigiden kirchlichen Sexualmoral viele entsprechenden Wünsche verdrängt werden.

Die Problematik des Verdrängens besteht darin, dass sie nie vollständig gelingen kann. In Träumen kann Belastendes wiederkehren, manchmal fühlen sich Menschen ein Leben lang belastet.

Projektion

Im engen Zusammenhang mit der Verdrängung steht die Projektion. **Menschen können eigene Schwächen auf andere Menschen übertragen**. Um eigenes Versagen auszuhalten, kann ein Mensch einem anderen größeres Versagen zuschreiben und dieses dann für die eigene Fehlleistung verantwortlich machen. Möglich ist auch, dass ein Mensch einen anderen wegen bestimmter Defizite kritisiert oder bestraft, aber unbewusst bei sich selbst diese Schwäche konstatiert.

Neben **Abwehr-** sind auch **Wunschprojektionen** denkbar. Menschen reden sich Zuneigung oder Anerkennung von Mitmenschen ein, weil sie sich diese wünschen – ohne zu wissen, ob diese tatsächlich bestehen. Oder sie bewerten ihre Leistungen über, weil sie zwanghaft nach Anerkennung oder Erfolgserlebnissen suchen.

Rationalisierung

Menschen, die Ängste oder Scham verdrängen oder die neurotisch Zwängen folgen, entwickeln häufig zunächst **rational erscheinende Erklärungen, mit denen sie bestimmte Verhaltensweisen rechtfertigen**. Menschen, die sich nicht von alten Gegenständen trennen können, behaupten, diese noch für bestimmte Zwecke zu benötigen. Oder Menschen, die übertriebene Sauberkeitserwartungen ausgebildet haben, behaupten meist, gesundheitliche Vorsicht walten zu lassen. Wenn Kinder und Jugendliche nicht damit klarkommen, dass sie ein schulisches Ziel verfehlt haben, erklären sie z. B., die Atmosphäre in der Schule sei unerträglich gewesen oder sie seien angefeindet worden.

Rationalisierungen offenbaren die **Macht des Unbewussten**. Denn sie belegen, welchen Aufwand Menschen treiben, um sich nicht mit eigenen Zwangsvorstellungen und Verdrängungen auseinanderzusetzen.

Sublimierung

Freud sprach von Sublimierung, wenn Menschen ihren Triebbedürfnissen nicht unmittelbar folgen können und stattdessen auf kultureller Ebene nach **Ersatzhandlungen** suchen. Daraus könnte man folgern, dass alle großen kulturellen Leistungen letztlich nur Ausdruck von Sublimierung waren. Jedenfalls besitzt der Mensch nach Freud die Fähigkeit, statt seinen Trieben und Bedürfnissen unmittelbar zu folgen, diese sozusagen zu veredeln und kulturell angepasst umzuwandeln. Menschen essen heute zivilisiert mit Messer und Gabel und halten sich bei den Mahlzeiten an bestimmte Regeln. Oder Menschen verleihen ihren Sehnsüchten durch Musik Ausdruck und folgen so Triebbedürfnissen nur indirekt.

Aus heutiger Perspektive lässt sich fragen, ob unmittelbare Triebbefriedigung den Menschen überhaupt noch erfüllen könnte, oder ob nicht die Folgen oder Konstrukte der Sublimierung unterdessen das Menschsein ebenso stark bestimmen wie seine Orientierung an primären Trieben und Bedürfnissen.

Regression

Nach Freud findet Entwicklung immer im **Wechselspiel von Voranschreiten und Rückschritt**, von Progression und Regression statt. So können Kinder wieder in die Säuglingsphase zurückfallen, wenn sie ein Geschwisterchen bekommen. Auch legt der Vater, der mit seinem Sohn mit der Eisenbahn spielt, im gewissen Sinne eine Regression an den Tag.

Alle Menschen haben Momente und Phasen der Regression. Problematisch wird es dann, wenn diese überhandnimmt. Jugendliche fallen in kindliche Verhaltensmuster zurück, weil sie Angst vor dem Erwachsenwerden haben. Kinder beginnen wieder am Daumen zu lutschen oder einzunässen, weil sie sich bestimmten Anforderungen nicht gewachsen fühlen. Sie bedürfen dann der (therapeutischen) Hilfe, um den Rückfall in die Regression überwinden zu können.

Freudsche Fehlleistung oder Freudsche Versprecher

In therapeutischen Sitzungen forderte Freud die Patienten auf zu sagen, was ihnen in den Sinn kam – auch Worte und Sätze, die ihnen völlig sinnlos erschienen. Bald konnte er seine Vermutung untermauern, **dass sich hinter diesen „Versprechern" innere Wahrheiten der Psyche der Patienten verbargen**. Wenn etwa der Therapeut mit falschem Namen angesprochen wurde, ließ das darauf schließen, dass der genannte Name für den Patienten oder die Patientin wichtig war. Entsprechende Äußerungen konnten auch verdrängte Wünsche oder Fantasien offenbaren. So sagte eine Patientin, deren Vater in einem Bordell einem Herzinfarkt erlegen war, ihr Vater sei in einem protestantischen Krankenhaus gestorben. An dem Ort, an dem er gestorben war, gab es aber nur katholischer Krankenhäuser. Sie offenbarte damit, dass sie den Bordell-Tod des Vaters nicht verwunden hatte.

1.4 Die Bedeutung der Psychoanalyse für die Pädagogik

Schon bald hatte Freud großen Einfluss auf pädagogisches Denken und Handeln. Insbesondere seine Ausführungen über die Folgen von Triebunterdrückung bei Kindern wurden in der Pädagogik rezipiert. Im Jahr 1900 hatte Ellen Key das „Jahrhundert des Kindes" proklamiert und damit eine Entwicklung eingeleitet, in der die Bedürfnisse und Interessen der Kinder in der Pädagogik besonders berücksichtigt wurden. Freuds Erkenntnisse führten zu **einer Erweiterung der Perspektive, indem jetzt auch die kindlichen Triebbedürfnisse innerhalb der Pädagogik ernst genommen wurden**. Allerdings geschah dies zunächst nur zögerlich und nicht überall.

Schon vor der nationalsozialistischen Machtergreifung wurden Studien zum Verhältnis von Autorität und Familie durchgeführt. Diese Studien wurden während und nach der NS-Zeit in Deutschland weitergeführt. Es ließ sich zeigen, dass **autoritäre Erziehung „autoritäre Charaktere" erzeugt**, die bereit waren, kritik- und nahezu willenlos Befehlen Folge zu leisten. Auffallend war, dass diese zu extremer Härte gegenüber sich und anderen bereit waren. Aus psychoanalytischer Sicht war dies die Folge einer triebunterdrückenden Erziehung. In diesem Sinne trug die Psychoanalyse maßgeblich dazu bei, eine rigide autoritäre Erziehung zu überwinden.

Bis heute hat die Psychoanalyse hohen Stellenwert in der Pädagogik. Das psychoanalytische Persönlichkeitsmodell wird vielfach anerkannt und berücksichtigt. Sicherlich ist es sinnvoll zu fragen, welche Triebunterdrückung man Kindern oder Jugendlichen zumuten darf und welche Faktoren die Bildung des ÜBER-ICH maßgeblich beeinflussen. Freuds Einsichten finden auch Berücksichtigung, wenn nach Voraussetzungen für psychische Gesundheit innerhalb von Erziehungsprozessen gefragt wird.

1.5 Kritische pädagogische Würdigung der Psychoanalyse Freuds

Bis heute hat Sigmund Freud überzeugte Anhänger, aber auch erbitterte Gegner. Unbestreitbar hat er große Verdienste erworben, indem er auf die Existenz des Unbewussten besonders deutlich hinwies. Dass Menschen unbewussten

Antrieben folgen, war auch vor Freud schon angenommen worden, in seinen Therapiesitzungen aber konnte der Arzt nachweisen, dass das Unbewusste auf Menschen bedeutenden Einfluss hat.

Fragen an Freuds Annahmen aus psychologischer Sicht

Freud wurde immer wieder dafür kritisiert, dass er Einsichten, die er im Umgang mit kranken Menschen gewonnen hatte, **leichthin verallgemeinert und auf alle Menschen projiziert** habe. Ob alle Menschen dieselben seelischen Konflikte – wie Freud annahm – durchlaufen, ist in der Tat fraglich.

Freuds Persönlichkeitsmodell wirkt zweifellos überzeugend, seine Berücksichtigung ist vielfach hilfreich für die Erklärung von Verhalten oder Gefühlen. Es stellt aber **nur ein theoretisches Modell dar und bildet nicht objektive Wirklichkeit ab**.

Das kann die Tatsache belegen, dass Freud sich mit seinen wichtigsten Schülern bald nicht mehr über die Struktur der menschlichen Seele verständigen konnte. Freud fragte **kausal**, er suchte nach Ursachen für Verhalten, die er in (frühkindlichen) Erfahrungen von Menschen zu finden hofft. Alfred Adler zum Beispiel fragte **final**. Er glaubte, jeder Mensch verfolge – unbewusst – Ziele. Einem psychisch kranken Menschen würde Adler weniger dadurch helfen, dass er mit ihm seine gesamte Lebensgeschichte aufriefe, er würde ihm vielmehr dabei unterstützen, sich die eigenen **Ziele bewusst zu machen**, um diese gegebenenfalls konstruktiv verändern zu können. Jung wiederum nahm an, dass nicht nur individuelle Erfahrungen die menschliche Seele prägten, sondern jeder Mensch auch kollektive seelische „Erfahrungen" oder Dispositionen – „Archetypen" – in sich trägt. Freuds Sichtweise und Deutung des menschlichen Fühlens und Denkens sind also nie als absolut zu betrachten.

Fragen an Freuds Theorie aus pädagogischer Sicht

Freuds Einsichten haben die Pädagogik zweifellos bereichert. Sie trugen dazu bei, fragwürdige Erziehungsmethoden begründet zurückzuweisen und nach neuen Wegen zu suchen. Freuds Persönlichkeitsmodell ist ein psychologisches und kein pädagogisches. Das **Ziel pädagogischen Handelns** ist Mündigkeit oder auch Moralität.

Mündigkeit meint, weder abhängig von Triebbedürfnissen noch von Verdrängungen und Projektionen zu sein. Zugleich aber müssen Menschen anerkennen, dass Triebbedürfnisse auf sie einwirken und sie immer in der Gefahr stehen, schwer zu Ertragendes zu verdrängen oder auch zu projizieren. **Moralität** wiederum erreicht ein Mensch nur, wenn es ihm gelingt, sein ÜBER-ICH kritisch zu betrachten. Dazu muss er prüfen, ob das, was ihm sein Gewissen vorschreibt, tatsächlich gut und richtig ist. Freud fragte als Arzt nach Gesundheit, nicht nach Moralität.

Aus pädagogischer Sicht reicht es nicht aus zu sagen, dass Menschsein gelingt, wenn das ICH erfolgreich zwischen ES und ÜBER-ICH vermitteln kann. Wie Freiheit und Mündigkeit gelebt werden können, müssen Menschen immer wieder selbst herausfinden. Pädagogik muss sie darin unterstützen.

Vielleicht sollte man grundsätzlich im Kontext der Reflexion der Bedeutung psychologischer Theorien für die Pädagogik das Verdikt Hartmut von Hentigs berücksichtigen: **„Therapie beleidigt den Gesunden!"** Pädagogisches Handeln darf nicht mit therapeutischem Handeln verwechselt werden, aber Pädagogen müssen wissen, dass ihr Handeln immer auch Auswirkungen im therapeutischen Sinne hat. Lehrern sollte z. B. klar sein, dass sie als Vater-Ersatz von Kindern wahrgenommen werden und eine Vorbildfunktion haben. Sie sollten auch Kenntnisse darüber haben, wann und in welchem Ausmaß Bedürfnisunterdrückung sinnvoll eingefordert werden kann bzw. wann dies Kinder überfordert. Auch müssen sie beachten, dass Kinder und Jugendliche familiäre Probleme mit in die Schule tragen und es zu Projektionen kommen kann. In solchen Fällen wäre vielfach schon eine gelassene Reaktion der Schulpädagogen hilfreich.

Pädagogen können beraten, sie können Rücksicht auf Gefühle und Krisen nehmen, sie können aber nicht therapieren. Nicht zufällig durchlaufen Therapeuten eine lange Ausbildung. Erzieher dürfen die zu Erziehenden auch nicht als krank ansehen. Sie begleiten die Kinder und Jugendlichen mit der Hoffnung, dass diese alles, was sie noch nicht können, lernen werden.

Nicht zuletzt **dürfen Pädagogen auch wertend und urteilend – anders als Therapeuten – gegenüber Kindern und Jugendlichen auftreten**. Es wird häufig sogar von ihnen erwartet. Denn Pädagogen wollen nicht in erster Linie Wege für ein gesundes, sondern vor allem **selbstständiges Leben** innerhalb einer komplexen und pluralistischen Gesellschaft aufzeigen.

Aufgabe 4 Erläutern Sie die Instanzen des ES, ICH und ÜBER-ICH, indem Sie ein fiktives Streitgespräch unter ihnen konstruieren.

Aufgabe 5 Erörtern Sie, ob Freuds Annahme eines angeborenen Todes- oder Destruktionstriebs berechtigt ist.

Aufgabe 6 Untersuchen sie, inwiefern psychoanalytisches Wissen zu einer Erziehung zur Mündigkeit oder auch zur Moralität beiträgt.

2 Psychosexuelle und psychosoziale Entwicklung im Kindesalter nach Erik H. Erikson

Der Psychoanalytiker Erik H. Erikson (1902–1994) war Professor an renommierten Universitäten (z. B. Harvard). Nach seiner Emigration aus Deutschland 1933 lebte und forschte er in den USA, wo er im Rahmen seiner – vornehmlich klinischen – Arbeit ein Stufenmodell der psychosozialen Entwicklung ausarbeitete. Erikson erweiterte den Horizont des psychoanalytischen Denkens dadurch, dass er auch soziale Erfahrungen von Menschen (z. B. in ihren Familien) in seinen Theorien berücksichtigte. Eriksons Einsichten haben bis heute maßgeblichen Einfluss für das Denken und Handeln sowohl von Psychologen als auch von Pädagogen.

2.1 Das epigenetische Prinzip

Das Modell Eriksons gewinnt dadurch seine besondere pädagogische Bedeutung, dass es nicht nur nach der innerpsychischen Entwicklung von Kindern und Jugendlichen fragt, sondern zugleich die **soziale Seite der Entwicklung** berücksichtigt. Er macht deutlich, dass mit dem Tag der Geburt ein Kind den „chemischen Austausch des Schoßes hinter sich" lässt und „in das soziale Austauschsystem der Gesellschaft" eintritt.

Erikson spricht von einem **epigenetischen Prinzip**. Dabei hat er die psychische Entwicklung des Menschen im Blick. Er sagt, dass „alles, was wächst, einen Grundplan hat, und dass die Teile aus diesem Grundplan heraus erwachsen, wobei jeder Teil seinen Zeitpunkt der speziellen Aszendenz (= Höhepunkt, gesteigerte Bedeutung) besitzt, bis alle Teile entstanden sind, um ein funktionierendes Ganzes zu bilden". Ein Mensch gehorche „in der Reihenfolge seiner persönlichen Erfahrungen inneren Entwicklungsgesetzen".

Entwicklung ist aber nach Erikson keineswegs nur eine Entfaltung von in einem Keim schon angelegten und vorbestimmten Teilen, sondern stellt einen **Prozess von Neubildungen dar, die auf der Basis der vorangegangenen Entwicklungen entstehen**. Die Psyche ist demzufolge nicht schon von Geburt an festgelegt, sondern der Mensch entwickelt seine Persönlichkeit auf der

Basis seiner Anlagen weiter. Allerdings **entwickelt sich der Mensch nie allein durch sich selbst, sondern immer innerhalb von Beziehungen**. Auch findet die menschliche Entwicklung nie geradlinig und ohne Konflikte statt. Kinder und Jugendliche durchlaufen vielmehr einen Reifungsprozess, innerhalb dessen Teile des menschlichen Grundplans besonderen Stellenwert gewinnen, woraus auch Gefährdungen erwachsen (Krisen). Wenn ein Kind etwa im Grundschulalter „Werksinn" und damit Leistungsbereitschaft ausbildet, kann dieser Prozess unter bestimmten Voraussetzungen misslingen und statt „Werksinn" eine Abneigung gegen Leistungsbereitschaft entstehen. Darum hat Erikson alle Phasen der menschlichen Entwicklung immer auch als krisenhaft betrachtet, wobei er diese Entwicklungskrisen keineswegs als negativ und problematisch ansieht, sondern vielmehr für entwicklungsfördernd hält. **Zur Beschreibung der einzelnen krisenhaften Entwicklungsphasen knüpft er an das Phasenmodell Sigmund Freuds an**, er findet aber neue Überschriften, um die jeweiligen Entwicklungskonflikte zu beschreiben.

Indem er darlegt, dass die psychische Entwicklung eines Menschen maßgeblich von seinen sozialen Erfahrungen mitbestimmt wird, macht er deutlich, dass das Ge- oder Misslingen von Entwicklungsprozessen auch wesentlich vom **Verhalten der Bezugspersonen** der Kinder und Jugendlichen abhängt.

2.2 Einteilung des menschlichen Lebens in acht Phasen

Erikson teilt das menschliche Leben in insgesamt **acht Phasen oder Stufen** ein, die er nach einem bestimmten Schema beschreibt: Er benennt zunächst den **Konflikt**, der die jeweilige Phase kennzeichnet. Dann erläutert er das mögliche extreme Fehlverhalten der erwachsenen Bezugspersonen und führt die eventuellen Folgen für die weitere Entwicklung der betroffenen Kinder und Jugendlichen vor Augen.

Die 1. Phase: Urvertrauen vs. Misstrauen

Mit der Beschreibung der ersten Phase seines Entwicklungsmodells (Alter: ca. 0–1,5 Jahre) knüpft Erikson eng an **Freuds Gedanken zur „oralen Phase"** an. Das neugeborene Kind ist völlig von seiner Mutter abhängig. Das Organ der kindlichen Wahrnehmung ist der Mund. Sein Leben besteht aus „Nehmen" und „Bekommen". Der Säugling erlebt diesen Zustand als tiefe Geborgenheit. Erst nach und nach lernt das Kind, zwischen sich und seiner Mutter zu unterscheiden. Diesen Prozess kann es positiv wahrnehmen, wenn es „liebende Fürsorge“ erfährt. Das **Gefühl der tiefen inneren Geborgenheit** nennt Erikson **„Urvertrauen“**. Dieses basiert zwar auf Erfahrungen mit der eigenen Mutter, ist aber nicht als Vertrauen in sie zu verstehen. Das „Urvertrauen“ ist eher ein diffuses Gefühl.

In dieser Phase sind Enttäuschungen für ein Kind unvermeidbar: Es schreit, ohne dass sofort mit liebender Zuwendung reagiert wird; damit wird sein „Urvertrauen“ erschüttert. Dies ist grundsätzlich entwicklungsfördernd, da im Kind eine „innere Unruhe“ entsteht, was wiederum die positive Folge haben kann, dass es eigene Aktivitäten entwickelt.

In der 1. Phase müssen Kinder eine **Balance zwischen Urvertrauen und Urmisstrauen herstellen.** Die Gefahr besteht, dass nur eines von beiden ausgebildet wird. Ohne Urvertrauen wird ein Kind aber später kaum zuversichtlich anderen Menschen begegnen bzw. Aufgaben in Angriff nehmen können.

Aber auch ohne die Erfahrung von **Urmisstrauen** ist das Kind in seiner Entwicklung gefährdet. Denn die Bewältigung von Urmisstrauen bereitet darauf vor, Zurückweisungen oder auch Niederlagen hinnehmen zu können. Somit handeln nach Erikson nicht nur jene Eltern falsch, die ihre Kinder grob vernachlässigen, sondern auch solche, die diese nur verwöhnen und liebkosen. In beiden Fällen werde eine gesunde kindliche Entwicklung gefährdet.

Denn ein Kind, das nicht genügend umsorgt wird, bildet kaum Urvertrauen aus und bleibt von Urmisstrauen geprägt. Es ist ständig innerlich unruhig, was sich z. B. darin äußern kann, dass es nicht konzentriert an einer Aufgabe arbeiten kann. Tiefenpsychologisch betrachtet bleibt es auf der Suche nach Urvertrauen und wird später möglicherweise seine **innere Unruhe** mit einem Übermaß an Aktivitäten kompensieren oder aber aufgrund seiner Unausgeglichenheit alle Aktivitäten nach kurzer Zeit wieder abbrechen. Umgekehrt ist ein Kind, das in den ersten Lebensjahren kaum die Erfahrung von Urmisstrauen gemacht hat, später unter Umständen nicht bereit, sich anzustrengen.

Extremes Erzieherverhalten hat extreme Folgen: Hyperaktivität kann sowohl die Folge extremer Vernachlässigung als auch übertriebener Zuwendung im Kleinkindalter sein. Ebenso kann die Unfähigkeit, kleinste Frustrationen aushalten zu können, Folge der beiden Formen von Fehlverhalten der Bezugspersonen in der ersten Lebensphase sein.

Säuglinge und Kleinkinder brauchen **„stabile“**, **liebevolle Bezugspersonen**, die sich kontinuierlich um sie bemühen. Das sind meist die Eltern, besonders die Mutter, oder auch andere Personen, die den Kindern verlässlich und dauerhaft nahe sein sollten. Diese müssen aber nicht in jedem Moment für ein Kleinkind da sein: Kürzere Phasen, in denen es z. B. durch Schreien auf sich aufmerksam machen will und nicht sofort eine Reaktion erreicht, fördern sogar die Entwicklung.

Teilweise ergibt sich die Balance von Urvertrauen und Urmisstrauen auch durch unvermeidbare Erfahrungen: Werden stillende Mütter von ihrem Kind, das gerade seine ersten Zähne bekommt, gebissen, reagieren sie spontan mit Zurückweisung, was im Sinne Eriksons entwicklungsfördernd sein kann.

Die 2. Phase: Autonomie vs. Scham und Zweifel (ca. 1,5–3 Jahre)

Hier greift Erikson **Überlegungen Freuds zur „analen Phase"** auf. Dieser hatte hervorgehoben, dass das Kind, indem es lernt, sein Muskelsystem zu gebrauchen, auch die Fähigkeit ausbildet, den Schließmuskel zu beherrschen. Gerade dieses Festhalten oder Loslassen des Schließmuskels ist für das Kind mit der Erfahrung von Lust (oder Unlust) verbunden. Darüber hinaus erfreut es sich daran, sich mit den eigenen Ausscheidungen zu beschäftigen und stößt damit an kulturelle Grenzen. Bald wird dem Kind verboten, seine Ausscheidungen zu berühren. So macht es die Erfahrung, dass es **einerseits etwas gerne tun möchte, zugleich aber weiß, dass es damit etwas Verbotenes tun würde**.

Freud sah in dieser Erfahrung einen ersten Schritt zur Ausbildung des ÜBER-ICH. Im ÜBER-ICH finde eine Verinnerlichung kultureller Normen und Regeln statt, so entstehe tiefenpsychisch eine Instanz, die das Handeln und Denken eines Menschen kontrolliere oder auch zensiere.

Erikson hat Freuds Erläuterungen dahingehend erweitert, dass er in diesem Prozess nicht einseitig den Druck der Kultur problematisiert, sondern darin einen **wichtigen Schritt der Persönlichkeitsentwicklung** erkennt.

Tatsächlich wird das Kind, das laufen kann und sprechen lernt, zunehmend mit Anforderungen der gesellschaftlichen Ordnung konfrontiert. So wird es mit konsequenten Verboten konfrontiert. Es kann seinen Willen nicht immer durchsetzen; seine „Autonomie" wird eingeschränkt. Das führt häufig zu Wut und Aggressivität.

Mitunter wird das Kind nicht nur an einem bestimmten Tun gehindert, sondern dieses wird ihm gegenüber als „schlecht" bezeichnet. Hat das Kind den

Drang, etwas zu tun, das seine erwachsenen Bezugspersonen als schlecht gekennzeichnet haben, spürt es den **inneren Konflikt**, dass es etwas tun möchte, das es nicht tun soll: **Scham entsteht**. Dies findet immer dann statt, wenn Menschen glauben, **dass sie aufgrund ihres Tuns oder ihrer Eigenschaften von Mitmenschen als minderwertig wahrgenommen werden**.

Nach Erikson ist die daraus entstehende Krise sinnvoll, weil das Kind erkennt, dass es seinen Willen nicht immer durchsetzen kann. Es lernt, dass bestimmte Regeln und Verbote gelten. Indem das Kind internalisiert, dass manches Tun schlecht ist, verinnerlicht es eine **Trieb- und Bedürfniskontrolle**. Es geht also keineswegs nur um Unterwerfung. Kinder streben nach wie vor an, ihren Willen durchzusetzen und ihre Triebe und Bedürfnisse zu befriedigen. Schrittweise lernen sie, sich in Gemeinschaften einzufügen und dennoch eigenen Wünschen – jetzt aber im Rahmen von Vorgaben – nachzugehen. Nur so ist das **Zusammenleben von Menschen in Gemeinschaften** möglich.

Die Ausbildung von Scham und Zweifel im menschlichen Bewusstsein ist also nötig, damit diese nicht willkürlich handeln, ohne auf soziale Ordnungen oder andere Menschen und deren Gefühle zu achten. Beides darf aber das Bewusstsein nicht so dominieren, dass man sich nicht traut, eigene Wünsche und Interessen zu realisieren.

Erzieherisch ist es erstrebenswert, Kinder **nicht einseitig rigide zu kritisieren oder zu bestrafen** und ihnen das Gefühl zu vermitteln, sie seien „schlecht“, weil sie bestimmte Dinge tun. Umgekehrt ist aber **erzieherische Konsequenz** notwendig, sonst wissen Kinder nicht, was sie als falsch oder schlecht ansehen sollen. Zugleich ist es wichtig, dass Eltern ihre Kinder dazu ermuntern, eigene Wünsche zu befriedigen.

Extreme Erziehung ist zweifellos problematisch: Das gilt sowohl für ein streng-rigides als auch für ein zu nachgiebiges elterliches Verhalten. Kinder, die sich immer nur Ge- und Verboten unterwerfen müssen, laufen große Gefahr, zwanghaft gehorsamsorientiert zu bleiben. Umgekehrt ist ebenfalls möglich, dass Menschen, die mit ständigen Verboten konfrontiert waren, irgendwann alle Ge- und Verbote ablehnen. Möglicherweise tun die Kinder sich im späteren Leben schwer damit, Autoritäten anzuerkennen, oder sind wenig bereit dazu, Ordnung zu halten.

Kinder müssen in dieser Phase eine innere Instanz ausbilden, die sie daran hindert, bestimmte Normen und Regeln des kulturellen Lebens zu missachten. Ansonsten können Kinder massive Schwierigkeiten bekommen, wenn sie in

Gemeinschaften zum ersten Mal mit klaren Vorgaben konfrontiert werden. Möglicherweise suchen sie solche klaren Normen. „Antiautoritär" erzogene Kinder hören mitunter gerade auf Erwachsene, die klar oder sogar streng als Autoritätspersonen auftreten.

Die 3. Phase: Initiative vs. Schuldgefühl

Auch bei seinen Überlegungen zur dritten Phase orientiert sich Erikson noch eng an Freud. Er hält ebenfalls das Erleben und Bewältigen des sogenannten **Ödipuskonflikts** für bedeutsam. Kinder entdecken in diesem Alter nicht nur ihr Geschlecht als Junge oder Mädchen, sondern sie verlieben sich etwa ab dem vierten Lebensjahr in den jeweils andersgeschlechtlichen Elternteil, was zu einem Konkurrenzdenken gegenüber dem gleichgeschlechtlichen Elternteil führen kann. Zugleich aber lieben sie diesen noch immer: So entstehen mit dem Gefühl der Rivalität und des Neides auch Schuldgefühle. Kinder müssen weiterhin feststellen, dass ihnen der gleichgeschlechtliche Elternteil überlegen ist: Sie bewältigen ihren inneren Konflikt, indem sie den gleichgeschlechtlichen Elternteil bewundern und ihm nachzueifern versuchen. Erikson greift diese Gedanken Freuds auf, weist aber darauf hin, dass Kinder auch unter Geschwistern oder im Kindergarten Konkurrenz und Rivalität erleben.

In dieser Phase ist es wichtig, dem Kind einerseits **Grenzen aufzuzeigen**, es aber andererseits **nicht abzuweisen**. Der andersgeschlechtliche Elternteil sollte die Initiativen des Kindes nicht zurückweisen und auch nicht darüber spotten, gleichzeitig aber keinen Zweifel daran lassen, welchen Stellenwert der jeweilige Lebenspartner hat. Vielleicht ist das Verhalten des gleichgeschlechtlichen Elternteils noch bedeutender. Dieser sollte feindselige Äußerungen oder Gesten des Kindes nicht beachten, sondern als aktiver Partner auftreten, den das Kind bewundern kann. Das elterliche Vorbildverhalten hat gerade in dieser Phase entscheidende Bedeutung.

Kinder lernen nicht zuletzt in Orientierung an ihren Eltern, im Leben Initiative zu ergreifen sowie innere Schuldgefühle auszuhalten und konstruktiv zu bewältigen. Insofern ist es aus psychoanalytischer Sicht problematisch, dass derzeit etliche Jungen ohne Vater aufwachsen. Nicht zuletzt werden in dieser Entwicklungsphase die Grundlagen für spätere beständige Beziehungen gelegt.

Von besonderer Bedeutung innerhalb dieser Phase ist die **Gewissensbildung** des Kindes. Es lernt, Wünsche nicht zu realisieren oder bestimmte Initiativen zu unterlassen, weil es damit Schuldgefühle verbindet. Diese erwachsen aus dem Gedanken, einem geliebten Menschen Schaden zufügen zu können. So bildet sich ein Gewissen aus, das nicht allein auf der Unterwerfung durch eine stärkere Macht basiert, sondern auch auf Liebe und Bewunderung.

Eltern, die rigide Macht gegen das gleichgeschlechtliche Kind demonstrieren und sich dem andersgeschlechtlichen Kind gegenüber abweisend verhalten, werden von den Kindern kaum als Menschen wahrgenommen, denen sie als andersgeschlechtliche Partner gefallen wollen oder die sie als gleichgeschlechtliche Vorbilder bewundern. Die Kinder lernen kaum, Initiative zu ergreifen. Sie bilden kaum ein eigenes Gewissen aus, sodass sie sich später unter Umständen allzu schnell vermeintlichen Autoritäten unterwerfen.

Möglich ist auch hier eine entgegengesetzte Entwicklung. Sie könnten nahezu hektisch immer wieder die Initiative ergreifen oder sich neu um Beziehungen bemühen. Fraglich bleibt, inwieweit sie in der Lage sein werden, dauerhafte Beziehungen zu gestalten.

Eltern, die sich in dieser Lebensphase ihren Kindern gegenüber zwar tolerant, aber eher desinteressiert zeigen, ermutigen sie zunächst zu Initiativen. Die Kinder lernen jedoch nicht, spätere Zurückweisungen zu ertragen. Ebenso wenig lernen sie Schuldgefühle kennen und können deshalb als Erwachsene nicht rücksichtsvoll handeln – ohne sich dies bewusst zu machen. Oder aber sie entwickeln nach Erfahrungen von Ablehnung und Zurückweisung sogar in übertriebener Form Schuldgefühle.

Die 4. Phase: Werksinn vs. Minderwertigkeitsgefühl (6–12 Jahre)

Freud hat die vierte Phase der kindlichen Entwicklung **Latenzzeit** genannt. Er sah keine Möglichkeit, kindliches Handeln Triebimpulsen zuzuschreiben und bezeichnete diese Zeit als sexuelle Ruhephase. Folglich hatte diese Lebensphase für Freuds weitere Überlegungen eher weniger Bedeutung.

Dagegen spricht **Erikson** ihr große Relevanz zu. Ihm zufolge erweitern Kinder jetzt ihre Bereitschaft, initiativ zu werden. Sie wollen aber nicht nur handeln, um den Eltern zu gefallen, sondern in einem größeren Umfeld Wichtiges und Nützliches leisten. Er nannte dieses kindliche Bestreben **Werksinn**. Kinder wollen nicht nur spielen und selbst Freude haben, sondern auch etwas leisten. Insofern ist es zweifellos sinnvoll, dass sie ab dem sechsten Lebensjahr die Schule besuchen, wo ihnen Leistungen abverlangt werden. Indem Kinder Nützliches tun, wird ihnen bewusst, dass sie bestimmte Leistungen noch nicht erbringen können und sowohl den Eltern als auch älteren Kindern unterlegen sind. Dies können sie als Versagen erleben, was ein Gefühl der Minderwertigkeit auslösen kann.

Dieses **Minderwertigkeitsgefühl** ist nach Erikson prinzipiell **entwicklungsfördernd**. Denn das Gefühl, etwas nicht zu können, kann auch dazu motivieren, sich anzustrengen und einen besonderen Ehrgeiz auszubilden. Insofern sind Erfahrungen, die Kindern die Grenzen ihrer Leistungsfähigkeit bewusst machen, nicht zwingend nachteilig. Erlebt ein Kind hingegen ständig, dass seine Bemühungen abgewertet werden, kann das Gefühl der eigenen Minderwertigkeit die gesamte Lebenseinstellung dominieren. Aus Furcht vor Kritik und Ablehnung wollen Kinder möglicherweise viele Aufgaben nicht einmal mehr angehen. Werden sie dagegen nur gelobt, lernen sie nicht, die eigenen Leistungen realistisch einzuschätzen.

In dieser Lebensphase werden Gleichaltrige wichtig. Denn ein Kind kann seine Leistungen besser mit denen Gleichaltriger vergleichen. Erwachsenen muss es sich immer unterlegen fühlen. Insofern gewinnen nicht nur **Leistungsvergleiche in der Schule**, sondern auch **Regelspiele** an Bedeutung, an deren Ende Gewinner und Verlierer stehen. Die Erfahrung zu verlieren, ist durchaus sinnvoll. Kinder lernen so, dem Leben zunehmend realistisch zu begegnen und Enttäuschungen zu ertragen.

Versuchen Erziehende, Kinder vor Anforderungen zu bewahren, indem sie diese nur spielen lassen, ist es möglich, dass sich die Kinder nur noch ungern Herausforderungen stellen. Umgekehrt ist aber auch denkbar, dass sie ein besonders starkes Bedürfnis entfalten, Nützliches zu tun.

Die 5. Phase: Identität vs. Identitätsdiffusion

Mit der physischen Geschlechtsreife und den damit verbundenen körperlichen und hormonellen Veränderungen beginnt die Phase des **Übergangs von der Kindheit ins Erwachsenenalter**. Der Jugendliche bildet in dieser Zeit eine eigene Persönlichkeit aus. Indem er sich der Außenwelt öffnet, muss er sich verschiedenen Anforderungen und Einflüssen stellen. Der Jugendliche löst sich zunehmend von seiner Familie, die Gruppe der Gleichaltrigen gewinnt an Bedeutung. Er fragt sich nun, wer er ist bzw. wer er sein will. Ideologische Perspektiven, z. B. die der eigenen Eltern, werden hinterfragt. Idole und Leitbilder dienen der Orientierung, werden aber ebenso wie die eigene Um- und Mitwelt kritisch betrachtet. Praktisch versucht der Heranwachsende so, die eigene Persönlichkeit zu finden und zu festigen.

Jugendliche entdecken Schwächen und Fehler der Menschen in ihrem unmittelbaren Lebensumfeld. Sie erkennen, dass sie bestimmte Erwartungen nicht erfüllen wollen oder können. **Ihre Identität müssen sie** während der Pubertät **mühevoll erarbeiten**. Dabei besteht die Gefahr, dass sie es nicht schaffen, angesichts der Vielzahl von „Identitätsangeboten" eine eigene Identität auszubilden. Dann käme es zu einer „Identitätsdiffusion".

Erikson war überzeugt, dass viele Jugendliche in dieser krisenhaften Phase eines **„Moratoriums"** bedürfen. Man muss bereit sein, sie für eine gewisse Zeit aus den gewohnten Handlungs- und Lebensfeldern zu entlassen, um ihnen auf der Basis anderer Erfahrungen Wege der Selbstfindung zu ermöglichen. Tatsächlich gewinnen bestimmte Orte für pubertierende Jugendliche große Bedeutung, z. B. Musik- oder Sportvereine. Vor allem Mädchen entfalten innige Beziehungen zu Tieren (z. B. Pferden) und finden in ihrer Pflege einen Lebenssinn. Eltern, so fordert Erikson, müssen Verständnis dafür haben, wenn Jugendliche phasenweise Schwerpunkte radikal anders setzen, als sie es von ihnen erwarten.

Diese Lebensphase ist für beide Seiten keine leichte Zeit. Viele **Eltern** entziehen sich möglichen Konflikten, indem sie **den Jugendlichen** – vermeintlich liberal – **nahezu alles zugestehen, was diese wollen**. Damit tragen sie kaum zu einer konstruktiven Bewältigung der Entwicklungskrise bei; **sie lassen ihre Kinder im Grunde bei ihrer Orientierungssuche allein**. Jugendliche bedürfen der kritischen und zugleich solidarischen Auseinandersetzung mit Erwachsenen, die sie beraten, kritisieren, ihnen vielleicht auch einzelne Verbote erteilen, denn der Widerstand dagegen fördert die Entwicklung zur Selbstständigkeit.

Wollen Erwachsene ihre Kinder **über rigide Vorgaben und Verbote** ständig kontrollieren, tragen sie möglicherweise dazu bei, dass diese **eine eigene Identität ausbilden, die auf kritiklose Unterwerfung unter Autoritäten ausgerichtet bleibt**. Denkbar wäre aber genauso, dass die Kinder irgendwann **jede Autorität radikal ablehnen**. So entsteht jedoch keine positive Identität.

Die 6. Phase: Intimität und Solidarität vs. Isolierung

Erikson hat sein Phasenmodell der psychosozialen Entwicklung für das **Erwachsenenalter** fortgeschrieben und noch drei weitere Phasen benannt. Diese sind aus pädagogischer Sicht weniger bedeutsam, weil sie Lebensabschnitte behandeln, auf die Erzieherinnen und Erzieher kaum mehr einwirken. **Erzie-**

hung hört aber letztlich nie auf. Erwachsene müssen jedoch selbst Verantwortung übernehmen und sich selbst erziehen. Insofern ist es relevant, über Phasen und Krisen des Erwachsenenalters Bescheid zu wissen.

Der junge Mann und die junge Frau müssen am Ende der Phase der Adoleszenz lernen, intime Beziehungen einzugehen. Dies beinhaltet Freundschaft, Liebe, aber auch Auseinandersetzung und Kampf. In diesem Prozess sollen sie Partnerschaften führen, in denen sie besondere Verantwortung für den anderen übernehmen, aber umgekehrt auch besondere Zuwendung erfahren. Damit ist dann auch eine Abgrenzung der intimen Beziehungen zu anderen, z. B. Gruppenbeziehungen, verbunden. Nicht zuletzt kann die Partnerschaft helfen, sich gegen vermeintliche Bedrohungen zur Wehr zu setzen oder in schwierigen Konkurrenzkämpfen zu bewähren.

Menschen, denen der **Aufbau intimer Beziehungen** nicht gelingt, bleiben im **Zustand einer Isolierung**, auch wenn sie viele freundschaftliche Beziehungen pflegen. Nach Erikson ist es wichtig, dass Menschen nach der Phase der Adoleszenz, in der Beziehungen zu Gleichaltrigengruppen im Vordergrund stehen, wieder persönliche und intimere Beziehungen eingehen.

Die 7. Phase: Generativität vs. Stagnation

Mit der nächsten Stufe beschreibt Erikson die Fähigkeit und den Wunsch von Menschen, sich für den Fortbestand der eigenen Gemeinschaft einzusetzen. Damit meint er primär das Zeugen und Gebären von Kindern, aber auch die Bereitschaft, **für die nachwachsende Generation besondere Verantwortung zu übernehmen**. Kinderlose Menschen sind nach Erikson nicht zwingend Vertreter einer Stagnation. Menschen, die nicht bereit sind, für nachfolgende Generationen Verantwortung zu übernehmen, würde er aber als solche kritisieren.

Die 8. Phase: Integrität vs. Verzweiflung

Die Entwicklung des Menschen in seinen späteren Lebensphasen wird wesentlich von seinen Erfahrungen in den vorherigen Phasen bestimmt. Insbesondere Eriksons Beschreibung der letzten Phase lässt erkennen, dass dann eine grundsätzliche Neuorientierung kaum mehr möglich ist. Darüber lässt sich streiten: Können nicht auch Menschen im Alter ihr Leben ändern und statt im Sinne der Integration des bisher gelebten Lebens einen fundamental anderen und neuen Weg gehen?

Abb. 5: Die Phasenmodell der psychosozialen Krisen nach Erikson

Alter	Krise	Konstruktive Lösung	Problematische Lösung
0–1½	Urvertrauen vs. Urmisstrauen	Grundlegendes Urvertrauen (absolute innere Sicherheit)	Innere Unsicherheit, Unruhe, Rastlosigkeit
1½–3	Autonomie vs. Scham und Zweifel	Fähigkeit der Selbstkontrolle, zugleich Willenskraft	Willensschwäche oder starres Streben, Willen durchzusetzen; mangelnde Durchsetzungsfähigkeit oder rigide Selbstkontrolle
3–6	Initiative vs. Schuldgefühl	Bereitschaft zur Initiative, erste Gewissensbildung	Rigide oder fehlende Gewissensbildung; Initiativlosigkeit oder übertriebener Drang zur Initiative
6–12	Werksinn vs. Minderwertigkeitsgefühl	Leistungsbereitschaft und -motivation, Fähigkeit zur realistischen Selbsteinschätzung	Minderwertigkeitsängste oder Neigung zur Selbstüberschätzung, Leistungsabwehr oder übertriebenes Leistungsstreben
Adoleszenz	Identität vs. Identitätsdiffusion	Ausbilden eigener persönlicher Ich-Identität	Angepasste Identität oder fortwährende Identitätssuche und -unsicherheit
Frühes Erwachsenenalter	Intimität und Solidarität vs. Isolation	Fähigkeit zur Nähe und Bindung	Erleben von Einsamkeit, Angst vor Bindung oder auch Angst vor Trennung
Mittleres Erwachsenenalter	Generativität vs. Stagnation	Verantwortung für eigene Kinder oder für Mitmenschen und ihre Zukunft	Keine Zukunftsperspektive, Orientieren nur an eigenen Bedürfnissen
Spätes Erwachsenenalter	Ich-Integrität vs. Verzweiflung	Gefühl eigener „Ganzheit“, Akzeptieren des eigenen Lebens	Erleben des eigenen Lebens als sinnlos, Enttäuschung, innere Verzweiflung

Exkurs: Erziehung im Kibbuz

Wie weitreichend sozialkulturelle Orientierungen in Gemeinschaften die Ausbildung von Persönlichkeitsstrukturen beeinflussen können, konnte **Bruno Bettelheim** durch Beobachtung von Kindern, welche in israelischen Kibbuzim aufwuchsen, nachweisen. Bruno Bettelheim, geboren in Österreich, emigrierte wie Erikson zur Zeit des Nationalsozialismus in die USA und arbeitete dort als

Psychiater und Professor. Bettelheim besuchte mehrere Kibbuzim in Israel und interviewte Kinder und Jugendliche, die dort lebten. **Er entwickelte seine Fragen und auch die Deutungen der Antworten in Anlehnung an Eriksons Entwicklungsmodell**. Bettelheims Studien wurden bedeutend, da er Eriksons Modell auf eine Wirklichkeit bezog, die nicht von intimen familialen Strukturen, sondern durch eine **Kollektiverziehung** geprägt war.

Mit der Gründung des Staates Israel bildeten sich die Kibbuzim. Dort wollten Juden Gleichberechtigung aller Menschen und Gerechtigkeit verwirklichen. Gedanken und Forderungen aus dem Judentum, der Sozialismus und Postulate der Frauenemanzipation gewannen hohen Einfluss auf die Gestaltung dieser Kibbuzim. Die Menschen verzichteten auf Privatbesitz und bauten sich durch gemeinsame Arbeit (zunächst in der Wüste) eine neue gemeinsame Existenz auf. Als die ersten Kinder geboren wurden, entschlossen sich die Menschen, diese nicht in Familien, sondern in der Gemeinschaft aufwachsen zu lassen. **Von Geburt an lebten diese Kinder in Kindergemeinschaften**, sie wurden **von Erzieherinnen betreut und erzogen**. Die Eltern sahen diese Kinder nur selten, sie lebten nie dauerhaft mit ihnen zusammen. Heute findet diese radikale Gemeinschaftserziehung nicht mehr statt. Die Kinder verbringen noch immer viel Zeit in Gemeinschaft, sie schlafen aber in der Wohnung ihrer Eltern und erleben somit auch ein (begrenztes) Familienleben.

In der Anfangszeit dieser Bewegung dominierte **eine konsequente kollektive Erziehung**. Daher konnte gut beobachtet werden, welche Folgen es für Kinder hat, wenn sie in ihren ersten Lebensjahren keine intensive Beziehung zur Mutter oder zu einer anderen Bezugsperson erfahren. Die Befürchtung, dass solche Kinder ein massiv defizitäres Urvertrauen ausbilden, bestätigte sich nicht. Diese Säuglinge erlebten kaum das Gefühl eines vollständigen Verlassenseins, denn zum einen waren immer Betreuerinnen (Metapelets) in der Nähe und zum zweiten waren sie auch stets mit anderen Säuglingen und Kleinkindern zusammen, sodass sie sich nie allein fühlen mussten. Allerdings erlebten sie nicht die Intensität und Kontinuität einer Zuwendung, wie sie beispielsweise eine Mutter ihrem Kind schenkt.

Diese **Kinder bildeten somit weniger Urvertrauen**, **aber auch weniger Urmisstrauen** aus als Kinder in traditionellen Familien. Sie blieben in ihrem Selbsterleben weniger unsicher und unruhig, entwickelten aber auch kein Urvertrauen, das ihnen auch in Krisenzeiten einen sicheren inneren Halt geben konnte.

Insgesamt ist **das Aufwachsen im Kibbuz eher weniger risikobehaftet** als in Familien. Dies gilt auch mit Blick auf die folgenden psychosozialen Krisen: Die Kinder streben weniger nach Autonomie, weil sie sich immer auch an anderen Kindern orientieren, und da diese wie sie selbst Schwächen und Versagen zeigen, bilden sie auch weniger Schamgefühle aus.

Sie haben weniger den Drang, Initiative zu ergreifen, und entwickeln auch kaum massive Schuldgefühle. Die Jungen lieben ihre Erzieherinnen, die Mädchen bewundern bestimmte Rollenträger im Kibbuz, z. B. Lastwagenfahrer. Jungen wie Mädchen wollen gleichgeschlechtliche Erwachsene weniger vollständig zurückdrängen. Später bewundern die Mädchen die Erzieherinnen und die Jungen bestimmte Rollenträger. Werksinn wiederum wird von Anfang an hoch geschätzt. Alle, auch die Kinder, arbeiten für das Wohlergehen aller mit. Dabei gewinnt Konkurrenzdenken allenfalls geringe Bedeutung, weil die Menschen nie nur für sich, sondern immer auch für die Gemeinschaft arbeiten. Sie helfen einander, sodass nur wenig Versagensängste und Minderwertigkeitsgefühle aufkommen.

Das Leben im Kibbuz ist überschaubar, die Regeln und Werte werden wenig angezweifelt. So tritt kaum der Konflikt „Identität vs. Identitätsdiffusion“ auf. Die psychische Entwicklung verläuft somit weniger gefährdet, als es in Familien häufig der Fall ist. Allerdings besteht die Gefahr, dass im Kibbuz aufgewachsene Menschen psychisch überfordert sind, wenn sie sich individuell durchsetzen und Initiative sowie Werksinn auch gegen Widerstände beweisen müssen. Das Selbstgefühl dieser Menschen bleibt an ihre Gemeinschaft gebunden. Ein Mensch im Kibbuz empfindet Scham nicht deshalb, weil er sich selbst als minderwertig erlebt, sondern wenn er befürchtet, dass er innerhalb der Gemeinschaft und vor seinen Mitmenschen versagt hat und so seinen Wert in der Gemeinschaft nicht beweisen konnte.

Grundsätzlich beweist der Vergleich zwischen Erziehung in der Familie und im Kibbuz, wie sehr die **psychische Struktur von Menschen durch ihre Erfahrungen in Gemeinschaften und Kulturen geprägt** ist. Pädagogisch betrachtet ist weder eine eher gemeinschaftsbezogene Identität noch eine eher individualistische Identität wertvoller. Allerdings muss man fragen, welche psychischen Strukturen Menschen ausbilden müssen, um den jeweiligen Anforderungen der Gesellschaften, in denen sie leben, gerecht zu werden.

2.3 Kritische pädagogische Würdigung des Phasenmodells Eriksons

Eriksons Modell bleibt **nicht frei von bestimmten kulturellen Einstellungen seines Autors**. Aber können Modelle überhaupt frei von Wertungen sein? Gerade heute stellt sich die Frage, welche Folgen eine Kultur des Individualismus langfristig für Betroffene und auch für die Gesamtgesellschaft hat. Wenn etwa Menschen intimen Bindungen aus dem Wege gehen, so übernehmen sie so nicht nur kaum Verantwortung für Mitmenschen, sondern bleiben am Ende selbst auch isoliert und ohne intime Räume, in welchen sie „Heimat" finden – was gerade in Krisenzeiten wichtig ist.

Eriksons Modell legt offen, wie folgenreich bestimmte erzieherische Einstellungen und Verhaltensweisen für Kinder sind. **Welche psychischen Strukturen Menschen ausbilden, ist auch das Resultat ihrer Erfahrungen im Erziehungsprozess.** Damit unterstreicht er die Bedeutung erzieherischer Verantwortung. Er zeigt auf, dass **extreme einseitige Orientierungen in der Erziehung** – unabhängig davon, in welcher Richtung Erziehende sich extrem verhalten – **fast immer für die betroffenen Kinder problematische Folgen nach sich ziehen**. Die betroffenen Kinder und Jugendlichen zeigen meist selbst – und zwar ihr Leben lang – extreme Denk- und Verhaltensweisen. Sie folgen so entweder der Haltung ihrer Erzieher (meist ihrer Eltern) oder sie stellen sich radikal dagegen. Ein Kind, das während der dritten psychosozialen Krise (Initiative vs. Schuldgefühl) strenge Eltern erleben muss, kann sich entweder so entwickeln, dass es sich immer leicht und kritiklos Autoritäten unterwirft oder aber es entwickelt eine ablehnende Haltung, wenn nicht sogar Hassgefühle gegen Autoritäten. Entsprechend extreme Einstellungen können auch entstehen, wenn die Eltern auf jedes autoritäre Auftreten verzichten: Ein Kind könnte dann – tiefenpsychisch betrachtet – immer auf der Suche nach Autoritäten bleiben oder es nie lernen, sich Autoritäten zu unterwerfen.

Eltern bzw. Erziehende müssen also in allen Phasen der psychosozialen Krisen nach Erikson ihr Verhalten **immer wieder neu zwischen möglichen extremen Polen ausbalancieren**. Wie dies konkret realisiert werden kann, muss jeweils mit Blick auf ein individuelles Kind immer wieder neu bestimmt und herausgefunden werden.

In diesem Sinne **bietet das Modell Eriksons Orientierungen, aber keine erzieherischen Rezepte**. Darin liegt auch der besondere pädagogische Wert dieses Modells. Es deutet an, welche erzieherischen Verhaltensweisen welche

Auswirkungen haben könnten. Weiter wird ersichtlich, dass aus dem Modell nicht einfach ein pädagogisch „richtiges" oder „falsches" Verhalten abgeleitet werden kann.

Aus heutiger Sicht ist zu fragen, ob das Modell Eriksons noch ausreicht, die **veränderten Bedingungen des Aufwachsens** vieler Kinder und Jugendlicher konstruktiv zu erfassen. Nicht wenige Kinder wachsen heute ohne Vater auf oder erleben in Patchwork-Familien wechselnde Bezugspersonen. Die Berufstätigkeit beider Elternteile hat die innerfamiliäre Kommunikation vielfach reduziert. Zudem muss gefragt werden, welchen Einfluss der weitreichende multimediale Einfluss auf Kinder und Jugendliche hat und ob und inwieweit dadurch die elterliche Einflussnahme in ihrer Wirkung schwächer wird.

Zudem sollte daran erinnert werden, dass Erikson Psychologe, nicht Pädagoge war. So sehr seine Einsichten pädagogisch Bedeutung gewinnen können, muss dennoch konstatiert werden, dass er selbst nicht pädagogisch fragte.

Erikson kann dazu beitragen, bedeutende pädagogische Annahmen differenziert zu betrachten. So zeigt sich, dass Kants Postulat, dass Erziehung die „Freiheit" des zu Erziehenden anstreben solle, erziehungspraktisch nicht leicht zu realisieren ist. Denn Freiheit ist nicht einfach zu bestimmen. Psychologisch im Sinne Eriksons betrachtet, kann nur der frei werden, dem es gelingt, die unterschiedlichen psychosozialen Krisen im Lebenslauf so zu bewältigen, dass er reifen und seine Persönlichkeit so Schritt für Schritt entwickeln kann. Wenn Kant als Ursache von Unmündigkeit Faulheit und Feigheit annimmt, bleibt außen vor, dass auch unbewältigte psychische Krisen die Folge haben können, dass Menschen nicht fähig sind, eigene Mündigkeit anzustreben.

Bruno Bettelheims Untersuchungen zur Entwicklung von Kindern im Kibbuz führen vor Augen, wie wichtig soziokulturelle Bedingungen für die Identitätsbildung von Menschen sind. Die Ausbildung der Persönlichkeitsstruktur wird immer auch soziokulturell geprägt. Kinder im Kibbuz bilden zweifellos eine eher der Gemeinschaft angepasste Identität aus als Kinder in traditionellen Familien. Soll man aber jetzt die Persönlichkeit dieser Kinder als weniger frei ansehen als die der Kinder aus den Familien?

Umgekehrt bleiben pädagogisch bedeutende Fragen außerhalb des Sichtfeldes von Erikson. Ob und wie eine Förderung der moralischen Entwicklung der zu Erziehenden stattfinden kann, fragt er nicht. Er überlegt auch kaum, was Kinder und Jugendliche lernen müssen, um nicht nur mündig zu werden, sondern auch Moralität anzustreben. Aber er beschreibt **wesentliche Vorausset-**

zungen für eine gelingende Erziehung und er klärt darüber hinaus, welche Gesichtspunkte **fundamental** sind, damit **eine Erziehung zur Freiheit oder auch zur Moralität gelingen** kann.

Aufgabe 7 Nehmen Sie zur Diskussion Stellung, ob sich Kindertagesstätten für die Entwicklung von Kindern negativ auswirken.

Aufgabe 8 Beurteilen Sie mit Bezug zu Erikson die Forderung, das schulische Lernen in der Grundschule müsse vor allem in Orientierung an kindlichen Spielbedürfnissen organisiert werden.

Aufgabe 9 Skizzieren Sie Maximen für pädagogisches Verhalten von Lehrerinnen und Lehrern im Umgang mit Jugendlichen. Erörtern Sie, ob Lehrkräfte eher als Partner auftreten und auf eine pädagogische Autorität weitgehend verzichten sollen oder besser bewusst als Erwachsene, die auch Forderungen stellen und Leistungen einfordern.

Aufgabe 10 Prüfen Sie ob das Entwicklungsmodell Eriksons angesichts der veränderten familiären bzw. gesellschaftlichen Bedingungen noch für zeitgemäß gehalten werden kann.

Aufgabe 11 (materialgestützt) Analysieren Sie unter Berücksichtigung des Entwicklungsmodells Eriksons die Verhaltensauffälligkeiten Stephanies und fragen Sie nach möglichen Zielen und Wegen einer pädagogischen Förderung Stephanies.

M 1: Stephanie – pädagogische Förderung bei Verhaltensauffälligkeiten?

Stephanie, die jetzt Achtjährige, wurde als „Frühchen“ mit einem Gewicht von 1450 g geboren und verbrachte sechs Wochen in der Kinderklinik, ehe sie nach Hause entlassen werden konnte. Sie hatte auch danach immer wieder Ernährungsstörungen und infektiöse Erkrankungen mit häufigen Krankenhausaufenthalten in den ersten zwei Lebensjahren. Nach dem Bericht der Schwester der Kindesmutter habe diese ihr Kind „wie ein Stück Holz“ behandelt. Bei der geringsten Kleinigkeit habe sie Stephanie in der Klinik abgeliefert. Da die Tante ganz in der Nähe wohnte und selbst keine Kinder hatte, habe sie sich bald mit um Stephanie gekümmert. Stephanie sei mit ihr die ersten Schritte gelaufen, habe bei ihr die ersten Wörter gelernt. Auch ihre Mutter, also Stephanies Oma, habe sich der Kleinen angenommen. Da die Kindesmutter sehr unzuverlässig war, wurde zwischen der Oma und der Tante das Abholen aus der Krippe und später aus dem Kindergarten verabredet. Mitunter, wenn nichts zu essen für die Kinder im Hause war (inzwischen war ja auch schon Manuel, der mittlere, geboren), wurden sie zur Oma geholt. Wenn Stephanie zu Hause weinte, wurde sie angeschrien oder auch geschlagen. Da die Großmutter damals berufstätig war und immer noch hoffte, dass ihre Tochter sich mehr um ihre Kinder kümmern würde, nahm sie die Kleinen nur zeitweilig zu sich. Als das Mädchen fünf Jahre alt war, wurde der Mutter mit ihrem Einverständnis das Sorgerecht aberkannt und ihrer Schwester übertragen. Stephanies erhebliche Rückstände auf sprachlichem, motorischem und sozialem Gebiet verringerten sich, die Einschulung erfolgte aber erst ein Jahr nach dem regulären Termin.

Stephanie ist ein hübsches, sehr blasses und schmales Mädchen. Während unserer ersten Begegnung malt sie ein schönes, farbiges Bild und kommentiert ihre Handlungen in ununterbrochener, lebhafter Rede. Ihre Stimmung ist heiter, sie hat viele Einfälle. Bei den Kindern ihrer Klasse ist sie beliebt, da sie verträglich und immer guter Laune ist. Die Lehrerin sieht das etwas anders, da sie durch ihre Unruhe und Schwatzhaftigkeit oft den Unterricht störe. Ihre Auffassungsgabe sei gut, allerdings seien die Noten schlechter als ihre eigentliche Leistungsfähigkeit, da sie oft unaufmerksam sei und in schriftlichen Arbeiten viele Flüchtigkeitsfehler mache. Stephanie knabbert massiv Nägel, sie reißt sie mitunter sogar herunter, dass es blutet. Sie schlafe sehr spät ein, sei einfach nicht zur Ruhe zu bekommen. Morgens sei sie aber auch als Erste wach. Das sei besonders an den Wochenenden ziemlich belastend für die ganze Familie. Außerdem besteht bei ihr noch eine Phobie, die man bei dem lebhaften Mädchen gar nicht vermutet. Sie hat große Furcht vor neuen, unbekannten Situationen, vor fremden Menschen, vor Dunkelheit und vor großen Tieren. So geht sie bis heute noch nicht allein zur Schule, sondern muss täglich von der Oma gebracht werden.

Ursel Mielke, Schwierige Kinder besser verstehen. [Ursachen erkennen. Vertrauen schaffen. Probleme lösen. Mit vielen Fallbeispielen], Midena: Küttigen/Aarau 1996, S. 34 f., Lizenz des Weltbild-Verlags Augsburg

3 Die Stadien der kognitiven Entwicklung nach Jean Piaget

Jean Piaget (1896–1980) wurde in der Schweiz geboren, studierte dort Biologie und promovierte in diesem Fach. Im Rahmen seiner Arbeit an psychoanalytischen bzw. psychologischen Instituten war er an der Entwicklung und Ausführung einer Testreihe zu Verständnisprozessen bei Kindern beteiligt. Als seine erste Tochter geboren wurde, begann er das Verhalten und insbesondere das Denken der Kinder genau zu beobachten. Seine Einsichten hielt er in Protokollen fest. Damit legte er den Grundstein zu einer mehr als 50-jährigen Forschungs- und Lehrtätigkeit zur geistigen Entwicklung von Kindern und Jugendlichen.

3.1 Grundlagen der Lehre Jean Piagets

Nach Piaget findet Lernen im Wechselspiel von Assimilation und Akkommodation statt. Er bezeichnet diesen Prozess als **Adaptation**.

- **Assimilation** meint das Einverleiben von Objekten in bestehende Verhaltensschemata bzw. verfügbare Handlungsweisen. Piaget hat dies an einem Beispiel erläutert: Der Hase, der Kohl frisst, wird dadurch nicht etwa selbst zum Kohl, sondern macht aus dem Kohl sozusagen Hase. Der Kohl wird vom Hasen **einverleibt**.
- Wenn Kinder, die bis zehn zählen können, die Zahlen elf bis zwanzig und dreißig bis hundert kennenlernen, findet Assimilation statt. Wenn sie schon mit den Zahlen eins bis zehn addieren und subtrahieren können, schaffen sie das bald auch mit Zahlen von 20 bis 100. Die Kinder müssen für das Rechnen mit den neuen Zahlen ihre Denkschemata nicht ändern. Wenn sie aber multiplizieren und dividieren lernen sollen, reicht es nicht mehr aus, neue Objekte in bekannte Schemata zu integrieren. Denn sie müssen ein Schema ändern oder erweitern. Einen solchen Vorgang nennt Piaget **Akkommodation:** Die Begegnung mit bestimmten Objekten führt zu einer Ausbildung neuer Verhaltensschemata.

Entwicklung des Denkens als Eigenleistung des Kindes

Lernprozesse finden dann statt, wenn das innere Gleichgewicht des Kindes gestört wird. Darauf reagiert es nicht einfach im Sinne eines Reiz-Reaktions-Schemas, sondern versucht selbst aktiv, sein inneres Gleichgewicht wiederherzustellen **(Äquilibration)**. Es bildet schrittweise **Schemata** (z. B. Greifen und Laufen) und **Strukturen** (Koordination der motorischen Fähigkeiten) aus. Demzufolge ist die Entwicklung des Denkens eine eigene Leistung des Kindes.

Piaget sprach wie Erikson von einem **epigenetischen Prinzip** im menschlichen Lernprozess, allerdings hat er nicht die psychische, sondern die kognitive menschliche Entwicklung im Blick. Der Mensch selbst kann auf Basis des bis dahin Gelernten eine qualitativ neue Entwicklungsstufe erreichen. Piaget begriff den Menschen als **„epistemisches Subjekt"** (= Erkenntnis suchend und erkennend). Diese Grundannahme ist aus pädagogischer Perspektive zentral. Er erklärt, dass der Mensch seine Entwicklungsfortschritte selbst macht – wenn auch auf der Basis seiner Anlagen und Erfahrungen. Demzufolge bewirkt pädagogisches Handeln nicht unbedingt Lernen, sondern schafft lediglich die Voraussetzungen dafür.

Spielen und Nachahmen

Für die kindliche Entwicklung haben Spielen und Nachahmen fundamentale Bedeutung. Im Spiel übt ein Kind neu Gelerntes frei ein, gerade im spielerischen Variieren kann es sein Lernen festigen (eher Assimilation). Durch das Nachahmen übernimmt es Verhaltensweisen, mithilfe derer es eigene Denkstrukturen bzw. -schemata erweitern und verändern kann (eher Akkommodation). Die Formen des Spielens und Nachahmens variieren mit zunehmendem Alter, was sich gut an Rollenspielen beobachten lässt: Jüngere Kinder, die „Vater – Mutter – Kind" spielen, ahmen sehr konkret nach, was sie im eigenen Elternhaus erleben. Sie können ihre Vorstellung von Vater und Mutter nicht von ihren Erfahrungen mit den eigenen Eltern lösen.

Jugendliche können sich dagegen von den eigenen Erfahrungen frei machen und im Rollenspiel eine Figur als soziale Rolle in einem bestimmten kulturellen Kontext darstellen. Offensichtlich findet von der Kindheit bis zur Jugend eine weitreichende Entwicklung im Denken statt.

Wie kam Piaget zu seinen Einsichten?

Piaget gab Kindern Aufgaben, die sie lösen sollten, oder stellte ihnen Fragen, die sie beantworten sollten. Auf die Antworten der Kinder reagierte er mit weiteren Fragen. Er folgte somit keiner vorab festgelegten Versuchsanordnung. Die Auswertung oder Deutung der Beobachtungen und Gesprächsprotokolle erfolgte nicht standardisiert, sondern setzte die **Deutungskompetenz des Wissenschaftlers** voraus. Solche „halbstrukturierten Interviews“ mit Kindern werden unter dem Begriff **„klinische Methode“** zusammengefasst.

3.2 Die Phasen der kognitiven Entwicklung nach Jean Piaget

Piaget hat die kognitive menschliche Entwicklung in **vier Stadien** unterteilt:
- das sensomotorische Stadium (bis 2. Lebensjahr),
- das präoperationale Stadium (2.–7. Lebensjahr),
- das konkret-operationale Stadium (7.–12. Lebensjahr),
- das formal-operationale Stadium (11.–13. Lebensjahr).

Sensomotorisches Stadium (bis 2. Lebensjahr)

Piaget fasste das menschliche Denken als **„Operation“** auf. Denken ist demnach (geistiges) Handeln im Kopf. Dies wird vor allem im ersten Lebensstadium deutlich, das für die kognitive Entwicklung entscheidend ist. Denn das Kind macht jetzt umfassende Entwicklungsschritte. Piaget nannte es **„sensomotorisch“**, weil in dieser Zeit die Sinne bzw. Sinneserfahrungen und das sichtbare Verhalten (Motorik) das Denken des Kindes dominieren. Piaget hat dieses Stadium in **sechs Phasen** unterteilt:

- **1. Phase (1. Lebensmonat)**
  Sensomotorische Schemata festigen sich und treten in Beziehung zueinander. Handlungsgewohnheiten bilden sich aus. Das Kind saugt nicht nur an der Brust der Mutter, sondern auch an der Flasche oder anderen Gegenständen. Nur die Dinge, die der Säugling sehen oder fühlen kann, existieren für ihn. Geraten diese aus dem Blickfeld, sucht er nicht nach ihnen – auch nicht mit den Augen.
  In den ersten Tagen bis Wochen befindet sich der Säugling in einer Phase des **„physikalischen Egozentrismus“**. Er kann noch nicht bewusst zwischen sich und Gegenständen oder auch Personen unterscheiden. Alles wird als Teil des eigenen Selbst oder gar nicht wahrgenommen. Das erklärt auch, warum Säuglinge nach längerer Zeit der Trennung ihnen vertraute Personen, z. B. die Großeltern, oft nicht wiedererkennen.

- **2. Phase (ca. 1.–4. Monat)**
  Das Kleinkind beginnt, sich und seine Umwelt zu unterscheiden, auch bildet es ein Zweck-Mittel-Verhalten aus; das Kind handelt jetzt schon gezielt, z. B. wenn es greift. Aus reflexartigen Bewegungen werden absichtsvolle Handlungen, Schemata werden jetzt koordiniert. Das Kind bewegt Augen und Kopf gleichzeitig gezielt in eine Richtung. Der physikalische Egozentrismus wird schrittweise überwunden.
- **3. Phase (4.–8. Monat)**
  Das Kind entwickelt Interesse und Freude an den Auswirkungen des eigenen Tuns. Aktiv wiederholt es Handlungen, um immer wieder das gleiche Ergebnis zu erzielen. Man kann diese Zeit auch als „Experimentierphase" auffassen. Der Säugling beginnt, mit den Augen zu suchen, wenn Gegenstände plötzlich nicht mehr da sind. Er weiß, dass Dinge, die er zeitweise nicht sieht, wiederkommen können.
- **4. Phase (8.–12. Monat)**
  Das Kind verhält sich jetzt gezielt. Es schreit absichtlich, um etwa die Mutter vom Weggehen abzuhalten, und kann Gesten der Mutter verstehen; es beginnt auch, diese zu imitieren. Handlungsweisen werden häufig – aus Spaß und spielerisch – wiederholt.
- **5. Phase (12.–18. Monat)**
  Das Kind experimentiert zweckorientiert und entdeckt dabei Alternativen. Verlorene Gegenstände werden nun gezielt gesucht. Das Kind interessiert sich für die Außenwelt, es ahmt Dinge und Verhaltensweisen nach. Es kann inzwischen die Abwesenheit wichtiger Personen über längere Zeiträume hinweg aushalten, weil es weiß, dass sie nicht dauerhaft abwesend sind.
  Kinder entdecken sehr schnell ihre Freude am Suchen und Finden von Gegenständen und besonders auch von Personen. Das kann jeder feststellen, der mit Kindern, die gerade laufen gelernt haben, „Verstecken" spielt.
- **6. Phase (18.–24. Monat)**
  Das Kind lernt, seine konkreten Erfahrungen und Sinneseindrücke zu abstrahieren, „symbolisch zu repräsentieren", zu sprechen. Das Kleinkind kann jetzt (ansatzweise) zunächst denken, bevor es handelt. Es ist in der Lage, vorausschauend die Folgen des eigenen Tuns zu bedenken und insofern bewusst zu handeln.

Präoperationales Stadium (2.–7. Lebensjahr)

In diesem Stadium hat das Kind den Entwicklungsstand erreicht, um **Operationen**, d. h. logische gedankliche Prozesse, vornehmen zu können, die ihm möglicherweise tatsächliche Aktionen ersparen. Es bildet jetzt seine diesbezüglichen Fähigkeiten weiter aus.

Mittels des Symbolsystems Sprache kann das Kind nun über Gegenstände und Personen ohne deren Anwesenheit kommunizieren. Schrittweise begreift es erste mathematische Grundbegriffe (Größenverhältnisse, Zahlen, Mengen). Der **physikalische Egozentrismus** ist in diesem Stadium überwunden, nach wie vor können sich die Kinder aber nicht von ihrer unmittelbaren Wahrnehmung frei machen. Gegenstände malen sie beispielsweise so, wie sie sie sehen: Menschen oder Blumen können groß sein wie Häuser oder größer.

Abb. 6: Kinderbilder

Kinder unterscheiden noch nicht sorgsam zwischen Realität und Fantasie. Generalisierend lässt sich dieses Phänomen mit dem Begriff des **„magischen Denkens"** zusammenfassen. Kinder im frühen Kindergartenalter würden niemals von sich aus die Existenz des Christkindes oder des Osterhasen bezweifeln. Sie haben noch Angst vor bösen Geistern oder vor Gespenstern.

Kinder eignen sich die Welt an, indem sie sie verlebendigen **(Animismus)**. In der Vorstellungswelt der Kinder können Flugzeuge selbst fliegen, Bäume wehen selbst, die Sonne lacht, selbst die Turmuhr schlägt selbst. Kinder spielen das „Handeln" dieser Gegenstände vielfach (begeistert) nach – damit aber lernen sie vielfach zugleich immer mehr die „Wirklichkeit" dieser Gegenstände kennen: Flugzeuge fliegen ja wirklich und Bäume wehen ebenfalls tatsächlich im Wind.

Eng verbunden mit dem kindlichen Animismus und ihrem magischen Denken ist der **Finalismus**. Kinder gehen davon aus, dass alles Geschehen zielgerichtet ist: Die Sonne scheint, damit es auf der Erde hell wird und damit die Menschen nicht frieren. Gerade Märchen verbinden Finalismus mit magischem Denken: Frau Holle schüttelt die Betten aus, damit es auf der Erde schneit.

Gegen Ende der präoperationalen Phase malen Kinder die Proportionen noch immer nicht sachgerecht, aber sie können sich dies immerhin bewusst machen und z. B. erklären, warum sie die Blumen besonders groß gemalt haben.

Alles Neue, was das Kind kennenlernt, wird immer zuerst mit den Augen seiner ihm schon bekannten Vorstellungswelt gesehen: Der Mond oder auch die Sonne haben Gesichter; mit Puppen und Stofftieren kann man sprechen.

Abb. 7: Piagets Versuch zur Invarianz der Menge

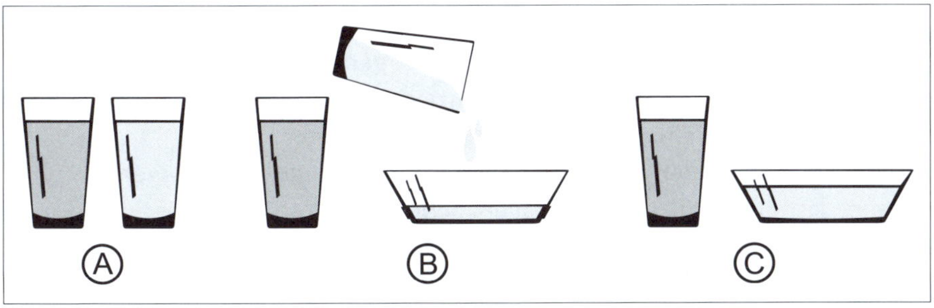

Bekannt wurde in diesem Zusammenhang der „Umschüttversuch", bei dem Kindern zwei unterschiedliche Gefäße (hoch und schmal; breit und niedrig) gezeigt werden und eine Flüssigkeit von einem in das andere Gefäß und wieder zurück geschüttet wird. Fragt man das Kind, in welchem der Gefäße mehr Inhalt ist, nennt es immer eines der Gefäße: Es begreift also noch nicht, dass sich die Menge durch den Prozess des Umschüttens nicht verändert. Die Einsicht in die **„Invarianz der Menge"** ist Kindern in diesem Alter demzufolge nicht möglich.

Am Ende der präoperationalen Phase überwiegen das **Symbol-**, das **Fiktions- oder Illusions-** oder auch das **Funktionsspiel**. Beim Memory merken sich Kinder die abgebildeten Symbole, die sie dann wiedererkennen. Mit Freude können sie auf einem Stuhl sitzend fiktive Autorennen fahren oder mit Puppen sprechen. Kinder spielen Funktionsspiele aus Bewegungsfreude; zunehmend entwickelt sich das Funktionsspiel zum **„werkschaffenden Spiel"**, jetzt wird auch die Freude am erschaffenen Produkt wichtig.

Konkret-operationales Stadium (7.–12. Lebensjahr)

Nach und nach nimmt das Kind wahr, dass verschiedene Perspektiven möglich sind. Indem die Kinder **Reversibilität** bzw. **reversibles Denken** (Umkehrbarkeit von Gedanken) lernen, können sie die Invarianz einer Menge begreifen.

Damit gelingt es ihnen, etwa beim oben erwähnten Experiment des Umschüttens einer Flüssigkeit in verschiedene Gläser, sich den Prozess vor Augen zu führen und so zu erkennen, dass stets derselbe Inhalt von Glas zu Glas transportiert wird. Sie machen sich also frei von einer Unmittelbarkeit der Anschauung. Knetmasse lässt sich zu einer großen Fläche oder einem dichten Klumpen verarbeiten, die Menge bleibt aber identisch.

Schulkinder können darüber hinaus begreifen, dass das Subtrahieren die Umkehrung des Addierens ist. Aber das abstrakte Rechnen fällt ihnen zunächst noch schwer. Deshalb werden die Zahlen in der Grundschule fast immer in der Weise eingeführt, dass konkrete Gegenstände gezählt werden. Auf diese Weise überwinden die Kinder ihren **gedanklichen Egozentrismus**. Kinder sind zunächst insofern egozentrisch, als sie sich von ihrer eigenen Wahrnehmung oder Perspektive nicht trennen können.

Nun können sie sich aber gezielt in die Gefühle anderer hineinversetzen. Sie wissen, dass ein Kind, das sie schlagen, Schmerzen empfindet. Sie wissen auch, dass sie die Konzentrationsfähigkeit von Mitmenschen beeinträchtigen, wenn sie laut sind. Vor allem kann ein Kind jetzt schon vorab bedenken, wie sich sein Handeln auf Mitmenschen auswirken könnte. Zu Mitleid sind auch jüngere Kinder fähig, aber sie können noch nicht gezielt und immer realitätsangemessen reagieren.

Daher gewinnt das **Regelspiel** für Kinder im Grundschulalter an Relevanz. Sie bestimmen oft von sich aus Regeln für solche Spiele und fordern auch ihre Einhaltung. In ähnlicher Weise verlangen sie, dass bestimmte Normen – z. B. bei der Notengebung – in der Schule konsequent Anwendung finden. Zu einer Prinzipienorientierung, welche beinhaltet, dass in begründeten Ausnahmesituationen ein Prinzip nicht zwingend Umsetzung finden muss, sind sie noch nicht in der Lage. Obendrein wird das bewusste **Konstruktionsspiel** für Kinder wichtig: Sie planen Gegenstände und bauen sie dann in einem zweiten Schritt gemäß der Planung. Im **Rollenspiel** können Kinder sich zunehmend von individuellen Rollenvorbildern frei machen und stattdessen konkrete allgemeinere Rollenerwartungen berücksichtigen.

Stadium der formalen Operationen (11.–13. Lebensjahr)

Kinder entwickeln bereits im konkret-operationalen Stadium logische Denkprozesse. Im nächsten Stadium lernen sie jetzt auch über das Denken nachzudenken **(Metadenken)**. Zunächst erkennen Kinder unterschiedliche Wege des Denkens: Sie können aus Begebenheiten und/oder Erfahrungen Folgerungen ziehen und somit Theorien entwickeln **(induktives Denken)** oder aber umgekehrt mit Blick auf Sachverhalte zunächst eine Theorie entwickeln und diese auf die Umwelt beziehen bzw. an ihr überprüfen **(hypothetisch-deduktives Denken)**.

Kinder lernen in diesen Lebensjahren, sich von konkret Vorstellbarem zu lösen und abstrakte Gesetze auch unabhängig von konkreten Sachverhalten zu verstehen. Das ist wichtig, weil man solche Gesetze dann auf verschiedene Sachverhalte übertragen kann. Wer etwa durch den Lateinunterricht einmal die Bedeutung grammatischer Regeln begriffen hat, kann diese leicht auf die Muttersprache oder andere Sprachen anwenden. Mehr und mehr lernt das Kind, dass das Erfassen abstrakter Regeln und Gesetze ihm das Verstehen der komplexen Weltabläufe wesentlich erleichtert.

Alle Kinder lernen in diesem Stadium zu abstrahieren, aber die Ausbildung dieser Fähigkeit erfolgt individuell unterschiedlich. Zu Beginn dieser Phase kann man kaum hinreichend erklären, was „Würde des Menschen" heißt, während die Kinder sicherlich begreifen, was ein Akkusativ ist. Die Fähigkeit des abstrakten Denkens ist nicht zuletzt für die Moralentwicklung des Kindes bedeutsam, z. B. setzt eine Prinzipienorientierung eine weitreichende Abstraktionsfähigkeit voraus.

Ab diesem Alter können Kinder auch **Strategiespiele** spielen, bei denen sie begründet zwischen Handlungsalternativen auswählen müssen; sie können sogar Gedankenspiele oder logische Denkaufgaben ohne konkreten Realitätsbezug bewältigen. Über das **Rollenspiel** wissen sie jetzt, dass Rollen unterschiedlich interpretiert und realisiert werden können.

Ein Beispiel für deduktives Denken:

Prämisse 1: Wenn jemand aus der westfälischen Kleinstadt X kommt, kann er gut Fahrrad fahren.

Prämisse 2: Peter stammt aus der westfälischen Kleinstadt X.
Schlussfolgerung: Peter kann gut Fahrrad fahren.

Ob ein Kind, das korrekt folgert, tatsächlich deduktiv denkt, ist schwer zu beurteilen. Es könnte sich auch an eigenen Erfahrungen orientieren. Ob es richtig deduktiv denkt, lässt sich mit einer weiteren Prämisse prüfen:

Prämisse 3: Hermann kann auch gut Fahrrad fahren. Daraus lässt sich nicht folgern, dass Hermann ebenfalls aus der westfälischen Kleinstadt X stammen muss, denn nicht nur aus dieser kommen gute Radfahrer.

Richtiges Deduzieren setzt also die Fähigkeit voraus, die Verallgemeinerung der eigenen Deduktion überprüfen zu können.

3.3 Einwände gegen Piagets Theorie

Piagets Überlegungen haben **weltweit große Anerkennung** gefunden. In nahezu allen Lehrbüchern über Lernen und Entwicklung werden sie berücksichtigt und sind darüber hinaus das Fundament weiterer bedeutender Theorien. Die Theorien zur moralischen Entwicklung (z. B. von L. Kohlberg oder F. Oser) wären ohne Piaget nie entstanden.

Aus wissenschaftlicher Perspektive lassen sich **zwei Schwerpunkte der Kritik** an Piaget ausmachen. Zum einen wurde in den letzten Jahrzehnten seine Methode der **halbstrukturierten Interviews** problematisiert: Er habe vielfach den Kontext seiner Fragen nicht ausreichend selbstkritisch reflektiert. Dies habe dazu geführt, dass Kinder wiederholt unterhalb ihrer tatsächlichen Leistungsfähigkeit geblieben seien. Es konnte nachgewiesen werden, dass Kinder schon ab einem Alter von 3 ½ Jahren unterschiedliche Perspektiven berücksichtigen können. Sie können dies aber nur zeigen, wenn entsprechende Aufgaben kindgerecht gestellt werden. Es konnte sogar bewiesen werden, dass Kindergartenkinder schon Einsicht in die Invarianz einer Menge zeigen können, wenn Aufgaben kindorientiert präsentiert werden.

Abb. 8: Drei-Berge-Versuch

Insbesondere am Beispiel des sogenannten „Drei-Berge-Versuchs" ließ sich dies belegen. Piaget setzte die Kinder vor einen Tisch mit einem Pappmaschee-Modell mit drei Bergen, die sich in der Höhe unterschieden. Zugleich platzierte er eine Puppe an unterschiedliche Stellen des Tisches. Die Kinder sollten dann mit Blick auf verschiedene Fotografien jene Ansichten herausfinden, welche die jeweilige Perspektive der Puppe wiedergibt. Das gelang den Kindern nicht. Sie konnten offenbar nicht zwischen der eigenen Perspektive und jener der jeweils unterschiedlich platzierten Puppe unterscheiden.

Bei einer spielerischen Aufgabe, wo Kinder sich vor zwei Polizisten verstecken müssen, und vier Felder angegeben sind, auf denen sie sich verbergen können, sollten die Kinder angeben, welche Felder die Polizisten, die an zwei Stellen auf einer Skizze platziert sind, nicht einsehen können. Dies gelang 90 % der Kinder im Alter von 3 ½ bis 5 Jahren.

Abb. 9: Polizistenbeispiel: Versuchsanordnung zur Prüfung der Fähigkeit, die Beobachtungsperspektiven anderer einzunehmen

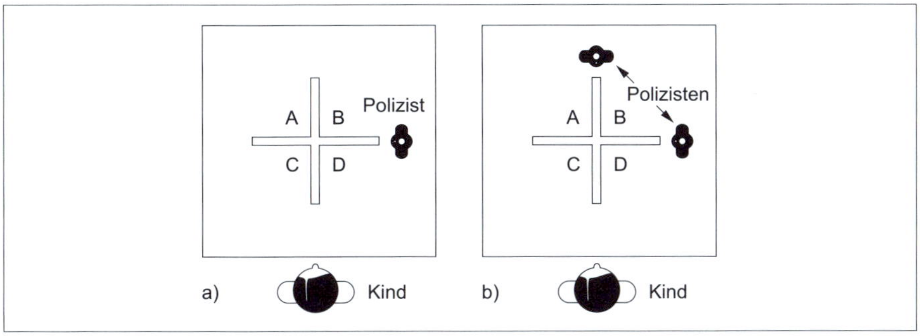

Piaget wird allerdings trotzdem indirekt bestätigt, da die Forschungen seiner Kritiker belegen, dass Kinder nur unter ihnen konkret angepassten Bedingungen bestimmte Denkleistungen erbringen können.

Der **zweite Einwand** gegen Piaget mündet in den Vorwurf, er vernachlässige die sozialen und gesellschaftlichen Einflüsse auf die Entwicklung des Denkens der Kinder. So reflektiere er nicht, wie sehr Denken immer auch gesellschaftliche Prozesse widerspiegelt, und könne daher wenig problematisieren, warum Kinder möglicherweise nur ein gesellschaftlich affirmatives Denken unkritisch ausbildeten. Richtig ist beispielsweise, dass Menschen im Nationalsozialismus oder während der SED-Diktatur zu hoch abstrakten Denkoperationen fähig waren. Das hinderte sie aber nicht daran, inhumane Taten zu begehen und in keinster Weise die Perspektive derer, die sie verfolgten, einzunehmen oder über das eigene Handeln nachzudenken.

Piagets Stufenmodell begreift die **Denkentwicklung des Kindes als Leistung der Person** selbst. Daraus folgt nicht, dass sein Modell notwendigerweise unkritisch affirmatives Denken beschreibt. Indem Piaget aufzeigt, zu welcher Denkentwicklung Menschen fähig sind, führt er implizit vor Augen, dass gesellschaftliche Prozesse diese möglichen Entwicklungen nicht verhindern dürfen. Kaum zufällig hat er auf Basis seines Modells auch über die moralischen Entwicklungsmöglichkeiten der Menschen nachgedacht und die Veränderung der Haltung von Kindern gegenüber Regeln untersucht:

Abb. 10: Die Haltung von Kindern gegenüber Regeln nach Piaget

Phase	Alter	Verständnisgrad	Befolgen von Regeln
1. Stadium	jünger als 3 Jahre	kein Regelverständnis	Spielen ohne Regeln
2. Stadium	3 bis 5 Jahre	Anerkennen von Regeln als (von Autoritäten) gegeben	häufiges Brechen und Verändern von Regeln
3. Stadium	5 bis etwa 12 Jahre	Begreifen, dass Regeln sozialer Art sind	strenges Einhalten von Regeln
4. Stadium	12 Jahre und älter	Wissen um Modifizierbarkeit von Regeln	Verändern von Regeln nach gegenseitiger Übereinkunft

Piaget hat somit deutlich gemacht, dass Menschen keineswegs unreflektiert Regeln befolgen müssen, sondern Übereinkünfte für Regeln finden können. Nicht zuletzt zeigt er, dass gerade die letzte Stufe der Denkentwicklung den Menschen dazu befähigt, Regeln zu hinterfragen sowie die Grundlagen des eigenen Denkens (selbst-)kritisch zu reflektieren.

3.4 Kritische pädagogische Würdigung Piagets

Piaget hat die Stufen der Entwicklung des Denkens der Kinder sehr genau beschrieben und deutlich gemacht, dass sich die Denkleistungen nach und nach selbst aufbauen. **Für die Pädagogik** folgt daraus, dass Kinder Anregungen und Materialien vorfinden müssen, die ihre Denkentwicklung fördern, dass sie aber nie direkt zu bestimmten Denkmustern gezwungen werden sollten. Beispielsweise verlieren Kinder den Glauben an den Osterhasen aufgrund ihrer geistigen Entwicklung zwangsläufig von selbst. Wer sie zu früh aufklären will, betrügt sie letztlich um eine sinnvolle Entwicklungsphase.

Piaget erinnert auch daran, dass man Kinder nicht überfordern, ihnen altersgemäß Zeit für ihre geistige Entwicklung einräumen soll. Ein zu frühes Drängen auf bestimmte geistige Entwicklungsleistungen kann sich möglicherweise sogar schädlich auswirken. Hingegen darf man darauf vertrauen, dass Kinder von selbst entscheidende Entwicklungsschritte machen, wenn man sie nicht behindert und ihnen eine anregende Umgebung bietet.

Sicherlich kann aus heutiger Sicht gegen seine Theorie eingewandt werden, dass jüngere Kinder sehr viel weniger in ihrem eigenen Standpunkt gefangen sind, als Piaget angenommen hat. Kinder denken nicht einseitig egozentrisch – gerade über Mitmenschen. Sie können aber andererseits nur in bestimmten, ihren Erfahrungen und Denkweisen angepassten Kontexten die eigene unmittelbare und egozentrische Wahrnehmung überschreiten.

Wie jedes Entwicklungsmodell darf auch Piagets nie in dem Sinne gelesen werden, dass Kinder sich genau nach der von ihm beschriebenen Stufenfolge entwickeln müssen. Das Modell bietet Orientierungsmöglichkeiten; dass manche Kinder möglichen Zuschreibungen partiell oder zeitweise nicht entsprechen, sollte Pädagoginnen und Pädagogen nicht verunsichern. Piaget ermutigt diese dazu, dem eigenen Lernen der Kinder zu vertrauen. Sicherlich lassen sich Heranwachsende mit gezielten und altersangemessenen Aufgaben herausfordern und dadurch fördern. Grundsätzlich aber können und wollen sie ihre entscheidenden Entwicklungsschritte im Denken selbst gehen. Insofern müssen Kindergärten und Schulen vielleicht weniger konkret Denkprozesse fördern, sondern vielmehr so gestaltet sein, dass Denken stets auf einem Niveau stattfindet, das den Möglichkeiten der Kinder gerecht wird.

Piaget erinnert indes auch daran, dass Denkentwicklungen nur dort stattfinden können, wo entsprechende Denkprozesse kennengelernt werden können. Die Medien lassen sich im Hinblick auf die Denkentwicklung von Menschen nach Piaget zweifellos kritisch betrachten. Aus Piagets Einsichten lässt sich ableiten, dass beispielsweise „Zivilisierung" und „Moralisierung" im Sinne Kants ohne formales Denken nicht realisiert werden können. Genauso ist eine Identitäts- bzw. Charakterbildung im Sinne Herbarts ohne die Fähigkeit zu formalen Denkoperationen kaum denkbar.

ufgabe 12 Nennen Sie Beispiele für Assimilation, Akkommodation, Schema und Struktur.

ufgabe 13 Stellen Sie, in Orientierung an Piaget, jeweils ein für jedes Entwicklungsstadium des Kindes typisches Spiel dar.

ufgabe 14 Erörtern Sie, ob Piagets Einsichten für die Erziehungsziele „Freiheit und Moralität" für bedeutend gehalten werden können oder gar müssen.

ufgabe 15 (material-gestützt) Analysieren Sie diesen familiären Dialog aus entwicklungspsychologischer Perspektive und fragen Sie, ob und inwieweit Paula dazu bewegt werden könnte, die „Fehler" in ihrem Denken zu überwinden.

M 1: Wer ist Papis Frau?

Die Eltern sitzen mit ihren Töchtern (Lotte, 8 Jahre, und Paula, 4 Jahre alt) um den Tisch im Arbeitszimmer des Vaters. Im vorausgegangenen, hier nicht referierten Abschnitt der Szene geht es um das Problem gerechten Verteilens von Keksen und Fruchtsaft. Da für vier Personen nur drei Tüten Saft vorhanden sind, stellt sich die Frage, wer der Mutter, die keine Tüte hat, etwas abzugeben hätte: die Kinder, weil sie deren Mutter ist, oder Vater, weil sie dessen Frau ist.

Paula: „Jetzt laß meiner Mami auch einen Schluck!"

Lotte: „Ach Papi, gib der Mami doch auch etwas."

Vater: „Gebt ihr doch der Mami, sie ist doch schließlich eure Mutter."

Lotte: „Aber deine Frau!"

Vater: „Nee! Paula behauptet immer, die Mami sei die Frau von Paula."

Mutter lacht erheitert auf.

Paula: *(mit dem Brustton der Überzeugung)* „Ja!"

Vater: „Paula, wer ist dann meine Frau?"

Paula legt nachdenklich den Kopf von einer Seite auf die andere; noch keine Antwort.

Vater: „Ist die Mami meine Frau?"

Paula schüttelt verneinend den Kopf.

Lotte: *(die entstandene Lücke nutzend)* „Dann bin ich dem Papi seine Frau!"

Paula: *(mit energischem Kopfschütteln)* „Mm!" (Nein!) „Die Anne!"

Anne ist die nicht anwesende älteste, 11jährige Tochter.

Vater: *(rückfragend)* „Die Anne ist meine Frau?"

Kopfnicken bei Paula.

Vater: Warum ist die Anne meine Frau?"

Paula: „Weil sie so groß ist."

Doch dieses Argument sticht bei Lotte nicht.

Lotte: „Die Mami ist aber noch größer als die Anne, gell?"

Vater: „Wie ist das jetzt, Paula?"

Es entsteht eine längere Pause mit Essen und Trinken; Mami hilft Paula beim Safttrinken. Dann, ganz unvermittelt und vehement,

Paula: *(zu Vater)* „Wenn du meine Frau liebst, aber dann hau' ich dir eine runter!"

Dabei droht sie mit dem Zeigefinger der einen Hand und stützt die andere energisch in die Hüfte.

Vater: „Wenn ich deine Frau lieb', dann haust du mir eine runter?!"

Paula: *(bestätigend)* „Mhm!"

Lotte: *(vorwurfsvoll zu Paula)* „Du bist doch kein Mann!"

MUTTER: *(entsprechend zu Paula)* „Ich bin doch aber nicht deine Frau, ich bin doch deine Mutter!"

Pause. Man ißt Kekse.

VATER: „Lotte, was meinst du, warum die Paula immer sagt, die Mami sei ihre Frau?"

LOTTE: *(vertraulich, zu Vater gewandt)* „Weil sie sie so lieb hat, und deswegen denkt sie … so meine ich."

VATER: „Du hast doch die Mami auch lieb und meinst trotzdem nicht, daß die Mami deine Frau ist."

LOTTE: „Nnein, nnein … ich bin ja kein Mann!"

VATER: „Paula, bist du ein Mann?"

Paula schüttelt verneinend den Kopf; man denkt, sie habe es nun begriffen.

VATER: „Paula, wirst du mal ein Mann?"

Paula nickt.

LOTTE: *(korrigiert entrüstet)* „Nein!" *(Zu Paula)* „Du bist als Mädchen aus dem Bauch der Mami rausgekommen. Also, also bleibst du auch ein Mädchen." „Guck mal, die Anne ist schon so groß, aber sie ist immer noch ein Mädchen."

Paula murmelt unverständliche Worte vor sich hin.

MUTTER: *(zu Paula)* „Was ist?"

Paula murmelt weiter, lacht verschmitzt, ‚albert' herum.

MUTTER: „Also wirst du doch kein Mann."

PAULA: „Doch!" …

MUTTER: „Ach du! … Jedenfalls bin ich dem Papi seine Frau und deine Mutter."

PAULA: „Mami, wenn ich verzaubert werd' als Vater, dann brauch ich dich!"

MUTTER: „Was?"

VATER: „Wenn du verzaubert wirst als Vater …"

PAULA: „… dann brauch ich die Mami!"

Während des nun folgenden Gesprächs zwischen Vater und Lotte steigt Paula auf ihren Stuhl und hebt langsam die Arme über den Kopf wie um sich ‚groß' zu machen, sich zu ‚verzaubern', sich zum Mann, zum Vater zu machen.

Martin Hirzel: Wer ist Papis Frau?. In: Deutsches Institut für Fernstudien in der Universität Tübingen (Hrsg.): Zeitungskolleg Achtung: Kinder. Textsammlung Tübingen 1978, S. 118 f.

4 G. H. Meads Modell symbolisch-sprachlicher Kommunikation und Interaktion

George Herbert Mead (1863–1931) wurde nach seinem College-Abschluss Lehrer, später Ingenieur, studierte dann die Fächer Philosophie und Psychologie und wurde „Instructor" an der University of Michigan, später an der University of Chicago. Die Psychologie etablierte sich erst in diesen Jahren als Wissenschaft. Meads Schrift, die ihn bekannt machte – „Mind, self and society" (Geist, Identität und Gesellschaft) – wurde erst nach seinem Tod, im Jahr 1934 veröffentlicht. Mead starb vor der Machtergreifung der Nationalsozialisten und konnte somit seine Überlegungen nicht mehr vor dem Hintergrund dieser Zeit kritisch überdenken.

4.1 Grundgedanken und Intentionen Meads

George Herbert Mead fragte nach den Fundamenten der menschlichen Kommunikation. Er stellte klar, dass Menschen anders als Tiere bewusst handeln und sich nicht unreflektiert nach bestimmten Reiz-Reaktions-Schemata verhalten. Der Mensch reagiert also nicht wie ein Tier auf Reize, die es zu „Anpassungen" bewegen, sondern er kann **„Gesten"** als **„signifikante Symbole"** auffassen und in diesem Sinne **„denken"**. Denken ist demnach das Resultat von Interaktionen. Die Bedeutungsvielfalt von Gesten wird durch **Sprache** erhöht.

Der Leitgedanke Meads lautet, dass der Mensch sich seine Einstellung zur Welt über Gesten und Symbole, insbesondere das Symbolsystem der Sprache, erschließt. Ihm zufolge bildet ein Mensch seine **Identität** erst **in Interaktionen mit seinen Mitmenschen** aus. Durch die Übernahme unterschiedlicher Rollen in einem „Rollenspiel" entwickelt er schrittweise seine eigene Identität. Mead bewertet diesen Prozess also positiv. Das Bewusstwerden der eigenen Identität setzt außerdem voraus, dass der Mensch berücksichtigt, wie er von anderen gesehen wird.

Der Prozess der Identitätsbildung

Nach Mead weist die Identität jedes Menschen einzigartige Merkmale auf:

- Impulsives Ich = **„I"**: reagiert spontan auf Zumutungen,
- Reflektiertes Ich = **„Me"**: eigene Überlegung, wie andere mich sehen oder was andere von mir erwarten.

Der Geist des Menschen, **„Mind"**, hilft ihm, nach und nach zwischen den Impulsen des „I" und „Me" zu vermitteln, sodass in einem kontinuierlichen Prozess der Aufbau des **„Self"**, der eigenen Identität, gelingen kann. Innerhalb dieses Prozesses erfolgen Differenzierungen, Erweiterungen und Korrekturen der Identität. Der Pädagoge H. Gudjons hat Meads Bestimmung vom „I", „Me" und „Self" in einer Skizze veranschaulicht.

Abb. 11: „I", „Me" und „Self" nach Mead

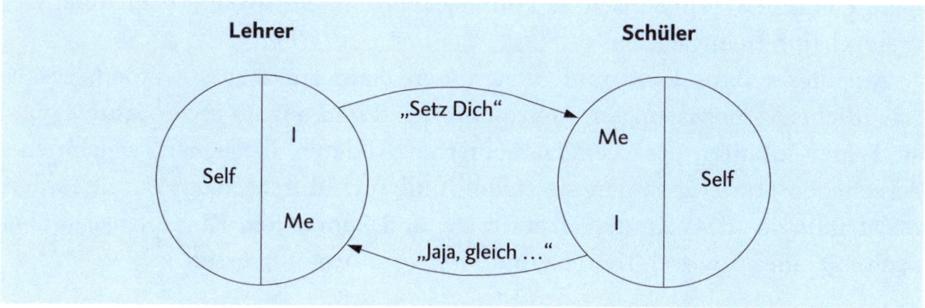

Mead geht von zwei Stadien der kindlichen Identitätsentwicklung aus, den Stadien des **„Play"** und des **„Game":**

- Play = Kind lernt Rollen im freien Rollenspiel kennen,
- Game = Spiele nach vorgegebenen Regeln.

Im Rahmen dieser Stadien erlebt das Kind bei einer gelingenden Identitätsbildung zunächst eine Konfrontation mit dem **„signifikanten Anderen"** und dann das Aufeinandertreffen mit dem **„verallgemeinerten Anderen"**. „Signifikante Andere" sind z. B. konkrete Personen wie die eigene Mutter, die im Alltag eines Kindes eine wichtige Rolle spielen, während beispielsweise eine Erzieherin im Kindergarten oder eine Lehrerin in der Schule Repräsentantinnen des „verallgemeinerten Anderen" sind.

Kindliche Identitätsentwicklung kann laut Mead nur gelingen, wenn sich ein Kind in den Phasen des „Play" und „Game" schrittweise weiterentwickeln kann. In der Phase des „Play" lernt es noch im freien Rollenspiel und in Orientierung am „signifikanten Anderen" (z. B. Eltern, Großeltern) das Leben in Gemeinschaften kennen. Im „Game“ erweitert es seine Handlungs- und Orientierungsmöglichkeiten, indem es auch im Spiel Regeln berücksichtigt. Zudem lernt es, auf den „verallgemeinerten Anderen“ zu achten und sich an Vertretern von Rollen statt an einzelnen Individuen zu orientieren. Erst indem das Kind in eine Gemeinschaft hineinfindet und „bewusstes Mitglied“ derselben wird, hat es seine Identität erfolgreich ausgebildet.

Aufgaben der Erziehung nach Mead

Erziehung muss nach der Vorstellung Meads die Entwicklung des Kindes so begleiten, dass dieses schrittweise die Prozesse der gesellschaftlichen Integration erfolgreich bewältigen kann. Das heißt, dass Kinder zuerst tragfähiger Beziehungen in der Familie und in ihrem unmittelbaren Umfeld bedürfen. Sie brauchen Zuwendung und auch gewisse Handlungsfreiheiten. Kinder können dadurch zunächst spielerisch und ohne Zwänge in das soziale Leben einer Gemeinschaft hineinwachsen.

Auf dieser Basis kann und muss ihnen dann zugemutet werden, gesellschaftlichen Anforderungen nachzukommen. Darum ist es unverzichtbar, dass sie Repräsentanten des „verallgemeinerten Anderen“ begegnen, welche entsprechende Forderungen an sie stellen und auch durchsetzen. Damit fordert Mead indirekt, dass Kindergärtnerinnen und Lehrer den Kindern gegenüber auch mit einer gewissen Distanz und Strenge auftreten müssen.

Da Menschen über Sprache und Intelligenz verfügen, können sie im Wechselspiel zwischen „Play“ und „Game“ selbst aktiv sein und herausfinden, wie sie den Anpassungsanforderungen im privaten wie öffentlichen Leben gerecht werden können.

4.2 Kritische pädagogische Würdigung des Modells symbolisch-sprachlicher Kommunikation Meads

Bei der Bewertung der Überlegungen Meads muss man deren Entstehungszeit bedenken. Gravierende historische und gesellschaftliche Erfahrungen, die das Denken der Menschen sowie wissenschaftliches Arbeiten und Forschen heute prägen, konnte er noch nicht berücksichtigen. In seiner Analyse der Identitätsbildung nahm er nicht differenziert Notiz von den jeweiligen historischen, ökonomischen und sozialen Verhältnissen. Allerdings war dies auch nicht sein Anspruch. Er wollte eine **„generelle“ Theorie des Handelns** entwerfen – und keine, die sich nur auf spezifische Umstände beziehen lässt. Berücksichtigt man dies, ist Mead kaum zu kritisieren. Nicht zuletzt sollte man hervorheben, dass er die **Identitätsbildung als aktive „Leistung"** des Kindes im Kontext sich erweiternder Erfahrungen sieht und dem Kind damit keineswegs eine nur rezeptive oder passive Rolle zuweist. Die Differenz zwischen Individuum und Gesellschaft ist in Meads Augen Voraussetzung für gesellschaftliche Veränderungen und Identitätsfindung. Er begreift die Übernahme von Rollen in der Gesellschaft weniger als Zwang, sondern sieht diese als Möglichkeit, durch eine wechselseitige Verschränkung eigener Perspektiven mit denen anderer den eigenen Horizont im positiven Sinne zu erweitern.

Ohne Zweifel formuliert Mead Überlegungen, die auch **für die Pädagogik** wichtig sind. Er erklärt nicht nur, dass jeder Mensch im Laufe seiner Sozialisation lernen muss, zwischen Ansprüchen des „I" und „Me" zu vermitteln, sondern er erläutert auch, wie dies gelingen kann. Erzieherischen Instanzen schreibt der Psychologe in diesem Prozess große Bedeutung zu. Gleichzeitig macht er deutlich, dass die Aufgaben der Familie nicht mit denen der Schule verwechselt werden dürfen.

Pädagogisch relevant ist seine Unterscheidung zwischen „Play" und „Game". So sollte im Schulsport eine Orientierung am „Game" vorherrschen, was z. B. bedeuten kann, dass ein sportlich nur mäßig begabter und engagierter Schüler nicht mitspielen darf, wenn z. B. aus einer Schulklasse eine Mannschaft gebildet wird, die gegen eine Auswahl einer anderen Klasse in einer Mannschaftssportart antreten soll. Ähnlich wichtig wäre demzufolge in der Schule, dass bei einem Verstoß gegen Regeln konsequent Sanktionen folgen, während dies im privaten Raum weniger streng praktiziert werden muss. Tatsächlich wäre vor dem Hintergrund der Überlegungen Meads zu fragen, in welchem Ausmaß das Sanktionieren von Regelverstößen eingefordert werden müsste.

Von großer Relevanz bleibt Meads Gedanke, dass der Prozess der Identitätsbildung vom Kind selbst bewältigt werden muss. Damit sagt er ausdrücklich, dass Erwachsene, und besonders Pädagoginnen und Pädagogen, nicht anstreben dürfen, die Identität eines jungen Menschen zu formen. Sie sollen ihn begleiten und unterstützen, damit der Prozess einer eigenen Identitätsbildung gelingen kann. Das schließt Sanktionen übrigens nicht aus – aber nicht mit dem Ziel einer kritiklosen Unterordnung, sondern um deutlich zu machen, dass ein Zuwiderhandeln gegen Regeln und Normen Konsequenzen nach sich zieht. Hingegen darf nicht verschwiegen werden, dass sich eine Erziehung zu gesellschaftskritischem Denken und Handeln aus den Überlegungen Meads nur schwer ableiten lässt. Mead hat auch nie gefragt, ob nicht Sanktionen seitens der Repräsentanten des „verallgemeinerten Anderen" eine Entwicklung von Kindern und Jugendlichen fördern könnten, die allzu leicht eine kritiklose

Unterwerfung unter fragwürdige soziale oder gesellschaftliche Forderungen zur Folge haben könnte. Auch setzt Mead voraus, dass die über „verallgemeinerte Andere“ vermittelten gesellschaftlichen Anforderungen an das Individuum den Einzelnen nicht überfordern. Überdies hat er in diesem Kontext die Tatsache sozialer Ungleichheit – und damit auch unterschiedlicher gesellschaftlicher Erwartungen an verschiedene Kinder und Jugendliche – nicht kritisch hinterfragt.

Nicht zuletzt lässt sich aus Meads Konzept keine problematisierende Sicht auf Erziehungsstile ableiten. Die Frage, welche Erziehungsstile sowohl in Familien als auch in Institutionen wie Kindergärten und Schulen welche Folgen für die betroffenen Individuen haben, wird bei Mead kaum aufgeworfen. Das gilt sowohl mit Blick auf die individuelle Identitätsbildung als auch mit Blick auf Verhaltensmaßstäbe der Einzelnen im gesellschaftlichen Leben.

Aus pädagogischer Sicht muss man kritische Fragen an das Konzept Meads stellen. Dennoch ist dieses Modell eine wesentliche Orientierungshilfe, um den Prozess des Hineinwachsens von Kindern und Jugendlichen in das gesellschaftliche Leben zu verstehen.

Aufgabe 16 Entwerfen Sie ein fiktives Streitgespräch zwischen „I“, „Me“ und „Mind“.

Aufgabe 17 Nennen Sie zwei Spiele – eines im Sinne des „Play“ und das andere im Sinne des „Game“ – und erläutern Sie diese.

Aufgabe 18 Erörtern Sie, ob heute vor dem Hintergrund radikal veränderter Sozialisationsbedingungen im Vergleich zum ersten Drittel des 20. Jhs. Meads Zuweisung der Erziehungsaufgaben zu bestimmten Institutionen noch zeitgemäß ist.

5 Sozialisation als Rollenlernen: Die funktionalistische Systemtheorie Talcott Parsons

Talcott Parsons (1902–1979) gilt als einer der Begründer des Funktionalismus, der v. a. in den 1950er- und 1960er-Jahren die amerikanische Soziologie prägte. Der Funktionalismus untersucht, welchen Stellenwert soziale Tatbestände für den Bestand von Gesellschaften haben; gefragt wird nach dem Verhältnis von gesellschaftlichen Vorgaben und konkreten menschlichen Handlungen. Er studierte Biologie, promovierte dann aber in Medizin. Später studierte er noch Sozial- und Wirtschaftswissenschaften. Ab 1927 arbeitete er als Wissenschaftler in Harvard. Von 1946 bis 1956 leitete er die Abteilung für Soziologie, Sozialanthropologie und Sozialpsychologie sowie klinische Psychologie am „Department of Social Relations". 1946 erwarb er überdies einen Abschluss in klinischer Psychologie.

5.1 Grundannahmen und zentrale Begriffe Parsons'

Parsons war mit unterschiedlichen wissenschaftlichen Disziplinen vertraut, was sein Denken und Forschen maßgeblich beeinflusste. Er strebte eine **„universelle Theorie"** an, die für alle Gesellschaften Gültigkeit beanspruchen kann. Und er fragte nach den Voraussetzungen für die **„Stabilität" einer Gesellschaft**. Insofern ist seine Perspektive primär eine soziologische, seine vielfältigen interdisziplinären Überlegungen gehen aber über einen ausschließlich soziologischen Horizont weit hinaus.

Parsons begreift eine **Gesellschaft als soziales System**, das wiederum auf der Interaktion von Menschen beruht. In einer Gesellschaft handeln Tausende oder sogar Millionen von Menschen. Wie kann es also gelingen, diese vielen Individuen zu integrieren, ohne die Stabilität des Systems „Gesellschaft" zu gefährden? Parsons untersuchte, wie aus unterschiedlichsten sozialen Subsystemen, Organisationen und Institutionen auf den unteren gesellschaftlichen Ebenen eine „notwendige Einheit und Integration" der Gesamtgesellschaft entstehen kann.

Er unterscheidet **vier hierarchische Ebenen der Struktur der Gesellschaft:**

1. Das Sozialsystem verwurzelt sich in Menschen als physischen Organismen.
2. Die (organischen) Antriebsenergien des Menschen werden über ein psychisches System oder auch System der Persönlichkeit reguliert und kontrolliert. Dieses System lenkt das menschliche Verhalten in „erlaubte" oder auch „vorgeschriebene" Bahnen.
3. Das Individuum nimmt an sozialen Prozessen über die Einnahme von Rollen im sozialen System teil. Rollen wiederum werden durch generalisierte institutionelle Normen gesteuert.
4. Die Gesellschaft als „Gesamtsystem", als „politisches Kollektiv" basiert auf der Institutionalisierung eines mehr oder minder integrierten Wertesystems bzw. kulturellen Systems.

Im Hinblick auf diese Unterscheidung der hierarchischen Ebenen gewinnen die Begriffe **Struktur** und **Funktion** für Parsons hohe Bedeutung. Er begreift z. B. den physischen Organismus als System, in welchem sich statische (festgelegte) und prozesshafte Vorgänge unterscheiden lassen. Atmen, essen, gehen, liegen, stehen und viele andere Tätigkeiten tragen zur Erhaltung der Struktur des menschlichen Körpers bei und stellen wichtige Funktionen dar. Der menschliche Körper setzt sich aus unterschiedlichen Körperteilen (= Subsystemen) zusammen, zwischen denen ständige Austauschprozesse stattfinden, deren Funktion die Erhaltung des Gesamtkörpers ist.

Diese Grundeinsicht überträgt Parsons auf die **Gesellschaft** als soziales System. Diese besteht aus mannigfachen **Subsystemen**, zwischen denen ein Austausch stattfinden muss, damit das Gesamtsystem erhalten wird. Parsons interessierte sich dafür, wie dieser Prozess gelingen kann bzw. wodurch eine Gesamtgesellschaft oder auch gesellschaftliche Subsysteme instabil werden.

Auch Parsons wusste, dass Gesellschaften Wandlungsprozessen unterliegen. Er wollte mit einem Modell, das prinzipiell gültige Strukturelemente erfasste, die Grundlagen für den Bestand oder auch die Gefährdung von Gesellschaften beschreiben.

Parsons' Theorie will die Mikroperspektive der individuellen organisch-psychischen Dynamik und die Makroperspektive gesamtgesellschaftlicher Sozialstrukturen synthetisch verbinden. **Da er auch die individuelle Persönlichkeit in den Blick nimmt, gewinnen seine Überlegungen auch für die Pädagogik Relevanz.**

5.2 Der Prozess der Sozialisation nach Parsons

Wie viele andere Sozialisationstheoretiker begreift Parsons Sozialisation als einen Prozess, innerhalb dessen ein Mensch schrittweise Erwartungen und Maßstäbe des sozialen Systems internalisiert. Er versteht schon die ersten Bezugspersonen des Kindes als Träger von gesellschaftlichen Rollen innerhalb eines bestimmten sozialen und kulturellen Systems. Demnach wird das **Persönlichkeitssystem** des Kindes von Anfang an immer auch als internalisiertes **soziales System** konstituiert. Nur auf diese Weise kann der Prozess der Sozialisation gelingen. Das aber – und das ist ein entscheidender Gedanke Parsons – setzt voraus, dass die jeweiligen Systeme, also das organische und psychische sowie das soziale bzw. gesellschaftliche, sich gegenseitig durchdringen und ein mehr oder weniger stabiler Gleichgewichtszustand besteht. Die kognitive oder motivationale Struktur eines Menschen darf demnach nicht im Widerspruch zu den Erwartungen des kulturellen, politischen oder auch ökonomischen Systems stehen.

Wenn zum Beispiel Jugendliche aufgrund kognitiver Defizite oder mangelnder Motivation keinen Schulabschluss schaffen und sie deshalb die Anforderungen des Arbeitsmarktes, also des ökonomischen Systems, nicht erfüllen, könnten sie auf längere Sicht das „System Gesamtgesellschaft" gefährden; zumindest wenn ihre Zahl massiv wächst.

Sozialisation gelingt nach Parsons, indem ein Individuum von Geburt an unterschiedliche und zunehmend differenzierter strukturierte Rollenbeziehungen durchläuft. Ihn interessiert dabei, **wie Internalisierung von zunehmend komplexer werdenden Rollenerwartungen** und Verhaltenserwartungen in der Familie, im Freundeskreis, in der Schule **gelingen kann**.

Das AGIL-Schema

Mit dem AGIL-Schema fasst Parsons zusammen, was nach seiner Überzeugung den Erhalt einer Gesellschaft gewährleistet.

Abb. 12: AGIL-Schema

Funktionen	Menschliche Handlungssysteme	Institutionen der Gesellschaft
Adaptation	Organismus	Arbeit/ Wirtschaft
Goal attainment	Personales (psychisches) System	Parteien, Vereine, Verbände
Integration	Soziales System	Kommune, Staat, Rechtssysteme
Latency	Kulturelles System	Schule, Kirche, Wissenschaft

Menschen müssen sich in Gesellschaften anpassen, der Organismus der Menschen muss sich in einer Weise entwickeln, dass die Menschen Anforderungen sozialer Systeme wie des Arbeitslebens nachkommen können (Adaptation). Menschen wollen aber immer auch eigene Ziele erreichen (Goal attainment), was sie z. B. über Vereine, Parteien oder Verbände anstreben. Gesamtgesellschaftlich gesehen bedeutet das, dass die Ziele der Individuen und die Anforderungen der gesellschaftlichen Systeme nicht zu weit auseinandergehen dürfen (Integration), was durch kommunale oder auch staatliche Regelungen vielfach gewährleistet wird. Regelungen wiederum finden ihre Legitimation im „kulturellen System“ (Latency bzw. Latent Pattern Maintenance [Aufrechterhaltung]), repräsentiert durch Wissenschaft oder auch Kirchen, die Orientierungen bieten, welche Menschen dann nicht nur internalisieren, sondern welche auch ihre kognitiven und motivationalen Strukturen wesentlich beeinflussen. Parsons selbst formuliert:

> *„Das wichtigste funktionale Problem hinsichtlich des Verhältnisses des sozialen Systems zum Persönlichkeitssystem involviert lebenslanges Lernen, Entwickeln und Aufrechterhalten einer adäquaten Motivation zur Partizipation an sozial bewerteten und kontrollierten Formen des Handelns. Umgekehrt muss eine Gesellschaft auch ihre Mitglieder durch solche Formen des Handelns befriedigen und belohnen, wenn sie langfristig auf deren Leistungen angewiesen ist, um als System zu funktionieren.“* Talcott Parsons (1902–1979)

Parsons beschreibt so die Grundlagen für das Bestehen einer Gesellschaft, aber keine konkreten Gesellschaften oder historischen und sozialen Bedingungen. Mögliche Folgerungen aus seinem Konzept für politisches oder auch pädagogisches Denken und Handeln hat er selbst nicht vorgegeben.

Handeln in Rollen

Nach Parsons müssen alle Menschen von frühester Kindheit an lernen, **als Individuen in gesellschaftlich vorgegebenen Rollen** zu handeln. Das Handeln in Rollen gewährleistet ein weithin stabiles Beziehungsmuster für Interaktionen der Individuen untereinander. Rollenerwartungen begrenzen die menschlichen Möglichkeiten, ihren Fähigkeiten oder Bedürfnissen nachzukommen. So können am Arbeitsplatz während der Arbeitszeit bestimmte Bedürfnisse des Individuums nicht erfüllt werden. Diese Tatsache führt nicht zur Gefährdung des „Systems Gesamtgesellschaft“, wenn die jeweiligen Individuen diese Bedürfnisse an anderen Orten oder in anderen Institutionen ausleben können.

Menschen müssen folglich lernen, unterschiedlichen Rollenerwartungen in unterschiedlichen Systemen gerecht zu werden. **Sie müssen also internalisieren, welches Rollenhandeln in welchem Subsystem der Gesellschaft für sie möglich ist.** Belohnung und Anerkennung einerseits, Missachtung und Bestrafung andererseits tragen wesentlich dazu bei, dass Rollenerwartungen in Subsystemen eingehalten werden.

Optimal gelingt Rollenhandeln dann, wenn zwischen den eigenen Bedürfnissen eines Menschen und den Erwartungen an sein Rollenhandeln keine Diskrepanz besteht. Nach Parsons ist erstrebenswert, dass gesellschaftliche Konformität und subjektive Bedürfnisse übereinstimmen. Allerdings begreift er optimales Rollenhandeln nicht statisch, sondern dynamisch. Gerade in modernen Gesellschaften zeichne sich Rollenhandeln dadurch aus, dass es flexibel unterschiedlichen Anforderungen und Gegebenheiten entspreche. Dieser Einsicht trug er mit **fünf „pattern variables“** Rechnung:

1. **Affektivität vs. affektive Neutralität**
   Im Beruf wird häufig affektive Neutralität erwartet, während in privaten Beziehungen Affektivität hohe Bedeutung hat. Allerdings gewinnt in manchen Berufen, z. B. den helfenden Berufen, Affektivität Bedeutung.
2. **Spezifizität vs. Diffusität**
   Bestimmte Rollen sind mit sehr konkreten Erwartungen verbunden. Die Rolle des Hausarztes oder des Architekten lässt sich nicht auf wenige spezifische Berufsanforderungen reduzieren, während ein Erntehelfer klar definierte Anforderungen erfüllen muss.
3. **Partikularismus vs. Universalismus**
   Bestimmte Beziehungen, z. B. zum Lebenspartner, sind einmalig, stellen aber auch Rollenbeziehungen dar. Andere Beziehungen sind durch Rollenerwartungen geprägt, die nahezu unabhängig vom Träger der Rolle bestehen, z. B. das Verhalten eines Bürgers gegenüber einem Polizisten.
4. **Zuweisen vs. Erringen bzw. Leistungsorientierung**
   Bestimmte Zuschreibungen erhalten Menschen ohne eigenes Tun oder eigenen Verdienst: Sohn, Rheinländer, manchmal auch Behinderter. Andere wiederum werden durch Leistung erworben: Betriebsleiter, Mannschaftskapitän, Vereinsvorsitzender.
5. **Selbstorientierung vs. Kollektivorientierung**
   Die Motive für Verhalten können unterschiedlich sein. Eine Mutter hat meist nicht nur ihr eigenes Wohlergehen im Blick, während der Leistungssportler zunächst den persönlichen Erfolg sucht.

Rollenerwartungen in modernen Gesellschaften fordern, dass Menschen sich nicht nur partikularistisch an Einzelinteressen, sondern auch an allgemeinen Ansprüchen orientieren. In modernen Gesellschaften müssen Heranwachsende immer auch universalistische Rollenerwartungen internalisieren.

5.3 Sozialisation und psychische Entwicklung

Wie kann die Internalisierung gesellschaftlicher Normen individuell gelingen? Hier hat Parsons **zentrale Einsichten Sigmund Freuds berücksichtigt**. Er übernimmt Freuds Differenzierung der psychischen Struktur des Menschen in ÜBER-ICH, ICH und ES. Die Fähigkeit des Menschen, angemessen zwischen partikularen und universellen „pattern variables" wählen zu können, begreift er beispielsweise als Leistung des ICH.

Darüber hinaus hat Parsons **Freuds Überlegungen zur psychosexuellen Entwicklung** des Menschen weitreichend Rechnung getragen, indem er den jeweiligen innerpsychischen Lernprozess des Kindes oder Jugendlichen auf seinen entsprechenden sozialen Lernprozess bezog. So erklärte er, in Anlehnung an die Phasenlehre Freuds, wie die Internalisierung sozialer und gesellschaftlicher Normen individuell stattfinden kann.

1. **Orale Phase**
   Das Kind passt sich langsam an Umweltbedingungen an (etwa durch seine „Bindung" an die Mutter) und entwickelt zwischenmenschliche Basisbeziehungen. Wenn auch noch diffus und undifferenziert, entwickelt das Kind ansatzweise eine Identität, die über sich selbst hinausweist. Es entstehen Beziehungen zu Objekten und Personen außerhalb seiner selbst.
2. **Anale Phase**
   Das Kind erlebt Verbote und muss lernen, Enttäuschungen zu ertragen. Es internalisiert die Erwartungen der Mutter (z. B. im Hinblick auf Reinlichkeit), um ihr zu gefallen. Das Kind bildet eine **„dependency-autonomy"** (eine „Abhängigkeit-Autonomie", d. h. das Kind erlebt sich als autonom und doch abhängig von Vorgaben) aus. Zugleich erweitert es seinen Handlungshorizont und integriert sich zunehmend ins „soziale System".
3. **Ödipale Phase**
   Die kindliche Bedürfnisstruktur differenziert sich weiter aus. Die Kinder nehmen ihre Generations- und Geschlechterrollen bewusst wahr, auch vergleichen sie sich mit ihren Geschwistern. Besonders Mädchen zeigen jetzt ein Pflegebedürfnis **(„nurturence")** und bezüglich des gleichge-

schlechtlichen Elternteils, dem sie nacheifern, Angepasstheit **(„conformity")**. Mit Blick auf die Geschwister streben die Kinder einerseits nach Sicherheit **(„security")**, zugleich aber auch nach Angemessenheit **(„adequacy")**. Sie erleben sich so geschützt innerhalb der Familie und lernen, Erwartungen erfüllen zu wollen.
Parsons ist der Meinung, dass sich in dieser Phase die Affektivität bei Mädchen und die affektive Neutralität bei Jungen ausbilden. Die Kinder lernen, Normen in der Familie anzuerkennen, da sie sich nicht mehr nur mit den Eltern oder einem Elternteil, sondern mit allen Mitgliedern der Familie identifizieren. Mit der Ausbildung des ÜBER-ICH internalisiert das Kind nicht nur familiäre Werte, sondern auch gesellschaftliche Normen.

4. **Latenzzeit**
   Mit der Latenzzeit setzt nach Parsons die sekundäre Sozialisation ein. Außerfamiliäre Bezugsgruppen gewinnen jetzt hohe Bedeutung, neue Rollen in der Schule und in der Peergroup müssen gefunden werden. Wertorientierungen des Universalismus sowie Wille und Bereitschaft zur Leistung werden wichtig. Die Kinder lösen sich von unmittelbaren Trieb- und Bedürfnisorientierungen und suchen neue Ziele. Die familiären Bindungen spielen aber nach wie vor eine entscheidende Rolle.
   Für Parsons gewinnt in dieser Lebensphase die Grundschule eine nicht zu unterschätzende Bedeutung. Die Schule führt das Kind in gesellschaftliche Leistungserwartungen ein. Unterschiedliche Kinder kommen in einer Klasse zusammen, wo sie primär nach Leistung beurteilt werden. Andererseits werden Parsons zufolge die Erwartungen der Schule gemildert – erstens durch die „Mütterlichkeit" der Lehrerinnen und zweitens dadurch, dass die familiären und schulischen Wertorientierungen sich häufig nicht wesentlich unterscheiden. Dessen ungeachtet aber müsse das Kind lernen, dass es für erwünschtes Verhalten belohnt, für unerwünschtes Verhalten bestraft werde und auch seine schulischen Leistungen folgenreich seien. Insofern müsse das Kind lernen, sich nicht mehr primär an den Eltern oder den Mitgliedern der eigenen Peergroup zu orientieren, sondern ebenso an seiner Lehrerin. Parsons weist in diesem Kontext ausdrücklich auf die – von ihm gewollte – Selektivität der Schule hin. In der Grundschule werde die Verteilung auf spätere gesellschaftliche Rollen vorbereitet.
   Parsons konstatiert somit nicht nur, dass Kinder im Grundschulalter zu Leistungsverhalten bereit sind, sondern er fordert dieses auch ein und akzeptiert, dass sich mangelndes Leistungsverhalten der Kinder in dieser Lebensphase lebenslang auswirkt.

5. **Phase der Adoleszenz und Geschlechtsreife**
   In dieser Phase werden nach Parsons alle bisherigen Lernleistungen „transformiert". In der Jugendphase könnten sich unterschiedliche Persönlichkeitstypen bilden. Er unterscheidet zwischen eher technisch und eher sozial orientierten Menschen. Darüber hinaus erweitere sich der Horizont der Jugendlichen jetzt auf Arbeitsbeziehungen und erotische Partnerbeziehungen.
   Mit seiner Orientierung am Phasenmodell Freuds erklärt Parsons, wie ein Mensch schrittweise gesellschaftliche Normen internalisieren kann. Er war aber auch von Auffassungen seiner Zeit geprägt, die er nie infrage stellte, z. B. folgte er einer bestimmten Auffassung von Geschlechterrollenidentität. Abbildung 13 belegt, dass Parsons Mädchen und Jungen bzw. Frauen und Männern einseitig bestimmte Eigenschaften zuschreibt, was aus heutiger Sicht zu problematisieren ist. Dessen ungeachtet ist seine Frage, wie innerhalb von psychischen Entwicklungsphasen gleichzeitig soziales und gesellschaftliches Lernen stattfindet, sinnvoll.

Abb. 13: Objekt- und Bezugssysteme im Sozialisationsverlauf

Primäre Sozialisation (1.–3. Phase)	Mutter nurturence (Pflegebedürfnis)	Vater conformity (Konformität)
	Schwester security (Sicherheit)	Bruder adequacy (Angemessenheit)
Sekundäre Sozialisation (4. Phase)	Weibliche Erwachsene pleasure / appreciation (Vergnügen/Wertung)	Männliche Erwachsene disciplin / control (Disziplin / Kontrolle)
	Weibliche peers liking / acceptance (Gefallen, Akzeptanz)	Männliche peers achievement / cooperation (Leistung, Kooperation)
Adoleszenz / Geschlechtsreife (5. Phase)	Partner Arbeitskollegen	Partnerin Arbeitskollegen

5.4 Kritische pädagogische Würdigung des Ansatzes Parsons

Parsons' Modell ist ein soziologisches Konzept, um die Stabilität von Gesellschaften bzw. die Voraussetzungen für ihre Stabilität zu erklären. Er fragt nicht pädagogisch, verbindet aber psychologisches und soziologisches Wissen. Auch für Pädagoginnen und Pädagogen ist bedeutsam, wie gesellschaftliche Normen und Werte von Kindern und Jugendlichen im Prozess der Sozialisation internalisiert werden. Zudem unterliegt **Sozialisation in modernen Gesellschaften sehr viel komplexeren Lernprozessen als in traditionellen**.

Wenn Kinder in „Subsystemen" lernen, werden sie so immer auch gesamtgesellschaftlich sozialisiert. Parsons legt dar, wie weitreichend die Lernleistungen von Kindern und Jugendlichen in komplexen Gesellschaften sein müssen. Er erläutert, welche Anpassungsleistungen Kinder und Jugendliche im Laufe ihrer Entwicklung erbringen müssen und wie diese gelingen können.

Indirekt erläutert er auch, **wann sich eine Gesellschaft über eine defizitäre Sozialisation ihrer Mitglieder selbst gefährden kann**. Die gesellschaftlichen Erwartungen müssen immer mit der Trieb- und Bedürfnisstruktur und auch mit der kognitiven und motivationalen Struktur ihrer Mitglieder konstruktiv verbunden werden. Gesellschaftliche Anforderungen dürfen Menschen, insbesondere Kinder und Jugendliche, nicht überfordern. Parsons selbst hat diesen Gesichtspunkt nie problematisiert.

Für das pädagogische Handeln ergibt sich aus seinem Modell, dass **Kinder beim Lernen unterstützt werden müssen**, um z. B. die „pattern variables" als Handlungsorientierungen kennenzulernen und in entsprechenden Lebens- und Handlungssituationen konstruktiv wählen zu können. Weiterhin folgt aus diesem Konzept, dass es Kinder schaffen müssen, bestimmte Entwicklungsschritte zu gehen. Wem es beispielsweise nicht gelingt, sich im Grundschulalter von der primären Orientierung an Eltern oder Freunden (die vornehmlich affektiv bestimmt ist) zumindest teilweise zu lösen und sich „universellen" Anforderungen zu stellen, der hat später möglicherweise gesellschaftlich weniger Entfaltungsmöglichkeiten als andere.

Parsons strebte eine universelle, für alle Gesellschaften gültige Theorie an. Er setzte sich wenig kritisch mit dem jeweiligen Zustand einer Gesellschaft auseinander. Er geht von **einer vertikalen wie horizontalen Hierarchisierung der Gesellschaft** aus, ohne diese zu hinterfragen. Man könnte anführen, dass alle Gesellschaften unvermeidbare Hierarchisierungen beinhalten müssten, womit das Vorgehen Parsons zu rechtfertigen wäre. Allerdings hatte er zweifellos die US-Gesellschaft seiner Zeit vor Augen. Er befürwortete frühe Leistungskonkurrenz und Selektion und problematisierte unterschiedliche – insbesondere schichtspezifische – soziale Voraussetzungen nicht. Parsons wollte allerdings Gesellschaften nicht bewerten, sondern herausfinden, welche Funktionen ihre Stabilität sichern.

Das Modell Parsons wäre missverstanden, wollte man ihm unterstellen, dass er nur wenige individuelle Entwicklungsmöglichkeiten erwarten würde. Parsons setzt zwar gesellschaftliche Bedingungen und auch daraus resultierende Rollenerwartungen als weithin gegeben voraus, sein Modell enthält aber implizit zugleich die Aufforderung an alle Individuen, unter gegebenen gesellschaftlichen Bedingungen einen eigenen Weg zur bestmöglichen Entfaltung zu finden.

Leistungskonkurrenz, z. B. in der Schule, eröffnet auch Wege zum gesellschaftlichen Aufstieg. Menschen können auch außerberuflich Wege der Selbstverwirklichung finden. Sie müssen allerdings akzeptieren, dass bestimmte Lebenswege mit bestimmten Rollenerwartungen verbunden sind: wer z. B. politisch Einfluss gewinnen will, muss sich innerhalb von Parteien engagieren und durchsetzen.

Grundsätzlich kann Parsons in dieser Hinsicht nicht widersprochen werden. Tatsächlich müssen sich Individuen entscheiden, welche Schwerpunkte sie im Leben setzen und welches Engagement sie wofür aufbringen wollen.

Hingegen ließe sich wiederum fragen, ob das Modell nicht auch geeignet wäre, das Funktionieren fragwürdiger Gesellschaftssysteme zu beschreiben, ohne die Fragwürdigkeit des entsprechenden Systems in den Blick zu nehmen. Grundsätzlich ließe sich auch der nationalsozialistische Staat in Deutschland von 1933–1945 mit Parsons' Konzept als funktionierendes System beschreiben.

Parsons setzt mit seinem Modell im Grunde ein funktionierendes Gesellschaftssystem voraus. Er problematisiert nicht oder zu wenig, dass Subsysteme in Widerspruch zueinander geraten können. Was folgt daraus, wenn im Elternhaus Arbeit und Anforderungen der Schule nicht unterstützt werden oder sogar Ablehnung finden?

Parsons' Modell problematisiert die jeweils gesellschaftlich geltenden Normen und Werte nicht, die von den Individuen unvermeidbar übernommen werden. Umgekehrt fragt er auch nicht, ob und wie Individuen ihrerseits die Bildung von Werten und Normen in der Gesellschaft beeinflussen können.

Fundamentale pädagogische Ziele wie **Mündigkeit** oder **Moralität** sind nicht im Blickfeld von Parsons. Hingegen darf Pädagogik niemals die Voraussetzungen der Wirklichkeit ausblenden. Hier bietet Parsons wichtige Hinweise.

Menschen müssen unweigerlich lernen, sich der (gesellschaftlichen) Wirklichkeit anzupassen, sie müssen sich in Subsystemen bewegen und werden durch kulturelle Systeme geprägt. Sie können aber auch lernen, eigene Ziele zu verfolgen. Mit Blick auf diesen Gesichtspunkt könnte pädagogische Förderung besondere Bedeutung gewinnen, denn **Menschen lernen das Verfolgen von Zielen in Subsystemen oder Institutionen insbesondere durch pädagogische Unterstützung**.

Auch den Umgang mit den sogenannten „pattern variables" **müssen Menschen lernen. Sie müssen sowohl spezifische als auch diffuse Kompetenzen ausbilden.** Die Schule z. B. vermittelt vielfach die nötigen Kompetenzen, um diffusen Rollenerwartungen nachkommen zu können.

In diesem Sinne klärt Parsons über die Bedingungen und Voraussetzungen menschlicher Sozialisation auf. Handlungstheoretische oder sogar pädagogische Folgerungen ergeben sich aus seinem Konzept nicht direkt, sondern können anhand dessen erarbeitet werden.

ufgabe 19 Erklären Sie an einem Beispiel, wie der menschliche Organismus, sein psychisches System, das Einnehmen von Rollen sowie gesellschaftliche und kulturelle Werte synthetisch im Individuum im Sinne Parsons' zusammenwirken können.

ufgabe 20 Beschreiben Sie exemplarisch aus einer kritischen pädagogischen Perspektive das Zusammenwirken von Subsystemen nach Parsons.

ufgabe 21 Gegenwärtig wird vielfach postuliert, gerade die Grundschule müsse kindgerechter und bedürfnisorientierter sein. Nehmen Sie Stellung zu der Frage, ob Parsons dieser Forderung zustimmen würde.

Entwicklung, Sozialisation und Identität im Jugend- und Erwachsenenalter

1 Das Modell der produktiven Realitätsverarbeitung nach Klaus Hurrelmann

Klaus Hurrelmann, geb. 1944, ist einer der bekanntesten und anerkanntesten Erziehungs- und Sozialwissenschaftler in Deutschland. Er studierte Soziologie, Psychologie und Pädagogik. Seit 1975 ist er Professor, und seit 1980 lehrt und forscht er in Bielefeld.

Hurrelmann hat intensiv zu den Themen Bildungsforschung mit den Schwerpunkten Sozialisation, Schule, Familie, Kindheit und Jugend sowie Gesundheitsforschung mit den Schwerpunkten Gesundheitsförderung und -kommunikation, Sucht- und Gewaltprävention gearbeitet.

1.1 Hurrelmanns kritisches Verständnis von „Kindheit" als Fundament seiner Theorie

Nach Hurrelmann haben sich historisch spezifische soziale Bilder von „Kindsein" herausgebildet. Kindheit wird somit immer neu gedeutet.

- Im **18. Jahrhundert** wurde das Kind als noch nicht vollständig entwickelter Mensch, als „unfertig" angesehen. Daraus wurde die „Erziehungsbedürftigkeit" des Kindes abgeleitet. So war etwa Jean-Jacques Rousseau davon überzeugt, dass nur durch Bildung und Erziehung die Persönlichkeit des Kindes vermenschlicht und vollkommen werden kann.
- Zu **Beginn des 20. Jahrhunderts** proklamierte die Bewegung der „Reformpädagogik" die „Autonomie" des Kindes und postulierte, dass die Pädagogik „vom Kinde aus" denken muss. Erleben, Selbstschöpfung, kreative Spontaneität des Kindes sollen Anerkennung und Unterstützung finden.

Dagegen wurde die traditionelle Vorstellung von Erziehung (Kind als „Objekt der Erziehung") abgelehnt. So forderte die Reformpädagogin Ellen Key, ein Kind von Anfang an als Persönlichkeit zu achten, zu schützen und zu fördern.

- Bis **Mitte des 20. Jahrhunderts** wurde die Vorstellung der kindlichen Autonomie bis hin zum Mythos des Kindes als reines Wesen und moralisches Vorbild des Erwachsenen gesteigert.
- **Heute** dagegen ist das Kindheitsbild durch wissenschaftliches Denken geprägt (meist entwicklungspsychologisch und sozialisationsorientiert). Kinder werden als Individuen geachtet und als werdende Persönlichkeiten gesehen, die sich in Auseinandersetzung mit der inneren und äußeren Realität entwickeln.

Fragwürdige Bilder vom „Kind" bzw. von „Kindheit"

Hurrelmann kritisiert stereotype Kindheitsbilder „fundamentalistischer" Strömungen (Kindheits-Fundamentalismen):

- **übertriebene Pädagogisierung:** Die Eigenentwicklung von Kindern wird ignoriert.
- **Moralisierung:** Das Kind wird in die Rolle des ethisch Guten und Unschuldigen gedrängt.
- **Intimisierung:** Das Kind wird als Lebensmittelpunkt der Eltern betrachtet.

Hurrelmanns **Modell der produktiven Realitätsverarbeitung** tritt fragwürdigen typisierten Bildern von Heranwachsenden entgegen. Er will ein realistisches Bild vom Kind bzw. Jugendlichen zeichnen und die besonderen Entwicklungs- und Entfaltungsmöglichkeiten von Kindern und Jugendlichen herausarbeiten. Dabei ist er sich bewusst, dass auch seine Vorstellung nicht unabhängig von historisch-gesellschaftlich-kulturellen Prozessen bleiben kann. Mit seinem Modell macht er deutlich, welche weitreichenden Veränderungen in der **Jugend** stattfinden, und unterstreicht so die Relevanz dieser eigenständigen Lebensphase.

Der Sozial- und Gesundheitswissenschaftler begreift Kinder und Jugendliche nicht als „Objekte", deren Entwicklung deterministisch, z. B. durch gesellschaftliche Einflüsse, festgelegt ist. Er stellt „ein Modell der wechselseitigen Beziehungen zwischen Subjekt und gesellschaftlich vermittelter Realität" vor und macht deutlich, dass er ein Prozessgeschehen theoretisch beschreiben will. Zugleich trägt er dem „subjektiven Faktor" innerhalb von Sozialisationsprozessen Rechnung und setzt sich damit von Theorieentwürfen ab, die Sozialisation primär als gesellschaftlich (vorher-)bestimmten Prozess darstellen.

Entwicklung findet in allen Lebensphasen als (aktive) Auseinandersetzung sowohl mit der „äußeren" als auch mit der „inneren Realität" statt. In bestimmten Lebensabschnitten spitzen sich spezifische Bedingungen zu, und „charakteristische Konstellationen von Anforderungen und Ressourcen aus den **vier Systemen Körper, Psyche, soziale und physische Umwelt**" gewinnen besondere Bedeutung. Menschen müssen sich nach Hurrelmann im Laufe ihres Lebens immer wieder neu mit Veränderungen in diesen vier Systemen auseinandersetzen und Prozesse möglichst so beeinflussen, dass problematische Entwicklungen der Persönlichkeit vermieden werden.

Entwicklungsaufgaben im Jugendalter

Für das Jugendalter hat Hurrelmann **vier Entwicklungsaufgaben** benannt:

1. Entwicklung einer intellektuellen und sozialen Kompetenz, um selbstverantwortlich schulischen und beruflichen Anforderungen nachkommen und so die Voraussetzungen für eine selbstständige Existenz als Erwachsener sichern zu können;
2. Entwicklung der eigenen Geschlechtsrolle und des sozialen Bindungsverhaltens zu Gleichaltrigen des anderen sowie des eigenen Geschlechts, Aufbau einer Partnerbeziehung als langfristige Voraussetzung für die Erziehung eigener Kinder;
3. Entwicklung eines eigenen Werte- und Normensystems sowie eines ethischen und politischen Bewusstseins, dem mit dem eigenen Verhalten und Handeln Rechnung getragen wird;
4. Entwicklung eigener Handlungsmuster für die Nutzung des Konsumwaren- und kulturellen Freizeitmarktes (einschließlich Medien und Genussmittel), um einen eigenen Lebensstil zu entwickeln und autonom sowie bedürfnisorientiert mit entsprechenden Angeboten umgehen zu können.

Diese Entwicklungsaufgaben zeigen, wie weitreichend die Anforderungen an Jugendliche in dieser Lebensphase sind. Sie müssen bewältigt werden, damit sich der Jugendliche als Erwachsener im sozialen und gesellschaftlichen Leben gut zurechtfinden kann.

1.2 Das Modell der acht Maximen der produktiven Realitätsverarbeitung

Hurrelmann hat sein „Modell der produktiven Realitätsverarbeitung" seit Mitte der 1980er-Jahre wiederholt geändert und modifiziert, um neueren wissenschaftlichen Einsichten gerecht zu werden. Des Weiteren hat er sein Modell mit Blick auf verschiedene Themen (Jugend, Kindheit, Gesundheit) spezifiziert. In der jüngsten Version seines Modells aus dem Jahr 2004 stellt er **acht Maximen** vor, die er in Form von Thesen formuliert. Damit macht er deutlich, dass er nicht alle Annahmen empirisch beweisen kann, sondern zur Auseinandersetzung mit seinen Thesen auffordert. Die Maximen begreift er als Teil eines handlungstheoretisch ausgerichteten Sozialisationsmodells oder auch Salutogenesemodells (Modell zur Gesundheitsentwicklung).

In diesem Kontext ist der Begriff **„handlungstheoretisch"** wichtig: Hurrelmann beschreibt nicht nur die Bedingungen der Sozialisations- und Gesundheitsentwicklung, seine Maximen lassen sich auch als Aufforderung lesen, den Prozess der Realitätsverarbeitung selbst aktiv (mit-)zugestalten. Er spricht auch von **„produktiver Realitätsverarbeitung"**, weil die Persönlichkeit dadurch erarbeitet wird, dass der Jugendliche die äußere und die innere Realität auf eine jeweils eigene Weise konzipiert und so seine Identität ausbildet.

Die acht Maximen von Klaus Hurrelmann

1. Maxime

„Wie in jeder Lebensphase gestaltet sich im Jugendalter die Persönlichkeitsentwicklung in einem Wechselspiel von Anlage und Umwelt. Hierdurch werden auch die Grundstrukturen für Geschlechtsmerkmale definiert."

Die genetische Ausstattung legt die Spiel- und Möglichkeitsräume für Entwicklung und Verhalten fest, die durch Umwelteinflüsse verändert und geformt werden. Es herrscht ein ständiges Wechselspiel zwischen Anlage und Umwelt, insbesondere bei der Ausprägung männlicher und weiblicher Persönlichkeitsmerkmale gewinnt dies an Bedeutung. Viele Persönlichkeitsmerkmale und Verhaltensweisen sind sozial erlernt und somit veränderbar.

2. Maxime

„Im Jugendalter erreicht der Prozess der Sozialisation, verstanden als die dynamische und produktive Verarbeitung der inneren und äußeren Realität, eine besonders intensive Phase und zugleich einen für den gesamten weiteren Lebenslauf Muster bildenden Charakter."

Anforderungen oder auch Entwicklungsaufgaben sind in der Jugend besonders anspruchsvoll. Notwendig ist eine ständige „Arbeit an der eigenen Person“, ein Bemühen um Strukturierung und Gestaltung der Persönlichkeit. Jugendliche können ihre Anlagen und ihre Entwicklung beobachten und diagnostizieren.

3. Maxime

„Menschen im Jugendalter sind schöpferische Konstrukteure ihrer Persönlichkeit mit der Kompetenz zur eigengesteuerten Lebensführung.“

Ohne den vollen Grad der Autonomie des Handelns oder alle Kompetenzen erreicht zu haben, können und müssen sich Jugendliche als aktiv Agierende profilieren. Suchen, Tasten, Ausprobieren sind Ausdruck eines eigengesteuerten Handelns eines noch unfertigen, offenen Charakters. Gleichzeitig reagieren Jugendliche meist schneller als andere Altersgruppen auf kulturelle, soziale oder ökonomische Neuerungen. (Auch im höheren Alter findet sich häufig noch ein solches „jugendliches“ Suchverhalten.)

4. Maxime

„Die Lebensphase Jugend ist durch die lebensgeschichtlich erstmalige Chance gekennzeichnet, eine Ich-Identität zu entwickeln. Sie entsteht aus der Synthese von Individuation und Integration, die in einem spannungsreichen Prozess immer wieder neu hergestellt werden muss.“

Jugendliche können aktiv an der Auseinandersetzung über Werte und Normen teilnehmen, indem sie eigene Interessen, Neigungen und Handlungsmöglichkeiten realisieren und an sozialen Prozessen als Akteure wie Objekte teilhaben. Sie können jetzt zum ersten Mal eine eigene „Identität“ ausbilden und sich erfolgreich in Gemeinschaften oder in die Gesellschaft integrieren, sodass Individuation realisiert werden kann. Jugendliche erleben das Spannungsverhältnis zwischen Integration und Individuation besonders intensiv.

5. Maxime

„Der Sozialisationsprozess im Jugendalter kann krisenhafte Formen annehmen, wenn es Jugendlichen nicht gelingt, die Anforderungen der Individuation und der Integration aufeinander zu beziehen und miteinander zu verbinden. In diesem Fall werden die Entwicklungsaufgaben des Jugendalters nicht gelöst und es entsteht Entwicklungsdruck.“

In der Jugendphase besteht auch ein hohes Belastungspotenzial, weil verschiedene (schnelle) Veränderungen der eigenen Dispositionen (biopsychische Gestaltveränderungen sowie soziale Integrationsleistungen) verarbeitet werden müssen. Darüber hinaus müssen Jugendliche die notwendige Entfaltung von

Leistungsfähigkeit in Schule und Berufsvorbereitung sowie Interaktionskompetenzen in Partnerschaft, Konsum und Politik üben. Mangelt es an Ressourcen, können soziale und gesundheitliche Entwicklungsstörungen auftreten.

6. Maxime

„Um die Entwicklungsaufgaben zu bewältigen und das Spannungsverhältnis von Individuations- und Integrationsanforderungen abzuarbeiten, sind neben individuellen Bewältigungsfähigkeiten (‚personale Ressourcen') auch soziale Unterstützungen durch die wichtigsten Bezugsgruppen (‚soziale Ressourcen') notwendig."

Materielle Unterstützung, das Einräumen von Handlungsspielräumen, das Angebot von flexiblen, Mindeststandards festlegenden und in den Kernstrukturen eindeutigen „Haltepunkten" können solche Ressourcen darstellen. Wichtig ist eine ausgewogene Mischung zwischen der Anregung zur Selbstständigkeit auf der einen Seite und der Übernahme von Verantwortung sowie der Einhaltung gesellschaftlicher Regeln auf der anderen Seite. Lassen sich formelle und informelle Hilfen für einen Jugendlichen zu einem „Unterstützungswerk" verbinden, können sie überaus hilfreich sein.

7. Maxime

„Neben der Herkunftsfamilie sind Schulen, Ausbildungsstätten, Gleichaltrige und Medien als ‚Sozialisationsinstanzen' die wichtigsten Vermittler und Unterstützer im Entwicklungsprozess des Jugendalters. Günstig für die Sozialisation sind sich ergänzende und gegenseitig anregende Impulse dieser Instanzen."

Diese Instanzen müssen Orientierungs- und Verhaltenssicherheit sowie zugleich Freiheit und Selbstständigkeit ermöglichen. Werden die Handlungsspielräume für Jugendliche zu weit gesteckt oder bleiben sie in sich widersprüchlich, können Jugendliche nur schwer Orientierung und Verhaltenssicherheit finden. Werden Handlungsspielräume zu eng gesteckt und wird restriktiv Anpassung erwartet, können Jugendliche sich nicht als Individuen entwickeln und verweigern möglicherweise eine Anpassung. Pädagoginnen und Pädagogen in unterschiedlichen öffentlichen Einrichtungen unterstützen den jugendlichen Sozialisationsprozess, sie werden kontrolliert und müssen ihre Arbeit öffentlich verantworten. Indes gewinnen in der Gegenwart sekundäre oder auch **heimliche Sozialisationsinstanzen** zunehmend an Einfluss. Heimliche Sozialisationsinstanzen sind beispielsweise die Medien`, heute insbesondere das Internet. Wie und wie weitreichend diese auf Kinder und Jugendliche Einfluss gewinnen, ist individuell sehr verschieden.

8. Maxime
„Die Lebensphase Jugend muss unter den heutigen historischen, sozialen und ökonomischen Bedingungen in westlichen Gesellschaften als eine eigenständige Phase im Lebenslauf identifiziert werden. Sie hat ihren früheren Charakter als Übergangsphase vom Kind zum Erwachsenen verloren."

Das Jugendalter gilt seit etwa 100 Jahren als eigene Lebensphase und war zunächst durch schulische und berufliche Bildung bestimmt. Heute ist der Übergangscharakter des Jugendalters teilweise verloren gegangen, zumal viele junge Menschen nicht sofort nach der Ausbildung ins Berufsleben einsteigen (können). Über einen Zeitraum von bis zu 15 Jahren gewinnt dieses Alter als Phase der Transition (des Übergangs) wie des Moratoriums (der Verzögerung) Relevanz und somit im Vergleich zu früher auch größere Bedeutung im Lebenslauf.

1.3 Entwicklung des Modells der produktiven Realitätsverarbeitung

Die wiederholte Überarbeitung des Modells der produktiven Realitätsverarbeitung gibt Aufschluss über wissenschaftliche Prämissen der letzten beiden Jahrzehnte. Im Folgenden werden deshalb das erste und das jüngste Modell Hurrelmanns nebeneinandergestellt.

Neufassung der acht Maximen

In der Neufassung der **1. Maxime** wird – im Gegensatz zur ersten Fassung – der **Anlagefaktor** berücksichtigt. In den 1980er-Jahren wurde diesem in der Erziehungswissenschaft wenig Bedeutung zugeschrieben und insbesondere auf den Einfluss gesellschaftlicher Faktoren innerhalb der Sozialisation von Kindern und Jugendlichen geachtet. Erst als empirische Untersuchungen – z. B. der Zwillingsforschung – nachweisen konnten, wie groß der Einfluss der Anlagen auf die Entwicklung eines Menschen ist, wurde dem Anlagefaktor wieder mehr Beachtung geschenkt. Auch Hurrelmann misstraute in früheren Jahren Aussagen einer biologisch oder biogenetisch orientierten Pädagogik. Die Neufassung der 1. Maxime belegt die Bedeutung der **empirischen Pädagogik:** Empirisch nachgewiesenes Faktenwissen lässt sich kaum ignorieren. Wie sehr die soziologisch orientierte Erziehungswissenschaft in den 1980er-Jahren dominierte, lässt sich daran erkennen, dass der „Erwerb von sozialen Handlungs- und ökonomischen Arbeitskompetenzen" in der Erstfassung im Hinblick auf die Entwicklung der Ich-Identität eines Individuums berücksichtigt wird. Allerdings wehrt sich Hurrelmann schon 1984 gegen einseitige Erklärungsversuche.

Abb. 14: Hurrelmanns Modelle 1985 und 2004

	Modell 1985
1. Maxime	Die Jugendphase muss gleichermaßen als Erwerb von Ich-Identität und als Erwerb von sozialen Handlungs- und ökonomischen Arbeitskompetenzen verstanden werden, ohne dass dieser Zusammenhang durch vorgängige Abhängigkeitsdefinitionen des einen vom anderen wieder auf eine kausale Beziehung reduziert wird.
2. Maxime	Eine sozialisationstheoretisch orientierte Jugendforschung dieser Ausrichtung arbeitet mit dem handlungsorientierten Postulat, dass Personen im Jugendalter, auch wenn sie typischerweise noch nicht den vollen Grad der Autonomie des Handelns und der ausbalancierten Ich-Identität erworben haben, als produktiv realitätsverarbeitende Personen und als schöpferische Konstrukteure ihrer Lebenswelt agieren.
3. Maxime	Die bisherigen Überlegungen machen deutlich, dass die Lebensphase Jugend ein erhebliches Stimulierungs-, aber auch Belastungspotenzial in sich birgt. Jugendliche müssen eine radikale Veränderung ihrer psycho-physischen Disposition, also der Struktur ihrer Motive, Gefühle, Denkweisen und Reaktionsmuster, und einen völligen Neuaufbau ihrer personalen Identität in einer Zeitspanne bewältigen, in der von ihnen mit massivem Nachdruck zugleich soziale Integrationsleistungen, nämlich soziokulturelle Anpassungs- und ökonomisch relevante Qualifizierungsanforderungen verlangt werden.
4. Maxime	Der Sozialisationsprozess im Jugendalter kann in strukturanalytischer Betrachtung krisenhafte Formen annehmen, wenn es Jugendlichen nicht gelingt, die Anforderungen der Individuation und der Integration aufeinander zu beziehen und miteinander zu verbinden.
5. Maxime	Sowohl der Individuations- als auch der Integrationsprozess lassen sich von ihrer Form her als Abfolge von Übergangsprozessen verstehen. Der Individuationsprozess kann als Übergang von einer einfachen zu einer komplexen Struktur der Persönlichkeitsorganisation begriffen werden, der Integrationsprozess als Übergang von einer einfachen zu einer komplexen Statuskonfiguration.
6. Maxime	Jugendliche, die sich im Aufbau ihrer Persönlichkeit befinden, sind mit Widersprüchen und Inkonsistenzen der sozialen Erwartungsstrukturen ihrer Umwelt konfrontiert. Sie sind dabei auf die organisierende Kraft allgemeiner sozialer Definitionen der Abläufe ihrer Statusübergänge angewiesen, wobei situations- und lebenslagenspezifische Gegebenheiten starke differenzierende Wirkung haben.
7. Maxime	Ob die geschilderten, objektiv gegebenen Belastungspotenziale zu subjektiven Problembelastungen führen, hängt von den individuell verfügbaren Strategien der Problembewältigung, aber auch maßgeblich von den sozialstrukturell beeinflussten situationsspezifischen Entwicklungsbedingungen eines jeden Jugendlichen ab, wie sie unter anderem durch die Sozialisationsinstanzen und sonstigen Umweltgegebenheiten definiert werden.
8. Maxime	In methodologischer Hinsicht verlangt eine sozialisationstheoretische Orientierung der Jugendforschung in unserem Verständnis nach Vorgehensweisen, die die Realität der Persönlichkeitsentwicklung und der sozialen Handlungsbedingungen als objektiv gegebene Fakten systematisch erfassen und zugleich problemlösendes und krisenbewältigendes Handeln in Alltagssituationen der Jugendphase aus der Sicht der Jugendlichen „von innen heraus“ zu beschreiben und zu erklären gestatten.

	Modell 2004
1. Maxime	Wie in jeder Lebensphase gestaltet sich im Jugendalter die Persönlichkeitsentwicklung in einem Wechselspiel von Anlage und Umwelt. Hierdurch werden auch die Grundstrukturen für Geschlechtsmerkmale definiert.
2. Maxime	Im Jugendalter erreicht der Prozess der Sozialisation, verstanden als die dynamische und produktive Verarbeitung der inneren und äußeren Realität, eine besonders intensive Phase und zugleich einen für den gesamten weiteren Lebenslauf Muster bildenden Charakter.
3. Maxime	Menschen im Jugendalter sind schöpferische Konstrukteure ihrer Persönlichkeit mit der Kompetenz zur eigengesteuerten Lebensführung.
4. Maxime	Die Lebensphase Jugend ist durch die lebensgeschichtlich erstmalige Chance gekennzeichnet, Ich-Identität zu entwickeln. Sie entsteht aus der Synthese von Individuation und Integration, die in einem spannungsreichen Prozess immer wieder neu hergestellt werden muss.
5. Maxime	Der Sozialisationsprozess im Jugendalter kann krisenhafte Formen annehmen, wenn es Jugendlichen nicht gelingt, Anforderungen der Individuation und der Integration aufeinander zu beziehen und miteinander zu verbinden. In diesem Fall werden die Entwicklungsaufgaben des Jugendalters nicht gelöst, und es entsteht Entwicklungsdruck.
6. Maxime	Um die Entwicklungsaufgaben zu bewältigen und das Spannungsverhältnis von Individuations- und Integrationsanforderungen abzuarbeiten, sind neben individuellen Bewältigungsfähigkeiten („personale Ressourcen") auch soziale Unterstützungen durch die wichtigsten Bezugsgruppen („soziale Ressourcen") notwendig.
7. Maxime	Neben der Herkunftsfamilie sind Schulen, Ausbildungsstätten, Gleichaltrige und Medien als „Sozialisationsinstanzen" die wichtigsten Vermittler und Unterstützer im Entwicklungsprozess des Jugendalters. Günstig für die Sozialisation sind sich ergänzende und gegenseitig anregende Impulse dieser Instanzen.
8. Maxime	Die Lebensphase Jugend muss unter den heutigen historischen, sozialen und ökonomischen Bedingungen in westlichen Gesellschaften als eine eigenständige Phase im Lebenslauf identifiziert werden. Sie hat ihren früheren Charakter als Übergangsphase vom Kind zum Erwachsenen verloren.

Die Neufassung der **2. Maxime** greift den Gedanken auf, dass die Jugendphase eine „besonders intensive Phase" ist, die „für den gesamten weiteren Lebenslauf Muster bildenden Charakter" gewinnt. Damit wird der **Stellenwert dieser Lebensphase** unterstrichen. Auch in der ersten Fassung wird implizit die Besonderheit der Phase der Jugend hervorgehoben. Die Neufassung stellt aber den Gesichtspunkt stärker heraus, dass eine Arbeit des Jugendlichen an der eigenen Person unverzichtbar ist. Damit wird den Jugendlichen selbst große **Verantwortung für die eigene Entwicklung** zugeschrieben.

Die **3. Maxime** der Neufassung greift Elemente der 2. Maxime der älteren Version explizit auf. So werden Jugendliche als schöpferische Konstrukteure begriffen, wobei sie allerdings in der frühen Fassung als „Konstrukteure ihrer Lebenswelt“, in der späteren als „Konstrukteure ihrer Persönlichkeit mit der Kompetenz zur eigengesteuerten Lebensführung“ vorgestellt werden. Hurrelmann schränkt somit die Handlungsmöglichkeiten der Jugendlichen im Vergleich zum ersten Modell etwas ein, hält aber an den **Möglichkeiten für ein selbstgesteuertes Leben** fest. Eventuell will er so verhindern, dass die gesellschaftlichen Handlungsmöglichkeiten Jugendlicher überschätzt werden.

Die **3.** und **4. Maxime** des ersten Modells, nämlich „dass die Lebensphase Jugend ein erhebliches Stimulierungs-, aber auch Belastungspotenzial“ und krisenhafte Formen mit sich bringe, wird im jüngeren Modell weiter entfaltet, indem diese Gedanken in der **4.** wie **5. Maxime** Ausdruck finden. Es wird betont, dass zum ersten Mal die Chance der Ausbildung einer eigenen **„Ich-Identität“** gegeben sei. In der nächsten These werden die Krisenhaftigkeit sowie die Möglichkeit des Scheiterns in dieser Lebensphase herausgestellt.

Die **5. Maxime** der ersten Fassung wurde später vollständig gestrichen und durch die **8. Maxime** ersetzt. Während in der älteren 5. Maxime von einer „Abfolge von Übergangsprozessen“ die Rede ist, betont Hurrelmann in der **8. Maxime** der Neufassung, dass die Jugendphase eine „eigene Phase im Lebenslauf“ ist. Insofern zeigt sich, dass der Stellenwert der Jugendphase an Bedeutung gewonnen hat und sowohl zeitlich als auch substanziell nicht mehr nur als Übergangsphase gesehen werden kann. Damit muss der Phase der Jugend aber pädagogisch wie gesellschaftlich mehr Anerkennung zukommen.

Ob Hurrelmann diese Einsicht positiv bewertet, sagt er nicht eindeutig. Er lässt aber keinen Zweifel daran, dass sich für Jugendliche heute trotz beträchtlicher Risiken viele Handlungsmöglichkeiten und Lebenschancen eröffnen.

Mit seiner Neufassung der **6. und 7. Maxime** des Modells konkretisiert der Sozialwissenschaftler seine ursprünglichen Überlegungen. Stellt er in der ersten Fassung vor dem Hintergrund von „Widersprüchen und Inkonsistenzen der sozialen Erwartungsstrukturen“ allgemein und abstrakt die Bedeutung einer „organisierenden Kraft allgemeiner sozialer Definitionen“ heraus und weist dann – wiederum eher allgemein – auf „Sozialisationsinstanzen und sonstige Umweltgegebenheiten“ hin, benennt er in der jüngsten Fassung explizit die wichtigsten Bezugsgruppen als unverzichtbar für soziale Unterstützungen. In der **7. Maxime** der Neufassung konkretisiert er diese Bezugsgruppen weiter: „Herkunftsfamilie (...) Schulen, Ausbildungsstätten, Gleichaltrige und Medien“. Die ursprüngliche **8. Maxime** wird in der Neufassung nicht mehr berücksichtigt. Innerhalb dieser Maxime bestimmte Hurrelmann Postulate für die Jugendforschung in methodologischer Hinsicht. Sicherlich will Hurrelmann jetzt nicht diese Postulate aufgeben. Er verzichtet aber darauf, methodologische Fragen und Gesichtspunkte im Modell selbst zu thematisieren. Auf diese Weise können die acht Maximen insgesamt auch Pädagoginnen und Pädagogen ansprechen, die nicht mit sozialwissenschaftlichen Forschungsmethoden und -fragen vertraut sind.

Insgesamt findet ein **Perspektivenwechsel** statt. Hurrelmann zeigt in der Neufassung seines Modells konkrete Handlungsmöglichkeiten der Jugendlichen sowie Einflussmöglichkeiten ihrer Bezugsgruppen auf und führt so möglichen Betroffenen deutlicher vor Augen als zuvor, wie weitreichend ihr Handeln Entwicklungs- und Sozialisationsprozesse von Jugendlichen mitbestimmen kann. Damit unterstreicht er seine Einsicht, dass Jugendliche ebenso wie ihr Umfeld keineswegs vornehmlich als gesellschaftlich determinierte Menschen mit nur wenigen Handlungs- und Entscheidungsmöglichkeiten betrachtet werden dürfen, sondern dass sich im Spannungsfeld von „Individuation und Integration" vielfältige Handlungs- und Lebensmöglichkeiten entwickeln können. Zugleich macht er deutlich, dass die Handlungsfreiheiten und Gestaltungsmöglichkeiten einzelner Jugendlicher nicht überschätzt werden dürfen.

Weiter erkennt Hurrelmann die **Bedeutung des Anlagefaktors** an. Aber er betrachtet Jugendliche weder als durch Anlage- noch durch Umweltfaktoren determiniert; sein Modell beschreibt vielmehr Wege, **schöpferisch** und **selbstgesteuert** eine **Ich-Identität** auszubilden. Insofern erweist sich die Neufassung des Modells als deutlich stärker handlungswissenschaftlich. Sachlich besteht die größte Differenz zwischen beiden Fassungen in der **Einschätzung des Stellenwertes der Lebensphase Jugend**. Hier trägt Hurrelmann faktischen gesellschaftlichen Entwicklungen Rechnung. Längere Schul- und Studienzeiten, spätere Heirat und Familiengründung in vielen Fällen sowie ein später Berufseintritt zögern die Aufnahme traditioneller Aufgaben Erwachsener im Lebenslauf hinaus. Damit werden Lebensphasen neu gestaltet und letztlich neu definiert.

Hurrelmann trägt so mit der jüngsten Neufassung nicht nur wissenschaftlichen, sondern auch sozialen und kulturellen Entwicklungen Rechnung; darüber hinaus verändert sich möglicherweise seine eigene wissenschaftliche Perspektive, indem er sein Modell in einer Weise vorstellt, durch die es **nicht nur handlungswissenschaftliche, sondern konkret handlungsorientierende Bedeutung** für Betroffene gewinnen kann.

1.4 Pädagogische Würdigung des Modells Hurrelmanns

Pädagogisch ergeben sich aus dem Modell Hurrelmanns weitreichende Konsequenzen. Die Jugend muss als wichtige Lebensphase anerkannt werden. Die Jugendlichen bedürfen der **Unterstützung durch Erwachsene**. Diese dürfen aber nicht verhindern, dass die Jugendlichen selbst „Konstrukteure" ihrer eigenen Persönlichkeit sein können.

Nach Hurrelmann kann Sozialisation im Jugendalter ohne pädagogische Unterstützung nicht gelingen. Gerade weil dieses Alter krisenhafte Formen annehmen kann, brauchen Jugendliche **„Ressourcen"**. Damit gemeint sind Hilfestellungen wie „materielle Unterstützung", das Einräumen von „Handlungsspielräumen" oder das Angebot von „Haltepunkten". Mit diesen Begriffen deutet er an, wie komplex pädagogische Hilfe für Jugendliche stattfinden muss. Einerseits sind Handlungsfreiheiten unverzichtbar, damit eigene Erfahrungen zur Ausbildung der Persönlichkeit beitragen können. Ebenso wichtig sind Haltepunkte, welche bei aller Flexibilität doch in ihren Kernstrukturen eindeutig bleiben, Mindeststandards verbindlich festlegen und dem Jugendlichen somit Sicherheit und Verlässlichkeit bieten. Insbesondere in der Familie, aber auch in der Schule und im Freundeskreis sollten Teenager solche Haltepunkte finden. Insofern können Jugendliche für andere Jugendliche erhebliche pädagogische Bedeutung gewinnen. Zudem sind **Medien** pädagogisch wirksam.

Umgekehrt lässt Hurrelmann keinen Zweifel daran, dass **Jugendliche den Prozess ihrer Sozialisation selbst (mit-)verantworten:** Die Persönlichkeitsentwicklung findet im Spannungsfeld zwischen Anlage und Umwelt statt, aber Jugendliche sind selbst „schöpferische Konstrukteure ihrer Persönlichkeit". Sie haben die Chance, eine eigene und besondere Ich-Identität auszubilden, auch wenn Krisen bewältigt werden müssen und Unterstützung dabei notwendig ist. Auf das **Gelingen der Sozialisation** haben die Jugendlichen selbst, Erwachsene in ihrem Umfeld – seien es professionelle Pädagogen oder nicht –, Gleichaltrige und auch die Medien Einfluss.

Gegen Hurrelmann lässt sich einwenden, dass er – zumindest in den Maximen seines Modells – die gesamtgesellschaftlichen Bedingungen möglicherweise zu wenig berücksichtigt. So kann gesellschaftlich oder ökonomisch bedingte berufliche Perspektivlosigkeit negative Auswirkungen auf die Entwicklung der Ich-Identität haben. Zudem hätte der Sozialwissenschaftler unmissverständlicher darlegen können, dass der Medienkonsum Jugendlicher zumindest teilweise von Erwachsenen begleitet oder sogar kontrolliert werden sollte. Aber wie kann ein sinnvolles Zusammenwirken der unterschiedlichen sozialisatorischen Instanzen überhaupt möglich sein bzw. welche Formen des Zusammenwirkens sind wünschenswert? Diese schwierige Frage wird im Modell Hurrelmanns wenig problematisiert.

Vereinzelt entsteht der Eindruck, dass das Modell mit dem Postulat einer „ausgewogenen Mischung" hinsichtlich vieler Faktoren und Bedingungen im Jugendalter zu wenig die Tatsache anerkennt, dass sich Jugendliche sehr verschieden entwickeln und eine ausgewogene Mischung, z. B. zwischen unmissverständlichen Forderungen und dem Ermöglichen von Freiräumen, keineswegs allen Jugendlichen gerecht wird. Allerdings muss man Hurrelmann zugestehen, dass **ein Modell nicht nur abstrahieren, sondern auch generalisieren muss** und insofern individuelle Bedingungen kaum berücksichtigen kann. Dennoch hätte er sinnvollerweise erklären sollen, dass für jeden Jugendlichen unterschiedliche „Ressourcen" Bedeutung gewinnen können.

Zuletzt muss man fragen, ob und inwieweit Hurrelmann ein kritisches Verständnis der Begriffe „Ich-Identität" und „Individuation" erkennen lässt. In diesem Kontext ließe sich diskutieren, ob nicht eine Berücksichtigung der realen Bedingungen der gegenwärtigen gesellschaftlichen Lebenswelt – möglicherweise innerhalb einer kosmopolitischen Problemsicht – gerade im Prozess der Sozialisation der nachwachsenden Generationen besonderes Gewicht gewinnen müsste. Auch wäre zu fragen, ob der Gesichtspunkt der Verantwortung für Mitmenschen bei einem Nachdenken über Identitätsentwicklung nicht mehr Beachtung finden müsste. In diesem Sinne stehen die Überlegungen Hurrelmanns nur begrenzt in der Tradition des pädagogischen Nachdenkens von Kant, Herbart oder Adorno.

fgabe 22 Skizzieren Sie, welche Bedeutung erwachsene Bezugspersonen nach Hurrelmann für Jugendliche haben und wie sie dieser pädagogischen Bedeutung gerecht werden können.

fgabe 23 Erörtern Sie, ob Hurrelmann die Bedeutung der Jugendphase überschätzt.

fgabe 24 Untersuchen Sie, ob Hurrelmann in seinem Modell hinreichend die gesellschaftlichen Einflüsse auf Jugendliche berücksichtigt hat.

fgabe 25 Prüfen Sie, ob das Modell Hurrelmanns für das Ziel einer pädagogischen Förderung der Autonomie von Jugendlichen hilfreich sein kann.

2 Ursachen für Jugendgewalt und Gegenmaßnahmen

2.1 Klassische Aggressionstheorien

Abb. 15: Gewalt im Pausenhof

Das Thema Jugendgewalt findet gegenwärtig in der Gesellschaft und den Medien große Beachtung. In der jüngsten Vergangenheit lässt sich beobachten, dass das **Ausmaß der Brutalität gewalttätiger Jugendlicher zugenommen** hat. Welche Gründe gibt es hierfür? Erst wenn dies geklärt ist, kann überlegt werden, welche Maßnahmen Jugendgewalt verringern können. Das Thema ist nicht nur für Pädagogen, sondern auch für Psychologen und Psychiater, für Soziologen und Juristen relevant. Im Folgenden sollen insbesondere tiefenpsychologisch orientierte Versuche der **Erklärung von Jugendgewalt** berücksichtigt werden. Das schließt einen Blick auf andere mögliche Faktoren jedoch nicht aus.

Alle wissenschaftlichen Theorien sind Versuche, die Wirklichkeit zu begreifen und möglichst präzise zu beschreiben. Sie überzeugen nur, wenn sie erstens **widerspruchsfrei formuliert** und zweitens **empirisch überprüft** werden. Allerdings bleiben Theorien in ihrer Perspektivität unvermeidbar begrenzt, keine kann die Wirklichkeit vollständig erfassen.

Auch Aggressionstheorien bzw. **Theorien zur Jugendgewalt** sind immer perspektivisch beschränkt. Es wäre fatal zu glauben, Jugendgewalt ließe sich allein durch eine Theorie erklären. Gerade Pädagoginnen und Pädagogen beziehen sich in ihren Überlegungen meist auf mehrere Theorien; sie versuchen, mehrere Einsichten aus verschiedenen Perspektiven praxisbezogen zu verknüpfen und so konstruktiv zu handeln. Nach wie vor haben die **klassischen Aggressionstheorien** großes Gewicht. Jüngere Erklärungsversuche basieren meist darauf.

Sigmund Freud: Aggression als Folge von Unlusterfahrung bzw. als Ausdruck des menschlichen Destruktionstriebs

Immer noch beziehen sich viele Wissenschaftler auf **Sigmund Freud**, wenn sie nach Ursachen der menschlichen Aggressivität fragen. Nach Freud wird der Mensch als triebbestimmtes Wesen geboren, das im Prozess der Sozialisation mühsam lernen muss, seine Triebe zu kontrollieren bzw. zu unterdrücken.

Tiefenpsychologisch betrachtet strebt der Mensch immer danach, seine Bedürfnisse und Triebe zu befriedigen. Wird er daran gehindert, entsteht Unlust, was wiederum Gefühle von Hass und Aggressionen hervorruft. Hass und Aggressionen richten sich dann bald gegen die Quellen der eigenen Unlust, also gegen die Objekte, deren Existenz oder Forderungen diese Unlust bewirken. Freud hielt **Aggressivität** deshalb grundsätzlich für **unvermeidbar**.

Im Rahmen seines **Instanzen-Modells** (Über-Ich – Ich – Es) suchte er die Lösung für die von ihm entdeckte Problematik darin, dass Menschen lernen müssen, selbst zwischen den Anforderungen des Über-Ichs einerseits sowie den Impulsen der eigenen Trieb- und Bedürfniswelt andererseits zu vermitteln. Zugleich wusste Freud aber auch, dass bei einer freien Entfaltung aller Bedürfnisse und Triebe ein soziales Zusammenleben vieler Menschen kaum möglich ist. Er begriff es als unvermeidbares Schicksal aller Menschen, lernen zu müssen, Unlust auszuhalten. Er hoffte aber, dass Menschen lernen können, den Grad dieser Unlusterfahrungen so zu steuern, dass weder Aggressionen noch Neurosen daraus erwachsen.

Später korrigierte er seine Auffassung. Sicherlich beeinflusst von den Erfahrungen im Ersten Weltkrieg gelangte er zu der Überzeugung, dass der Mensch von Geburt an nicht nur die „Libido“, den Lebens- und Sexualtrieb, in sich trägt, sondern auch den **„Destruktionstrieb“**. Diesen nannte er auch Todestrieb. Der Mensch, so nahm Freud nun an, strebt nicht nur nach Lust und Leben, sondern zugleich nach dem Zustand der Leblosigkeit, also nach dem Tod. Dieser angeborene Trieb werde aber nicht etwa so in Handeln umgesetzt, dass der Mensch sich selbst zu töten versucht, sondern werde vielmehr auf Mitmenschen umgelenkt. Aus dem **Todestrieb** ergibt sich so ein **Destruktions- und Aggressionstrieb**. Menschen müssen mühsam lernen, diesen Trieb im Prozess der Zivilisation zu regulieren. Da Freud den **Hang zur**

Aggressivität als Ausdruck eines Triebes begriff, meinte er, dass ein solcher Trieb nie ausgeschaltet, sondern nur kontrolliert werden kann.

Lange Zeit galt diese jüngere Aggressionstheorie Freuds als wenig überzeugend. Aber gerade die grauenvollen Gewaltexzesse in der jüngeren Vergangenheit, z. B. in Ruanda oder im ehemaligen Jugoslawien, legten den Verdacht nahe, dass der Mensch möglicherweise doch einen angeborenen Drang zur Gewalttätigkeit in sich trägt.

Während aus der ersten Theorie Freuds die Konsequenz zu ziehen ist, dass Menschen **nicht mit zu vielen Unlusterfahrungen konfrontiert** werden sollten, resultiert aus der zweiten Theorie eine doppelte Forderung. Einmal bedarf es einer Erziehung und Sozialisation, die es Menschen ermöglicht, diesen **Destruktionstrieb zu kontrollieren** oder auch zu sublimieren (d. h. in nicht-destruktives Tun umwandeln). So können bestimmte körperliche Betätigungen entsprechende Funktionen einnehmen. Hinzu muss zweitens kommen, dass die Lebensbedingungen von Menschen keine Änderungen erfahren, die gewisse zivilisatorische Begrenzungen und Kontrollen aufheben. Kriegszustände können solch eine Änderung herbeiführen. Insofern muss es – mit Blick auf den Gesamtprozess der menschlichen Zivilisation – als Fortschritt betrachtet werden, dass in Kriegen, wenn sie schon nicht verhindert werden konnten, meist bestimmte humanitäre Regeln und Normen eingehalten werden. Die Kriegsverbrecher-Prozesse in Den Haag lassen sich vor dem Hintergrund der Gedanken Freuds als wichtiger Schritt begreifen, um Menschen zur Kontrolle ihres Destruktionstriebes zu zwingen.

Konrad Lorenz:
Aggression als Ausdrucksform biologisch gegebener Aggressivität

Der Verhaltensbiologe Konrad Lorenz (1903–1989) geht wie Freud von einem **angeborenen Aggressionstrieb des Menschen** aus. Lorenz war in erster Linie Verhaltensforscher, umfangreiche Studien zum Verhalten von Tieren (z. B. Graugänsen) kennzeichnen seine wissenschaftliche Arbeit. Lorenz fragte kritisch nach dem Verhältnis zwischen genetischen und evolutionsbiologischen Voraussetzungen einerseits und zivilisatorischer Entwicklung andererseits. Lorenz wurde für seine Forschungen über individuelle wie soziale Verhaltensmuster 1973 mit dem Nobelpreis ausgezeichnet.

Lorenz ist überzeugt, dass die menschliche Aggressivität ein **Produkt der Evolution** ist und sich in deren Verlauf nicht nur als nützlich, sondern sogar als (für die Gattung) lebenserhaltend erwiesen hat. Biologisch betrachtet sind Aggressionen somit sinnvoll. Innerhalb der Evolutionsgeschichte haben sie beispielsweise in der Tierwelt die Eingrenzung und Verteidigung von Revieren ermöglicht. Dies war wiederum die Voraussetzung dafür, dass sich die Tiere der unterschiedlichsten Gattungen gleichmäßig auf verschiedene Regionen eines Gebietes verteilten. Innerhalb der Arten konnten über Aggressionen Rangordnungen hergestellt werden. In Kämpfen können sich auf diese Weise die stärksten Tiere durchsetzen, z. B. in Rudeln. Nachdem sie sich einmal als Leittiere behauptet haben, werden sie eine Zeit lang anerkannt, sodass ein Rudel ohne ständige interne Machtkämpfe friedlich existieren kann.

Aggression ist nach Lorenz in der Natur **ein Teil der system- und lebenserhaltenden Organisation aller Wesen**. Das schließt nicht aus, dass aus grundsätzlich sinnvollen Aggressionen Fehlformen entstehen können. In der Natur lässt sich eine Tötungshemmung beobachten, welche die Folgen von Aggressivität massiv abmildert. Bei Rangkämpfen unter Wölfen etwa stellte man fest, dass das unterlegene Tier dem Angreifer auf dem Rücken liegend seine Kehle ungeschützt darbietet – und dieser den unterlegenen Wolf dann nicht tötet. Ähnliche Rituale gibt es bei vielen Tiergattungen.

Rangkämpfe sowie Revierverteidigungen bieten nach Lorenz Räume, um den Aggressionstrieb zu befriedigen. Er stimmt insofern mit Freud überein, der Aggressivität auch für einen menschlichen Grundtrieb hält. Darum warnt Lorenz davor, das Problem der menschlichen Aggressivität dadurch bewältigen zu wollen, dass Menschen lernen sollen, diesen Trieb nicht nur zu kontrollieren, sondern zu unterdrücken. Werden aggressive Triebe fortwährend unterdrückt, werden sie aufgestaut, woraus eine wachsende **Appetenz (Lust, Begehren) auf aggressive Akte** entsteht. Manchmal wird ein durchweg friedfertig auftretender Mensch plötzlich massiv aggressiv oder sogar gewalttätig. Für Lorenz ist ein solches Verhalten letztlich das unvermeidbare Resultat, wenn ein Mensch seine aggressiven Triebe zu lange unterdrückt und so seine Appetenz auf aggressives Tun unbewusst steigert, bis sie eruptiv zum Ausdruck gebracht wird.

Für Konrad Lorenz besteht das Problem des Menschen darin, dass er, evolutionär betrachtet, mit der Entwicklung der Technik nicht Schritt halten konnte. Moderne Waffen wie Pistolen oder Bomben verhindern eine instinktive Tötungshemmung. Gesten der Unterwerfung können nicht einmal mehr wahrgenommen werden. Der Mensch trägt zwar noch die gleiche Aggressivität in sich wie seine Vorfahren vor 10 000 Jahren, aber er erlebt keine Tötungshemmung mehr, die seinem aggressiven Tun Grenzen setzt.

Für Lorenz ist die Konsequenz daraus, dass Menschen regelmäßig Gelegenheit erhalten müssen, ihre **Aggressivität auf nicht-destruktive Weise abzubauen**, z. B. indem sie Sport treiben oder Sportveranstaltungen besuchen.

Damit versucht etwa Lorenz die erstaunliche Begeisterung von Menschen für Bundesligaspiele erklären. Sie identifizieren sich mit „ihrer" Mannschaft, treten aggressiv gegenüber den Anhängern anderer Mannschaften auf und geben insbesondere während des Spiels ihrer inneren Aggressivität lauthals Ausdruck. Lorenz würde dieses Verhalten nicht für bemerkenswert halten, sondern als natürlichen Ausdruck einer inneren Aggressivität begreifen und als gesund begrüßen.

Pädagogisch ergibt sich aus den Forschungen Lorenz' zunächst das Eingeständnis, dass der Versuch, Kinder und Jugendliche zu nicht-aggressiven Menschen zu erziehen, fehlschlagen wird. Stattdessen sollte angestrebt werden, sie zu lehren, **mit ihrer Aggressivität konstruktiv umzugehen**. Lorenz würde sicherlich Räume für das Ausleben von Aggressivität in Kindergärten und Schulen fordern. In der Schule müsste also nicht nur über die Ursachen von Aggressivität aufgeklärt werden, sondern zudem immer wieder geübt werden, diesen Trieb nicht zerstörerisch auszuleben.

John Dollard: Aggression als Folge von Frustrationen

Anders als Freud oder Lorenz glaubt **John Dollard** (1900–1980) nicht an einen angeborenen Destruktions- oder Aggressionstrieb des Menschen. John Dollard studierte Soziologie sowie Psychologie und arbeitete als Wissenschaftler und Professor an verschiedenen amerikanischen Universitäten. Während des Zweiten Weltkriegs war er Berater des Kriegsministeriums, er forschte intensiv zum Thema „Angst in Schlachten" und später auch zum Thema Aggression. **Aggressionen** sind für ihn **immer Folge von Frustrationen**. Diese bewirken zunächst Aggressivität, die sich bei weiteren Frustrationen steigert und schließlich aggressive Akte nach sich zieht.

Dollards **Frustrations-Aggressions-Theorie** beinhaltet implizit die Forderung, dass Menschen so leben können sollen, dass Frustrationserfahrungen weitgehend vermieden werden. Dies ist jedoch unrealistisch. Ihm zufolge müssen Menschen daher ihre Aggressivität umlenken können, um so zu verhindern, dass diese wächst. Zugleich hält er es für unverzichtbar, die Frustrationshäufigkeit möglichst gering zu halten. Je mehr Frustrationen ein Mensch ertragen muss, desto stärker wächst seine Aggressivität und desto wahrscheinlicher wird es, dass er gewalttätig handelt.

Für die Richtigkeit der Theorie Dollards spricht, dass bei Gewalttätern in fast allen Fällen beobachtet werden kann, dass diese – wenn auch auf verschiedene Weise und graduell unterschiedlich – belastende Frustrationen erfahren haben.

Allerdings lässt sich gegen Dollard einwenden, dass viele Jugendliche enttäuschende Erfahrungen machen ohne gewalttätig oder aggressiv zu werden. Dessen ungeachtet lässt sich ein Zusammenhang zwischen Frustrationen und Aggressivität nicht bestreiten.

Pädagogisch müsste aus Dollards Einsicht resultieren, dass Menschen erstens lernen müssten, sich Räume zu schaffen, um ihre Aggressivität umzulenken. Zweitens wäre es gerade für Kinder und Jugendliche wichtig, dass Pädagoginnen und Pädagogen sorgsam darauf achten, dass diese nicht zu viel Frustration erfahren. Jugendgewalt würde nach dieser Theorie massiv zurückgehen, wenn es gelänge, die Lebensbedingungen von Jugendlichen so zu verändern, dass sie sehr viel weniger Enttäuschungen als bisher erfahren würden.

Konrad Lorenz (1903–1989; links), John Dollard (1900–1980) und Albert Bandura (geb. 1925; rechts) entwickelten wichtige klassische Aggressionstheorien.

Albert Bandura: Aggression als Folge von Modelllernen

Auch Albert Bandura (geb. 1925) glaubt, dass Aggressionen die Folge äußerer Erfahrungen der Menschen sind. Der kanadische Psychologe orientierte sich lange an Theorien Dollards, seine Studien zum Beobachtungslernen von Menschen in den 1960er-Jahren mündeten in eigene wissenschaftliche Auffassungen. Ihm zufolge **wird Aggression innerhalb sozialer Lernprozesse gelernt**, z. B. durch Erfahrungen von Belohnung und Bestrafung.

Bandura konnte experimentell nachweisen, dass **Modelle** bestimmte Verhaltensweisen fördern können. In einem Kindergarten wurde den Kindern z. B. ein Film vorgeführt, in dem die Protagonisten aggressiv handeln. Direkt im Anschluss erhielten sich fast alle Kinder aggressiver als zuvor, wobei die Jungen deutlich gewaltbereiter handelten als die Mädchen. Die Aggressivität nahm noch weiter zu, wenn die entsprechenden Vorbilder im Film für ihr Tun belohnt wurden. Wurden die Kinder, wenn sie selbst aggressiv auftraten, ebenfalls zusätzlich positiv bestärkt (gelobt oder belohnt), nahm ihre Gewaltbereitschaft noch einmal signifikant zu. Interessanterweise ließ sich beobachten, dass Jungen wie Mädchen unter dieser Voraussetzung erkennbar bereiter zu aggressivem Verhalten waren.

Bandura fasste seine experimentellen Beobachtungen wie folgt zusammen:
Aggressives Verhalten entsteht, weil Vorteile erwartet werden.
Die Wahrscheinlichkeit, dass Menschen aggressiv handeln, steigt, wenn

- das Modell so erlebt wird, dass es selbst Aggressivität positiv erlebt,
- das Modell für sein Verhalten noch zusätzlich belohnt wird und
- die eigene praktische Orientierung am aggressiven Modell ebenfalls Zustimmung und Lob erfährt.

Abb. 16: Durchschnittliche Anzahl nachgeahmter aggressiver Akte

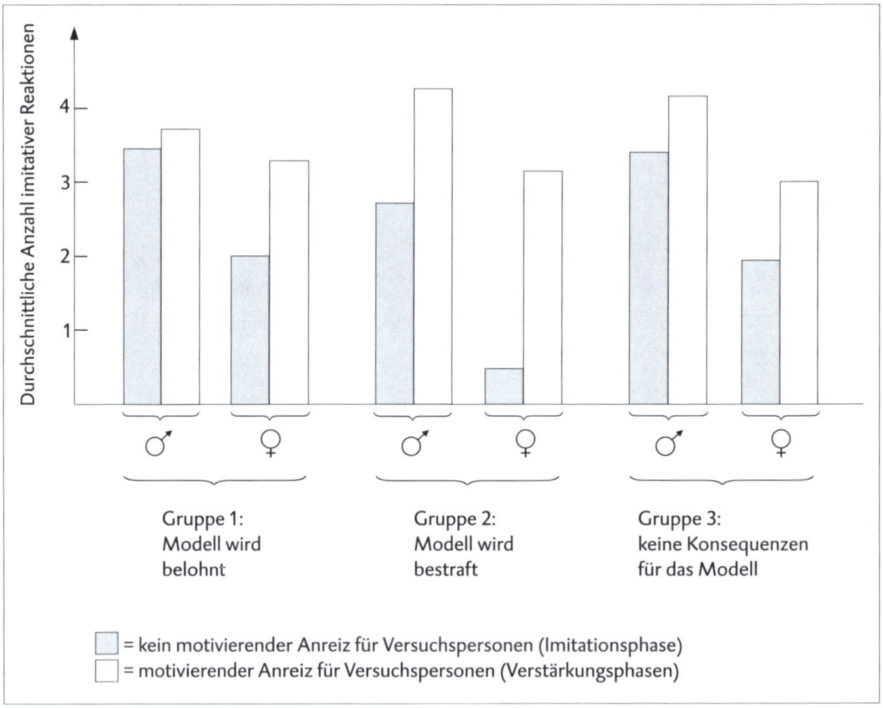

Kinder dürfen also primär keine aggressiven „Modelle“ erleben, wenn verhindert werden soll, dass sie eine permanente latente Aggressionsbereitschaft ausbilden. Des Weiteren ergibt sich aus seinen Forschungen die Konsequenz, dass fragwürdige gewaltbereite „Vorbilder“ in Spielfilmen oder PC-Spielen fatale Auswirkungen auf die Entwicklung der Kinder und Jugendlichen haben können. Brutale Gewalttäter waren beispielsweise vielfach Konsumenten von Gewaltvideos oder Gewalt verherrlichenden Spielen im Internet.

Bandura zufolge wären die Wirkungen von Modellen weniger einflussreich, wenn nicht dokumentiert würde, dass ihr gewalttätiges Verhalten letztlich zum Erfolg führt. Erleben Kinder, dass gewalttätiges Verhalten negative oder vielleicht sogar schmerzhafte Folgen hat, orientieren sie sich wahrscheinlich weniger daran.

Pädagogisch sind die Einsichten Banduras nicht nur aufgrund des Ziels einer **Erziehung zu einem aggressionsarmen Verhalten** bedeutsam. Der Psychologe erinnert an die **Bedeutung von Vorbildern** und erklärt, wodurch diese Einfluss auf Kinder gewinnen – im positiven wie im negativen Sinne.

John Paul Scott:
Aggression als Folge von Störungen in ökologischen Systemen

Der differenzierteste Ansatz unter den hier vorgestellten klassischen Theorien ist das Konzept **John Paul Scotts** (1909–2000). Scott war Verhaltensforscher und Psychologe. Er lehrte und erforschte das Verhalten von Menschen und Tieren als Professor an amerikanischen Universitäten. Er suchte nicht nach einer primären Ursache, um die Entstehung von Aggressivität zu erklären, sondern bedachte innerhalb eines „ökologischen" Modells **fünf Ebenen, die Menschen maßgeblich beeinflussen:**

1. die genetische Ebene,
2. die physiologische Ebene (z. B. Hormone),
3. die organismische Ebene (z. B. psychische Zustände, Motive),
4. die soziale Ebene,
5. die ökologische Ebene (z. B. natürliche Lebensbedingungen, Bevölkerungsdichte).

Zusätzlich beachtet er historische Ebenen, Kulturtraditionen und unterschiedliche Entwicklungen verschiedener Völker/Stämme.

Scott leugnet nicht, dass Menschen infolge genetischer Faktoren bestimmte Dispositionen – auch für Aggressivität – ausbilden können. Allerdings sieht er hierin nur eine Ursache von mehreren. So können hormonelle Veränderungen auf das Verhalten Einfluss nehmen, insbesondere in bestimmten Lebensphasen wie der Pubertät. Ebenso spielt die aktuelle psychische Verfassung von Menschen eine Rolle. Die pädagogischen Verfassungen von Menschen entstehen wiederum nicht unabhängig von sozialen Gegebenheiten und Strukturen.

Jede der vier zuerst genannten Ebenen will Scott dann im Kontext der **„ökologischen Ebene"** betrachten: Er fragt, inwieweit sich z. B. bestimmte psychische oder hormonelle Zustände aufgrund welcher kulturellen Orientierungen oder Lebensbedingungen in bestimmten sozialen Kontexten wie auswirken. Ist die Gewaltbereitschaft in Zeiten der Auseinandersetzung um Lebensgrundlagen besonders hoch? Oder werden Menschen nicht auch auf der Basis vollständig gesicherter Lebensverhältnisse und eines hohen Lebensstandards gewaltbereit? Welchen Stellenwert haben Kultur und Religion?

Scotts Theorie zwingt zu differenziertem Nachdenken. Allein durch **hormonelle Veränderungen** werden Jugendliche demnach nicht gewalttätig, sondern es müssen **weitere Bedingungen auf anderen Lebensebenen** hinzukommen. Aber selbst eine gewaltarme Kultur kann nie ganz verhindern, dass, z. B. aufgrund psychischer Probleme, Gewaltbereitschaft entsteht.

Für die Erziehungswissenschaft ist Scotts Theorie deshalb bedeutsam, weil sich nach dieser Theorie alle monokausalen Erklärungen für Gewalt verbieten. Für pädagogische Handlungsorientierungen bedeutet das, dass Erzieherinnen und Erzieher stets die **Komplexität von Motiven und Ursachen für Gewaltorientierung berücksichtigen** müssen. Sie müssen Kindern und Jugendlichen helfen, mit hormonellen Veränderungen oder psychischen Zuständen umgehen zu lernen, ohne aggressiv zu handeln, und zugleich kritisch die soziale und kulturelle Umwelt sowie die konkreten Lebensbedingungen der Menschen mit einbeziehen. Das bedeutet auch, dass die menschliche Gewaltproblematik keineswegs allein pädagogisch gelöst werden kann.

Abb. 17: Klassische Aggressionstheorien im Überblick

Aggressionstheorie nach	Zentrale Aussage
Sigmund Freud I	Aggression ist Folge von Unlusterfahrungen.
Sigmund Freud II	Aggression ist Ausdruck eines angeborenen menschlichen Destruktionstriebs.
Konrad Lorenz	Aggression ist Ausdruck eines angeborenen Aggressionstriebs, welcher in Vorzeiten notwendig für menschliche Arterhaltung war.
John Dollard	Aggression entsteht aus Aggressivität, welche aus Frustration erwächst.
Albert Bandura	Aggressionen entstehen durch Nachahmung aggressiver Vorbilder, die aggressives Verhalten als positiv erleben und die überdies Belohnung erfahren.
John Paul Scott	Aggressionen sind Resultate unterschiedlicher Einflüsse und können nur „ökologisch“ erklärt werden.

2.2 Neuere Erklärungsversuche für Jugendgewalt

Betrachtet man die jüngeren Erklärungsversuche zu Aggressionen bzw. zur Jugendgewalt, ist erkennbar, dass sie alle auf den klassischen Theorien aufbauen.

Götz Eisenberg: Aggression als Folge sozialer und emotionaler „Kälte"
Eisenberg, geb. 1951, orientiert sich einerseits an Gedanken Freuds, darüber hinaus zieht er neuere Untersuchungen der tiefenpsychologischen Jugendforschung heran. Eisenberg arbeitet als Gefängnispsychologe und hat mehrere Bücher zur Gewaltproblematik veröffentlicht. Er schenkt vor allem der **„Vaterlosigkeit"** in der gegenwärtigen Gesellschaft Beachtung. Die Problematik einer solchen Entwicklung beschrieb schon vor Jahrzehnten Alexander Mitscherlich.

Nach Eisenberg ist Aggressivität meist die **Folge von Erfahrungen „emotionaler Kälte":** Kinder erleben schon früh unzureichende Zuwendung und elterliches Desinteresse – häufig als vermeintliche Liberalität legitimiert. Er begründet diese Annahme damit, dass viele Kinder ohne Väter aufwachsen oder diese kaum mehr als wichtige Bezugspersonen wahrnehmen. Deshalb fehlen ihnen erwachsene Partner, die sie bewundern können, denen sie nacheifern wollen und deren Anforderungen sie sich gerne unterwerfen. Gleichzeitig versuchen Mütter, die Kinder entweder zu sehr an sich zu binden, oder sie vernachlässigen diese zu sehr.

Infolgedessen bilden diese Kinder kaum Urvertrauen aus, erfahren zu wenig „konturierte Persönlichkeiten", die ihnen innere Sicherheit vermitteln und sie motivieren, sich dem Leben zu stellen und so eine frühkindlich narzisstische (rein selbstbezogene) Haltung zu überwinden. Sie wünschen sich fortwährend innere Geborgenheit und Sicherheit, die sie nicht finden, und kompensieren dieses Defizit mit vermeintlich grandiosen Erfahrungen. Drogen etwa können entsprechende Erlebnisse hervorrufen. Auch ein Amokläufer sucht ein einmaliges **Erleben von Grandiosität**. Nach Eisenberg befindet er sich in gewissem Sinne noch immer im Entwicklungsstadium eines Kleinkindes.

Damit **ändert sich z. B. die Aufgabe der Schule** massiv. Schülerinnen und Schüler sind häufig auf der Suche nach **konturierten Persönlichkeiten**, welche ihnen helfen können, aus dem eigenen Narzissmus, aber auch der eigenen Unsicherheit herauszufinden. Sie bedürfen der Erfahrung, dass sie Erwachsenen vertrauen und ihnen etwas zutrauen können, ihnen vielleicht sogar nacheifern wollen. Ohne solche Erlebnisse im Kindergarten, in der Schule oder in der Freizeit suchen sie sich zwangsläufig fragwürdige andere Orientierungen, die sie nicht von ihrem Narzissmus befreien können, sondern vielmehr in ihren diffusen Wünschen, z. B. nach Grandiosität, bestärken. Killerspiele beispielsweise geben den Spielenden das Gefühl von Stärke und Macht.

Pädagogisch stellen sich aufgrund von Eisenbergs Überlegungen bedeutende **Fragen in Bezug auf die Familie, aber auch andere pädagogische Institutionen**. Auf jeden Fall erhält das Problem der pädagogischen Verantwortung neues Gewicht. Allerdings lässt sich gegen Eisenberg einwenden, dass lediglich eine statistisch unbedeutende Zahl von Jugendlichen Amok läuft, während der Großteil der Jugend nach wie vor ohne offene Gewalttätigkeiten lebt. Sicherlich muss man die Bedingungen des Aufwachsens sehr differenziert betrachten. Eisenbergs Überlegungen sind zweifellos ernst zu nehmen, treffen aber nicht auf alle jungen Leute zu. Dennoch sollte die offenkundige Zunahme gerade brutaler Gewalt unter Jugendlichen nicht unterschätzt werden. Ob aber das Absinken von Hemmschwellen bei gewalttätigen Handlungen allein tiefenpsychologisch erklärt werden kann, lässt sich kontrovers diskutieren.

Ferdinand Sutterlüty: Aggression als Kompensation von Ohnmachtsgefühlen

Dass das Ausüben von Gewalt innere Befriedigung verschafft, glaubt auch **Ferdinand Sutterlüty** (geb. 1962). Er hat Theologie und Soziologie studiert, als Wissenschaftler empirische Studien zur Jugendgewalt geleitet und ist zurzeit Professor an der Katholischen Fachhochschule in Paderborn. In seiner Untersuchung über Gewaltkarrieren konnte er zeigen, dass Jugendliche die Anwendung von **Gewalt häufig als eine Art „Offenbarung“** erleben. Gerade jene, die vielfach **Ohnmachtsgefühle** – oft in einem familiären Gewaltzusammenhang – erleben müssen, nehmen die eigene Gewaltanwendung so wahr, dass sie ihre bisherigen Gefühle ins Gegenteil umkehren können. Sutterlüty spricht von einer „epiphanischen Erfahrung“, die Jugendliche auf diese Weise machen, d. h. sie erleben das eigene gewalttätige Handeln, als hätten sie eine wundersame Erscheinung, die ihr gesamtes Leben positiv verändert. Nachdem sie diese Erfahrung einmal gemacht haben, nimmt ihre Gewaltbereitschaft bald massiv zu. Ein solches Ereignis stellt also eine Art „Coming-out“ als Gewalttäter dar. In bestimmten Gruppierungen werden Intensivtäter als „Vorbilder“ wahrgenommen und bewundert, weil sie Macht ausüben und damit Respekt erringen.

Als vor einiger Zeit der Brief der Lehrer der **Rütli-Schule**, einer Hauptschule in Berlin-Neukölln, veröffentlicht wurde, in dem sie unerträgliche Zustände, insbesondere Gewalt der Schüler untereinander und auch gegen Lehrer, beklagten, sah Sutterlüty seine Theorie bestätigt. Die Schüler dieser Schule, von denen nur 17 % Deutsche, aber 61% arabisch- oder türkischstämmig sind, bewegen sich zwischen Resignation und ohnmächtiger Wut hin und her. Sie sehen keine positive Perspektive für ihre Zukunft. Mit der Ausübung von Gewalt erleben sie, dass sie Dinge bewegen können. Sie werden somit zu Akteuren und müssen ihr Schicksal nicht mehr passiv und resignativ hinnehmen.

Pädagogisch ergibt sich aus den Einsichten Sutterlütys die nahezu zwingende Notwendigkeit, **Jugendlichen Erfahrungen zu ermöglichen, innerhalb derer sie sich als Akteure ihrer Wirklichkeit fühlen** können. Es ist wichtig, dass sie sich nicht nur als Opfer von Prozessen sehen und Perspektiven für ihre Zukunft erkennen können. Jugendliche, die von Ohnmachtsgefühlen geprägt sind, müssen Wege sehen, diesen zu entwachsen. Sie müssen in der Schule immer wieder Erfolgserlebnisse haben und glauben können, dass sich ihre schulischen Leistungen positiv auf ihre Zukunft auswirken werden. Gleichwohl muss eingestanden werden, dass diese Ziele nicht allein pädagogisch realisiert werden können.

Wilhelm Heitmeyer: Aggression als Folge von Erfahrungen der Perspektivlosigkeit

Ähnlich wie Sutterlüty argumentiert der Gewaltforscher **Wilhelm Heitmeyer** (geb. 1945), der sich mit dem Thema „Jugendgewalt und Rechtsextremismus" auseinandersetzt und als Professor an der Universität Bielefeld das Institut für interdisziplinäre Konflikt- und Gewaltforschung leitet. Als zentrale Ursache der zunehmenden Gewaltbereitschaft unter Jugendlichen sieht er deren **Perspektivlosigkeit**. „Sie bekommen keine Antwort auf die Frage: Wer braucht mich?" Heitmeyer fürchtet eine wachsende Anzahl junger Menschen, die den Qualitäts- und Anpassungsanforderungen des Arbeitsmarktes nicht gerecht werden, was leicht zu Gewaltbereitschaft führen kann.

Er ist überzeugt, dass diese Tatsache die Schattenseite eines gesamtgesellschaftlichen Prozesses der Individualisierung in den westlichen Industriegesellschaften darstellt. Zwar sind die materiellen Möglichkeiten vieler Menschen gestiegen, die Mobilität – sozial wie geografisch – hat sich massiv erhöht und eine Bildungsexpansion ist zu konstatieren. Daraus erwachsen aber nicht nur **Entscheidungsfreiheiten**, sondern zugleich **Entscheidungszwänge**, welche die Menschen individuell bewältigen müssen. Mit dieser Ambivalenz im Individualisierungsprozess können nicht alle umgehen. Indem sich innerhalb dieser Prozesse vielfach soziale Beziehungen und „Vergemeinschaftungsformen" auflösen, können „Desintegrationspotenziale" entstehen. So wird eine Verständigung über gemeinsame soziale Wert- und Normvorstellungen häufig erschwert oder sie löst sich sogar ganz auf. Zugleich wird eine Entwicklung möglich, welche die Teilnahmebereitschaft an gesellschaftlichen Institutionen gerade junger Menschen abnehmen lässt. Die daraus entstehende Verunsicherung der Betroffenen findet oft in Gewalt ihren Ausdruck. Dies kann auf **drei Arten** geschehen:

1. **expressive Gewalt:** Dadurch können Jugendliche, z. B. mittels Tabubrüchen Aufmerksamkeit erlangen und so ihre Einzigartigkeit unterstreichen. Die Opfer sind beliebig und zweitrangig.
2. **instrumentelle Gewalt:** Diese Gewalt erfolgt in Ausrichtung an „antizipierbaren Kalkülen" (gedanklich ausgerechneten Folgen) und wird als Mittel zur Problemlösung eingesetzt. Instrumentelle Gewalt ist somit geplante Gewalt, die absichtlich auf bestimmte Folgen oder Reaktionen abzielt.
3. **regressive Gewalt:** Diese Form der Gewalt ist an nationalen und ethnischen Kategorien ausgerichtet, um durch eine „kollektiv einbindende Gewalt" eigene berufliche, soziale oder politische Desintegrationsprozesse (vermeintlich) aufzuheben.

Heitmeyer weist in diesem Zusammenhang auf die Bedeutung eines **unterstützenden Familien- und Freundschaftsklimas** hin. Dieses muss sich durch wenig Konformitätsdruck sowie durch Aufmerksamkeit, Hilfestellung, unbedingte Zuneigung und Verlässlichkeit auszeichnen. Dadurch können Jugendliche Selbstbewusstsein und Offenheit für neue Erfahrungen ausbilden und auch in einer individualisierten Gesellschaft ihren Lebensweg finden.

Der Pädagoge kritisiert, dass **Jugendliche** heute im gesellschaftlichen Alltag zu wenig berücksichtigt würden. Deshalb fordert er, dass sie **mehr Beteiligungsrechte**, z. B. in Form eines kommunalen Vetorechts, haben müssten. Grundsätzlich strebt er gesamtgesellschaftliche kulturelle Veränderungen an. Er fordert dazu auf, die menschliche Kultur insgesamt humaner und rücksichtsvoller auszurichten.

Abb. 18: Aktuelle Aggressionstheorien im Überblick

Aggressionstheorie nach	Zentrale Aussage
Götz Eisenberg	Aggression ist Folge von Erfahrungen sozialer und emotionaler „Kälte" und mangelndem Erleben von „konturierten Persönlichkeiten"
Ferdinand Sutterlüty	Aggression ist ein Weg der Kompensation von Ohnmachtsgefühlen und des Erleben-Könnens von Macht und Stärke
Wilhelm Heitmeyer	Aggression ist ein Versuch der Kompensation sozialer Desintegration und persönlicher Perspektivlosigkeit

2.3 Maßnahmen zur Gewaltprävention und Gewaltminderung

Einen Weg, über den sich die Jugendgewalt oder Gewaltbereitschaft von Jugendlichen nachweisbar am weitreichendsten abbauen lässt, kann man nicht benennen. Einzelne Maßnahmen können sicherlich nur eine begrenzte Wirkung erzielen. Und es darf auch nicht vergessen werden, dass Jugendgewalt stets im gesamtgesellschaftlichen Kontext betrachtet werden muss. Pädagogische oder kriminologische Maßnahmen können somit immer nur zur Verminderung von Jugendgewalt beitragen, diese Problematik aber niemals lösen.

Strategien zur Gewaltprävention bei Hans-Peter Nolting

Hans-Peter Nolting, geb. 1945, ist Professor für Pädagogische Psychologie. Mit seinem Buch „Lernfall Aggression" hat er ein Standardwerk zum Thema verfasst, worin er konkrete Ideen zu Maßnahmen gegen Jugendgewalt vorstellt:

1. **Ventiltheorie**
Nach der Ventiltheorie ist anzustreben, dass ein frühes, regelmäßiges Abreagieren aggressiver Impulse möglich ist, um einen Stau der Aggressivität zu vermeiden. Über solches **Abreagieren** kann ein „Katharsis-Effekt" (Reinigung vom Affekt, ein Sich-Freimachen von der eigenen Aggressivität) erreicht werden. Es sind also Räume und Zeiten dafür einzurichten. Toberäume, Box-AGs könnten beispielsweise Möglichkeiten für ein solches Abreagieren bieten.

In empirischen Untersuchungen konnte festgestellt werden, dass ein Abreagieren vielfach zu einem besseren Gefühl führt und für eine gewisse Zeit die gereizte Stimmung mildert. Allerdings lassen sich weder akuter Ärger noch ein ungelöstes Problem auf diese Weise bewältigen. Ebenso wenig lässt sich nachweisen, dass durch entsprechende Tätigkeiten späterer Aggressivität vorgebeugt werden kann.

2. **Anreger verändern**
Diese Idee sieht vor, alle potenziellen „Anreger" für Aggressionen auszumachen, um so **aggressionsfördernden Faktoren** weitestgehend **ausweichen** zu können. Fünf Gesichtspunkte sollen in diesem Kontext genannt werden:

- Verminderung von Einengungen, Stressoren, Entbehrungen,
- Verminderung von Provokationen und Herabsetzungen,
- Verminderung aggressiver Modelle, Symbole, Instrumente,
- Förderung positiver Anreger,
- Anreizverlagerung auf alternatives Verhalten.

Dieser Ansatz erfordert die Beachtung komplexer Handlungsebenen. Pädagogisch soll eine Kultur angestrebt werden, in welcher Herabsetzungen vermieden und Einengungen oder Entbehrungen gering gehalten werden. Das beinhaltet auch zu lernen, eigenen Bedürfnissen Ausdruck zu verleihen und diese zu verteidigen. Damit will man nicht jedwedes Misserfolgserlebnis vermeiden, doch Kinder und Jugendliche sollten **kein Gefühl von vollständiger Unfähigkeit** vermittelt bekommen. Besonders wichtig ist in diesem Kontext die **Zuwendung** der Erwachsenen, die gerade in Zeiten von Krisen für Heranwachsende besonders wichtig ist. Zugleich müssen sie lernen, dass die Herabwürdigung eines Menschen, z. B. aufgrund von Andersartigkeit oder bestimmten Schwächen, keinesfalls akzeptabel ist.

Kinder und Jugendliche sollen nicht mit aggressiven Modellen konfrontiert werden, sondern **positive Anreger** erhalten. Nicht zuletzt sollen Anreize für ein alternatives Verhalten geschaffen werden. Das heißt, fragwürdiges (z. B. aggressives) Verhalten soll nach Möglichkeit keine Beachtung finden. Wünschenswertes Verhalten soll dagegen mittels Beachtung, Anerkennung, Zuwendung und Entgegenkommen gestärkt werden. Lehrer, die ihre Schüler nicht ständig unter Leistungsdruck setzen, sie niemals persönlich herabwürdigen, sie ermuntern zu konstruktiven Leistungen, können als solche Modelle, die Anregungen für Kinder und Jugendliche verändern, erfahren werden.

3. **Anreger anders bewerten**

Langfristiges pädagogisches Ziel muss es sein, die Ursachen aggressiven Verhaltens abzuschwächen. Bilden Menschen beispielsweise Empathie aus, lernen sie auch, die Motive aggressiv handelnder Menschen zu verstehen. Damit wächst die Chance, dass sie selbst auf entsprechende Verhaltensweisen nicht gewalttätig reagieren. Sie können durch das Zusammenleben in Gruppen begreifen, dass in der Regel nicht aggressives, sondern **sozial orientiertes Verhalten** zu Anerkennung in Gemeinschaften führt. Außerdem können sie sich die Fähigkeit aneignen, Konflikte erfolgreich verbal zu bewältigen. Wenn Kinder erleben, dass ihre Eltern bei Aggressionen verständnisvoll reagieren („bei dem vielen Ärger, den du hattest, verstehe ich, dass du wütend bist“), lernen sie selbst, Anreger anders zu bewerten.

Fünf Möglichkeiten, Anreger anders zu bewerten, lassen sich benennen:
- Einfühlung in andere Menschen,
- Vorsicht bei Schuldzuweisungen,
- Skepsis gegenüber aggressiven Modellen und Signalen,
- entschärfende Bewertung von Störungen und Provokationen,
- Relativierung eigener Ziele und Werte.

4. **Aggressionshemmungen fördern**
Menschliche Hemmungen können auf sehr unterschiedlichen Faktoren beruhen, z. B. auf Sanktionen, Belehrung, Gesetzen oder Erziehung.

Drei Formen von Hemmungen lassen sich unterscheiden:

- Leid-induzierte Hemmungen,
- Angst vor Bestrafung bzw. negativen Folgen,
- moralische Hemmungen bzw. Werthaltung.

Die erste der genannten Hemmungen beruht auf einer entsprechenden affektiven Entwicklung. Diese bilden Menschen aus, die Mitleid empfinden können. Mitleid wiederum lernen sie, wenn sie im Laufe ihrer Erziehung mit Gefühlen wie Schmerzen von Mitmenschen konfrontiert werden und ihnen nicht abverlangt wird, diese zu ignorieren.

Weiterhin werden Jugendliche oft nicht gewalttätig, weil sie Strafen fürchten. Konsequente und zeitnahe Strafverfolgung seitens der Polizei hat die Zahl der Gewaltdelikte jugendlicher Täter in vielen Städten deutlich zurückgehen lassen. Aus pädagogischer Sicht ist es wichtig, dass **Jugendliche einsehen, dass Gewalt am Ende für sie selbst mehr Nachteile als Vorteile bringt**.

Auch der letzte Gesichtspunkt darf – was häufig geschieht – nicht unterschätzt werden. So muss man mit Blick auf jugendliche Mörder fragen, warum moralische Wertorientierungen sie nicht am Töten hinderten. Die moralische wie religiöse Erziehung in Elternhaus, Schule und anderen erzieherisch bedeutsamen Institutionen hat großen Einfluss auf die Heranwachsenden. Allerdings besteht immer auch die Gefahr, dass mit einem Verweis auf vermeintlich höhere Zwecke oder die angebliche Schuld des Opfers versucht wird, Gewalt moralisch zu rechtfertigen. Darum ist es nach Noltings Auffassung unverzichtbar, dass Menschen lernen, bloße Rechtfertigungen zu durchschauen und sich kritisch mit ihnen auseinanderzusetzen. Eltern, die ihren Kindern nicht nur sagen, man dürfe Mitmenschen kein Leid antun, sondern dies auch selbst praktizieren, tragen dazu bei, dass Kinder sowohl Leid-induzierte als auch moralische **Aggressionshemmungen** ausbilden.

5. **Alternatives Verhalten lernen**
Dieser Vorschlag stellt wohl die pädagogisch bedeutsamste Lösungsmöglichkeit dar. Denn erfolgreich Gewalttätigkeit vermeiden kann auf Dauer nur derjenige, der **Alternativen zur Gewalt** kennengelernt hat und realisieren kann. Ein nicht aggressives Verhaltensrepertoire kann bereits im Kindergartenalter z. B. durch Trainingsprogramme pädagogisch oder auch therapeutisch gezielt aufgebaut werden.

Nolting zählt **sechs Möglichkeiten für alternatives Verhalten** auf:

- **Entdramatisierung durch Selbstbeeinflussung und Entspannung:** Durch Entspannungstraining und Formen der Selbstinstruktion kann erreicht werden, dass Menschen in Konfliktsituationen gelassener reagieren – auch dann, wenn ihre ursprünglichen Erwartungen sich nicht erfüllt haben und sie enttäuscht wurden.
- **Einfühlungstraining:** In solchen Übungseinheiten lernen Kinder, ihre eigenen Gefühle zu erkennen und die Perspektive anderer Personen einzunehmen. Sie üben kooperatives und helfendes Verhalten.
- **Immunisierung durch Training im Rollenspiel:** Kinder und Jugendliche werden z. B. gezielt Provokationen ausgesetzt (und dürfen umgekehrt auch als Provokateure auftreten) und trainieren so, gelassen zu reagieren.
- **klassische Verhaltensmodifikation:** Im Vordergrund steht hier das Bekräftigen und Verstärken erwünschten Verhaltens und ein neutrales Reagieren oder ggf. leichtes Bestrafen unerwünschten Verhaltens.
- Dagegen setzt **kognitive Verhaltensmodifikation** auf eine Förderung der Einsicht von Kindern bzw. Jugendlichen. Mit aufwendigen Trainingsprogrammen sollen in Zusammenarbeit mit den Eltern bewusste Selbstbeobachtungen und Selbsteinschätzungen geübt werden.
- Über die Methode der **partnerzentrierten Gesprächsführung** in Anlehnung an Carl Rogers und Thomas Gordon sollen Kinder und Jugendliche lernen, Konflikte verbal und gewaltfrei zu lösen. Eine Störung soll benannt werden, beide Partner versuchen, ihre Bedürfnisse und Interessen zu klären, beide Seiten sollen dann ihre Wünsche formulieren, um sich abschließend auf eine für beide akzeptable Lösung zu einigen.

Viele von Noltings Vorschlägen zur Gewaltprävention stellen eher therapeutische Maßnahmen dar. Dies ist z. B. ein Kritikpunkt an der partnerzentrierten Gesprächsführung. Insofern muss offenbleiben, inwiefern sie Eingang in den pädagogischen Alltag von Familien, Kindergärten und Schulen finden kann; unter Umständen bleibt schlichtweg selten Zeit dafür. Überdies kann nicht ausgeschlossen werden, dass in solchen Gesprächen unbemerkt und unreflektiert Dominanzen entstehen und sich so der rhetorisch versiertere Gesprächspartner auf Kosten des anderen durchsetzt. Nicht alle Vorschläge Noltings sind also unumstritten. Gegen die klassische Verhaltensmodifikation etwa wird eingewandt, dass sie nicht auf die eigene Einsicht der zu Erziehenden abzielt.

Abb. 19: Noltings Strategien zur Gewaltprävention

	Theorie	Kernaussage
1.	Ventiltheorie	Abreagieren agressiver Impulse
2.	Anreger verändern	aggressionsfördernden Faktoren ausweichen
3.	Anreger anders bewerten	Ursachen agressiven Verhaltens abschwächen
4.	Aggressionshemmungen fördern	Nachteile von Gewalt erkennen
5.	Alternatives Verhalten lernen	Alternatives Verhalten erlernen

Streitschlichtung und Mediation an Schulen

Schulen entwickeln konkrete **Programme zur gewaltfreien Streitschlichtung** bei Konflikten, z. B. können sich Schülerinnen und Schüler zu Streitschlichtern ausbilden lassen. Eine Streitschlichtung läuft nach bestimmten Regeln ab. Wichtig ist, dass beide Seiten zu Wort kommen und nicht nur über den Gegenstand ihrer Auseinandersetzung, sondern auch über ihre Gefühle und Interessen sprechen. Der Streitschlichter oder die Streitschlichterin enthält sich eines eigenen Urteils und hilft den betroffenen Personen, selbst Vorschläge für eine Konfliktlösung zu entwickeln. Ebenso verzichten er oder sie auf eine Bewertung des Vorgefallenen. Wird eine Lösung gefunden, werden konkrete Schritte zu deren Realisierung vereinbart und es wird festgelegt, wie überprüft werden soll, dass diese Schritte in die Tat umgesetzt werden und den Konflikt wirklich beenden.

Streitschlichtung oder auch **Mediation** ist eine Chance zur Konfliktbewältigung, der Methode sind allerdings Grenzen gesetzt. Streitschlichtung wird an vielen Schulen – unter aktiver Beteiligung von Schülerinnen und Schülern – erfolgreich praktiziert. Aber können Streitschlichter tatsächlich unabhängig von Machtrollen in der Schule erfolgreich agieren? Können Schüler ohne Nachteile für sich selbst als Mediatoren zwischen Schülern oder Lehrern und Schülern vermitteln? Die Befürworter problematisieren in der Regel nicht, dass die **Streitschlichtung auch misslingen kann**; der Begriff suggeriert, dass immer eine Schlichtung möglich ist.

Des Weiteren sollten immer alle Betroffenen **freiwillig** an dem Konfliktlösungsprozess teilnehmen. Tätern wird aber vielfach die Streitschlichtung als einzige Möglichkeit aufgezeigt, einer ggf. massiven Strafe zu entgehen. Ebenso können die Opfer unter Druck gesetzt werden: Nehmen sie nicht teil, sind sie verantwortlich für die Stigmatisierung des Täters. Schließlich muss überprüft werden, ob die Methode nicht suggeriert, dass jedes Fehlverhalten letztlich nur ein kommunikatives Missverständnis ist. Die Frage, ob bestimmte Verhaltensweisen nicht grundsätzlich abzulehnen sind, gerät in den Hintergrund.

Maßnahmen im Umgang mit Gewalttätern

Die folgenden Mittel zur Gewaltprävention wurden primär für jugendliche Gewalttäter, die zu Gefängnisstrafen verurteilt wurden, entwickelt. Sie sind in mehreren Jugendstrafanstalten mit Erfolg erprobt worden.

1. **Täter-Opfer-Ausgleich**

Diese Maßnahme findet insbesondere bei Jugendgerichtsverfahren und im Jugendstrafvollzug Anwendung. Während bei leichteren Delikten teilweise angestrebt wird, über Wege der Wiedergutmachung möglicherweise harte Gerichtsstrafen zu vermeiden, hat diese Maßnahme bei zu Gefängnisstrafen verurteilten Gewalttätern einen anderen Stellenwert. Der Täter muss sich **mit seiner Tat auseinandersetzen**, indem er z. B. einen Brief an sein Opfer schreibt (der in den seltensten Fällen dem Opfer tatsächlich zugestellt wird). Darin muss er sich nicht nur zu seinen Motiven äußern, sondern auch das Leid, das er seinem Opfer angetan hat, in den Blick nehmen. So werden Täter gezwungen, sich die **Folgen** ihrer Tat **aus der Perspektive des Opfers vor Augen zu führen**. Ziel ist es, dass sie eine Einsicht in das eigene Fehlverhalten entwickeln – als Basis für eine künftige Verhaltensänderung.

2. **Der heiße Stuhl**

Bei der mit diesem Begriff bezeichneten Methode kann es dem Täter, der auf diesem Stuhl sitzen muss, tatsächlich „heiß“ werden. Der Jugendliche sitzt in der Mitte eines Raumes, während mehrere andere um ihn herumstehen. Unter psychologischer Anleitung **provozieren** diese gezielt die Person, die auf dem Stuhl sitzt – verbal oder auch mit Berührungen –, was der Täter aushalten muss, ohne unkontrolliert oder aggressiv zu reagieren. Schrittweise lernt der Gewalttäter so **Selbstkontrolle**. Solche Maßnahmen sind erst dann sinnvoll, wenn jemand bereits unkontrollierte Gewalt gezeigt hat. Auf dem „heißen Stuhl“ können Jugendliche lernen, spontane Impulse zu kontrollieren.

3. **Schulische und berufliche Qualifizierung**

In allen Jugendstrafanstalten gibt es **Bildungs- und Ausbildungsangebote**. Dort können Schulabschlüsse erworben und Lehren absolviert werden. Damit wird insbesondere Gewalttätern zum einen eine **Zukunftsperspektive** eröffnet und zum anderen bilden sie sich jenseits der Gewalt weiter.

fgabe 26 Überprüfen Sie, ob nach Lorenz das Boxen oder andere aggressionsorientierte Sportarten ein gutes Mittel sind, einen Aggressionsstau bei jungen Männern zu verhindern. Nehmen Sie aus pädagogischer Sicht Stellung zu dieser Maßnahme.

fgabe 27 Beurteilen Sie aus pädagogischer Sicht, inwieweit ein frustrationsarmes Leben – besonders für Heranwachsende – wünschenswert ist.

fgabe 28 Erläutern Sie, auf welche klassischen Theorien sich die Erklärungsversuche zu Jugendgewalt von Eisenberg, Sutterlüty und Heitmeyer jeweils beziehen.

fgabe 29 Entwerfen Sie auf der Basis Noltings in Stichworten einen Maßnahmenkatalog für Eltern und Lehrer, mit dem sie im Alltag ohne besonderen Aufwand der Aggressivität und Gewaltbereitschaft unter Kindern und Jugendlichen entgegenwirken können.

fgabe 30 Prüfen Sie, inwieweit die vorgestellten Maßnahmen zum Umgang mit Gewalttätern als Schritte zu einer Moralisierung im Sinne Kants und Herbarts begriffen werden können.

fgabe 31 material- gestützt) Fassen Sie die Argumentation Götz Eisenbergs zusammen und vergleichen Sie die zentralen Thesen Eisenbergs mit anderen Ihnen bekannten zentralen Thesen zu möglichen Ursachen von aggressivem Verhalten.

M 1: **Götz Eisenberg, Über die Ursachen von Wut und Hass**

[...] Die Sozialisation im Rahmen herkömmlicher Familien führt zur Ausbildung einer „inneren Selbstzwangapparatur“ (Norbert Elias), die dafür sorgt, dass sich die Menschen in ihr oft trostloses Schicksal fügen und eher ein Leben in stiller Verzweiflung führen, als sich aufzulehnen. Sie haben, wie Heinrich Heine bemerkte, den Stock, mit dem man sie geschlagen hat, verschluckt. [...]

Die Psychoanalyse beschrieb die Verinnerlichung des zunächst äußeren Zwangs später als Bildung des *Über-Ichs.* Dieses bildet sich im Rahmen der patriarchalisch strukturierten Traditionsfamilie dadurch aus, dass sich das Kind – zunächst aus Furcht vor Strafe, später im günstigsten Fall aus Einsicht und freien Stücken – mit den Eltern identifiziert und ihre Ge- und Verbote in sich aufnimmt. In der Folge wird das Über-Ich auf andere Personen und Instanzen wie Lehrer, Schule, Vorgesetzte, Fabrik und die Inhaber politischer Macht übertragen, die von der familialen Vorunterwerfung profitieren und die Familie beerben. [...]

Nun gibt es wenig Grund dafür, diesen Zustand, der seit einiger Zeit in Auflösung begriffen ist, zu idealisieren. Außerhalb privilegierter bürgerlicher Familien bestand Erziehung häufig aus bloßer Unterwerfung und gewaltsamer Erzeugung von blinder Gehorsamsbereitschaft. [...]

Man könnte den Schwund elterlich-väterlicher Autorität [...] also begrüßen, wenn etwas qualitativ Besseres und Menschlicheres an ihre Stelle getreten wäre. Tatsächlich befinden wir uns jedoch an der Schwelle zu einem erzieherischen Nirwana. [...]

„Wir waren bis zu dieser brutalen Wahnsinnstat eine ganz normale Familie", schreiben die Eltern von Robert Steinhäuser[1] in einem offenen Brief. Dieser von den rat- und fassungslosen Eltern formulierte Satz lässt auch eine ganz andere, erschreckende Interpretation zu: Auch eine „ganz normale" Kindheit in einer nach außen „ganz normal" erscheinenden Familie kann Entbehrungen und Traumatisierungen bereithalten, die irgendwann eine destruktive Entwicklung in Gang setzen.

Immer mehr Familien, die „ganz normal" wirken, sind in Wirklichkeit geprägt von Indifferenz und Kälte: das bloße Nebeneinander von Einsamkeiten. Es mag sein, dass heutigen Kindern manches an körperlicher Rohheit und Misshandlung erspart bleibt. Aber was wie gewachsene Duldsamkeit und Verständnis den Kindern gegenüber aussieht, ist mitunter von Kindesaussetzung, Lieblosigkeit und mangelndem emotionalem Interesse kaum zu unterscheiden und grenzt an eine zeitgenössische Form von Kindesaussetzung. Hinter der gewachsenen Toleranz und Milde stehen oft Schwächen, Desorientierung und Verunsicherung der Eltern, deren eigener Wertehorizont instabil ist und die nicht wissen, woran sie sich in puncto Erziehung halten sollen. [...]

Kinder und Jugendliche wollen und müssen ausprobieren, wie weit sie gehen und die Grenzen verschieben können. Für ihren Selbst- und Weltbezug ist es wesentlich, dass sie dabei irgendwann an Grenzen stoßen, die ihnen Widerstand bieten und zu einer halbwegs realistischen Selbsteinschätzung verhelfen. Diese entsteht nicht im luftleeren Raum, sondern nur in der Auseinandersetzung mit leibhaftig anwesenden Bezugspersonen, die dem Kind Gelegenheit geben, sich mit seinen Möglichkeiten und Grenzen vertraut zu machen. Nur so lernt das Kind, mit unerlässlichen Versagungen und Frustrationen umzugehen und ein realistisches Bild von den eigenen Möglichkeiten zu entwickeln. Gehen die kindlichen Suchbewegungen ins Leere, bleiben frühkindliche Fantasien von Allmacht und Grandiosität erhalten, die dann

[1] Robert Steinhäuser ermordete bei einem Amoklauf in Erfurt Lehrer wie Schüler. Nach der Tat tötete er sich selbst.

angesichts zwangsläufig erfahrener Enttäuschungen eine endlose Kette von Frustrationen und Kränkungen nach sich ziehen, die sich im Inneren ansammeln und irgendwann einen primitiven Racheimpuls auslösen und zum Ausbruch lang gestauter „narzisstischer Wut" führen können. Selbst kleine Enttäuschungen und Zurückweisungen, die anderen läppisch erscheinen mögen, werden als Signal einer drohenden narzisstischen Katastrophe gedeutet, gegen die Kampf mit allen Mitteln geboten ist. Nur wer Bedingungen „optimaler Versagung" und konturierte und konturierende Bezugspersonen vorfindet, wird psychische Strukturen ausbilden können, die zwischen Außen- und Innenwelt vermitteln, Orientierung ermöglichen und das Subjekt instand setzen, mit Enttäuschungen, Frustration und Kritik einigermaßen gelassen umzugehen. [...]

Wenn alle noch tastenden kindlichen oder jugendlichen Hilferufe ins Leere gehen, stellt sich ein Gefühl des Existierens irgendwann nur noch ein, wenn „es kracht" oder gar Blut fließt. [...]

www.bpb.de/publikationen/ZCUNUT.html; aus: Politik und Zeitgeschichte (B 44/2002)

3 Jugendkrisen aus systemischer Sicht: Schlippe, Stierlin

In der jüngeren Vergangenheit hat „systemisches Denken" in der Philosophie, Sozialwissenschaft, Psychologie und auch in der Erziehungswissenschaft an Einfluss gewonnen. Vor allem im therapeutischen Handlungsfeld finden systemische Ansätze zunehmend Beachtung. Dies ist besonders dann der Fall, wenn Krisen in der Entwicklung von Kindern oder Jugendlichen auftreten und alle bislang bekannten und erprobten Wege der Hilfe oder Therapie nicht zur Problembewältigung führten. In solchen Situationen bzw. vor dem Hintergrund solcher Erfahrungen wächst die Bereitschaft aller Betroffenen, neue Behandlungs- und Therapiemöglichkeiten zuzulassen und auszuprobieren.

3.1 Wie entsteht systemisches Denken?

Das systemische Denken beruht zunächst auf philosophischen und erkenntnistheoretischen Annahmen, es ist weiterhin als Reflex auf Entwicklungen der Postmoderne zu begreifen. Diese ist gekennzeichnet durch eine Pluralität von Lebensentwürfen und Lebensweisen. Die Begegnung von Menschen aus unterschiedlichsten Traditionen und Kulturen hat zur Folge, dass Werte, Normen, Ideologien infrage gestellt werden. Niemand kann mehr für sich beanspruchen, dass die eigene Auffassung die einzige Wahrheit ist. Daraus resultieren Freiheiten, aber auch Unsicherheiten.

Mit der Postmoderne setzt sich **konstruktivistisches Denken** durch. Konstruktivisten gehen davon aus, dass menschliches Denken immer eine Konstruktion des menschlichen Geistes ist. Die Welt wird mittels Sprache nicht einfach wiedergegeben, sondern im Kopf konstruiert. Damit stellt sich die Frage nach Wirklichkeit und Wahrheit neu. Radikale Konstruktivisten lehnen diese Frage ab, sie begreifen Wirklichkeit als ein Zusammenspiel sogenannter **autopoietischer Systeme** sowohl im Menschen selbst als auch in zwischenmenschlichen und gesellschaftlichen Beziehungen. (Der griechische Begriff Autopoiesis setzt sich aus Worten zusammen, die sich mit „selbst" und „schaffen" übersetzen lassen. Autopoietische Systeme sind also Systeme, die sich selbst schaffen und zunächst aus sich selbst heraus und nach eigenen Ordnungen bestehen.) Diese sollen sich miteinander und nebeneinander entwickeln können, ohne sich zu blockieren oder zu zerstören.

In der Psychologie und Pädagogik wird meist ein eher **gemäßigter Konstruktivismus** vertreten. Vornehmlich wird diskutiert, welche Konstruktionen Menschen am ehesten helfen können, ihr Leben und auch ihre Krisen erfolgreich zu bewältigen.

3.2 Systemisches Denken und systemische Therapie

Arist von Schlippe, geb. 1951, ist Hochschullehrer und Psychologe. Er hat als Kinder- und Familientherapeut gearbeitet und war von 1999 bis 2005 erster Vorsitzender der „Systemischen Gesellschaft" mit Sitz in Berlin. Seit 2005 ist er Professor für „Führung und Dynamik von Familienunternehmen" an der Universität Witten-Herdecke.
Schlippe sieht systemisches Denken und Handeln nicht nur als Weg, Kranken zu helfen, sondern auch als Möglichkeit, Abläufe, Strukturen und Umgangsweisen in Unternehmen zu verbessern.

Prof. Dr. Helm Stierlin, geb. 1926, war Arzt und Professor an unterschiedlichen Universitäten im In- und Ausland. Zuletzt war er bis 1991 Direktor der Abteilung für „Psychoanalytische Grundlagenforschung und Familientherapie" an der Universität Heidelberg. Zudem war er Gründer und Herausgeber der Zeitschrift „Familiendynamik". Er gilt als einer der Pioniere der Familien- und Systemtherapie. Seine Forschungen und Veröffentlichungen haben nicht nur in Deutschland großes Interesse gefunden.

Wirklichkeits- und Möglichkeitskonstruktionen

Menschen entwickeln **Wirklichkeitskonstruktionen**. Das meint, dass jeder die Welt auf seine Weise erlebt, deutet und beschreibt und sie als seine Wirklichkeit konstruiert. Menschen können auch **Möglichkeitskonstruktionen** entwickeln und diese mit den Wirklichkeitskonstruktionen konfrontieren: Was könnte oder sollte anders sein?

Wir leben in **Systemen:** Menschliches Verhalten und Denken wird immer in zwischenmenschlichen Kontexten konstruiert. Menschen müssen sich unweigerlich in zwischenmenschlichen Kontexten über ihre Wirklichkeitskonstruktionen austauschen. Indem sie Fragen stellen, **generieren** sie **Informationen**, denn jede Frage enthält implizit immer auch eine Aussage. Therapeutisch gedeutet können sogar scheinbar harmlose oder wenig bedeutende Fragen wichtige Formen einer Intervention in kommunikativen Prozessen darstellen. D. h., dass eine solche Frage eine kommunikative Situation radikal verändern kann.

Eine Therapie wird innerhalb des systemischen Denkens als gemeinsames Ringen um Wirklichkeitsdefinitionen **(Arist von Schlippe)** begriffen: „Man kann nicht nicht kommunizieren." Häufig findet **systemische Therapie** mit mehreren Personen statt. Da ein Mensch sich stets in Systemen bewegt und diese Einfluss darauf gewinnen, wie er Wirklichkeit konstruiert, ist es sinnvoll, diese Systeme nach Möglichkeit in eine Therapie miteinzubeziehen.

Systemische Therapie

Nach **Helm Stierlin** und Gunthard Weber sind Verhaltensweisen **kein Produkt linearer Kausalität**, sondern bedingen sich in einem zirkulären Prozess gegenseitig. Innerhalb einer solchen Sichtweise soll in einer systemischen Therapie auf **Schuldzuweisungen** verzichtet werden. Zugleich werden Menschen als **aktive Mitgestalter ihres Lebens, ggf. auch ihrer Krankheiten**, gesehen. Aus dieser Einsicht resultiert die Hoffnung, innerhalb einer systemischen Therapie Betroffenen helfen zu können, selbst einen Weg aus ihren (z. B. psychosomatischen) Leiden zu finden.

In der systemischen Therapie haben Fragen herausragende Bedeutung: Der Therapeut muss sich darüber im Klaren sein, dass er damit **implizite Botschaften** übermittelt. Er muss genau beobachten, was er beim Patienten oder Klienten bewirkt.

Zirkuläres Fragen spielt in der systemischen Therapie eine besondere Rolle. **Alles soziale Verhalten** (Verhaltensweisen, Symptome, Gefühlsausdrücke, etc.) kann immer (auch) **als kommunikatives Angebot** verstanden werden. Fragen haben somit die Funktion, in wechselseitiger Beziehungsdefinition jeweilige Wirklichkeiten zu entdecken. Bei Fragen bezüglich der Symptome steht im Zentrum, wie z. B. jedes Familienmitglied diese Symptome versteht, sodass damit verbundene Erwartungen, Beobachtungen und Reaktionen sichtbar gemacht werden können.

- „Was denkst du, wie X sich fühlt?"
- „Wie siehst du die Beziehung zwischen X und Y?"

Mit dieser Fragetechnik entstehen durch den kommunikativen Aspekt bei allen Beteiligten neue Informationen im System, Anregungen zu anderen Sichtweisen und Denkprozessen. Ein wichtiges Ziel ist, sich Muster, die in kommunikativen Prozessen dominieren, bewusst machen zu können. **Symptome, Probleme und Krankheiten werden** innerhalb einer solchen Sichtweise

prozesshaft betrachtet. Sie entstehen in Handlungs- und Kommunikationsprozessen, in denen sich immer auch **Beziehungsmuster** herausbilden.

Helm Stierlin hat zwischen den Ebenen der **intra- und interpersonellen Dynamik** unterschieden. Die Ebene der intrapersonellen Dynamik bezeichnet er auch als **„inneres Parlament"**. Im inneren Parlament jedes Menschen finden fortwährend Auseinandersetzungen, Kontroversen, aber auch Entscheidungen statt. Systemische Therapie kann helfen, die Mehrheitsverhältnisse im inneren Parlament zu reflektieren und möglicherweise zu verändern. Indem ein Mensch neue Sichtweisen und Gedanken zulässt, können solche Veränderungen eintreten. Das wiederum hat Folgen für seine interpersonellen Erfahrungen, und diese nehmen immer auch Einfluss auf die Dynamik seiner intrapersonellen Entwicklung.

Zirkuläres Fragen kann helfen:

- bestimmte Muster zu erfassen und ggf. zu verändern,
- das eigene soziale System aus einer Außenperspektive zu betrachten,
- ein gewohntes Interpretationsmuster zu verlassen,
- über gegenseitige Missverständnisse aufzuklären.

Innerhalb der zirkulären Fragestellung lassen sich Fragen zur Wirklichkeits- und zur Möglichkeitskonstruktion in Systemen unterscheiden.

Fragen zur Wirklichkeitskonstruktion sind solche, die aktuelle Beziehungsmuster deutlich machen und den aktuellen Kontext erhellen sollen. Sie erfassen den **Kontext des Arbeitsauftrages** der Therapie (Was ist das Ziel? Was soll erreicht werden?), aber auch den **Kontext des präsentierten Problems** bzw. der vielen verschiedenen Perspektiven, die zusammengenommen dieses erst ergeben.

Fragen zur Möglichkeitskonstruktion sollen helfen, neue Perspektiven zu eröffnen oder in den Blick zu nehmen. Auf diese Weise können Alternativen zum bisherigen Verhalten und Erleben sichtbar werden. Des Weiteren können Spekulationen angestellt werden, was geschehen könnte, wenn ein Problem dauerhaft weiter bestünde. Diese Fragen helfen dem Patienten, sich selbst verschiedene Perspektiven vor Augen zu führen und auf dieser Basis Entscheidungen zu treffen.

In konkreten therapeutischen Sitzungen ist es entscheidend, dass der Therapeut zwischen beiden Fragekonstruktionen hin und her wechselt, damit der Patient für seine Wirklichkeit neue Möglichkeiten konstruieren kann.

Abb. 20: Fragen zur Wirklichkeitskonstruktion

Überweisungskontext	Wie ist die Idee zur Therapie entstanden? Von wem stammt sie?
Erwartungen und Zieldefinition	Wer kann feststellen, wann oder ob das Therapieziel erreicht wurde? Für wen sind Änderungen positiv, für wen negativ?
Problempaket	Wie äußert sich das Problem? Was haben die Beteiligten bislang zu seiner Lösung versucht? Wie erklären sie, dass bisher wenig erreicht wurde? Welche Einflussmöglichkeiten haben sie jeweils? Was sind die offenen und heimlichen Hoffnungen, Erwartungen, Befürchtungen der Beteiligten?
Beschreibungen rund um das Problem	Wie tanzen die Beteiligten um das Problem herum? Wie reagieren andere? Welche Erklärungen geben sie bisher für das Problem? Welche Bedeutung hat dieses Problem für die Beziehung der Betroffenen zueinander?
Zeitperspektiven	In welchem Zeitraum kann das Ziel nach Auffassung der Beteiligten erreicht werden?

Abb. 21: Fragen zur Möglichkeitskonstruktion

Ausnahmen von Problemen	Wie oft und wann ist das Problem nicht aufgetreten? Auf welche Weise bzw. mit welchem Tun haben Sie erreichen können, dass das Problem nicht aufgetreten ist?
Ressourcen	Was machen Sie gern, was möchten Sie in Ihrem Leben gerne bewahren?
Wunderfrage	Wenn Ihr Problem plötzlich nicht mehr da wäre, wer würde sich am meisten freuen? Würden Sie dann etwas vermissen?
Verschlimmerungsfragen	Was müssten Sie tun, um Ihr Problem für immer zu behalten? Wer könnte sie darin unterstützen"?
Nutzen, wenn man das Problem behält	Was wäre schlechter, wenn Sie das Problem nicht mehr hätten?
Zukunfts-Zeit-Pläne	Wie lange wollen oder müssen Sie mit diesem Problem noch leben?
bewusster Rückfall	Wie könnten Sie nach Überwindung Ihres Problems dieses noch einmal „zurückholen"?
Als-ob-Fragen	Würden ihre Freunde bemerken, wenn Sie nur so täten, als wäre Ihr Problem zurückgekehrt?

Neben diesen beiden zentralen Formen zirkulären Fragens finden sich weitere, die bei der **Herstellung und Verdeutlichung von Unterschieden** hilfreich sein können:

- **Klassifikationsfragen** verdeutlichen Unterschiede in Sichtweisen und Beziehungen, indem sie diese in eine Rangfolge bringen: Wer ist am [erfolgreichsten] ..., wer ist am wenigsten [erfolgreich] ...? Wen schätzt X am meisten, wen am wenigsten?
- **Prozentfragen** laden dazu ein, Ideen, Überzeugungen, Auffassungen genauer zu differenzieren; sie verdeutlichen Ambivalenzen, d. h. widersprüchliche Bestrebungen in Einzelnen und in sozialen Systemen: Zu wie viel Prozent halten Sie dies für [richtig, gut] ... und zu wie viel Prozent hingegen für [falsch, schlecht] ...?
- **Übereinstimmungsfragen** eruieren die Zustimmung oder Ablehnung zu vorausgegangenen Antworten, geben Hinweise auf Zusammenschlüsse und ermöglichen so eine eigene Stellungnahme der befragten Personen: Sehen Sie das genauso wie X? Sehen Sie das anders als Y?
- **Subsystemvergleiche** sind Einladungen an einen Dritten, die Intensität verschiedener dyadischer oder triadischer Beziehungen miteinander zu vergleichen. Sie vermitteln, dass Unterschiede und Veränderungen akzeptierbar und selbstverständlich sind, und eröffnen so die Möglichkeit, Tabuthemen anzuschneiden, Hinweise, Hypothesen, Spekulationen, Vermutungen und Intuitionen zu äußern, die sofort in Fragen übersetzt werden: Wie sehen Sie das als [Bruder, Tochter]: Hat X eine engere Beziehung zu Y oder zu Z? Wie sehen Sie das als [Vater, Enkel]: Sympathisiert X eher mit Y oder mit Z?

3.3 Systemische Therapie mit Jugendlichen

Systemische Therapie in der Praxis: das Beispiel Magersucht

Nachweislich **kann systemische Therapie vielen magersüchtigen Mädchen und jungen Frauen helfen**, dieses psychosomatische Leiden zu überwinden. Im Rahmen einer solchen Therapie wird Magersucht nicht allein als Ausdruck aktiven Handelns der Betroffenen begriffen, sondern immer auch im Kontext des Systems Familie betrachtet. Dabei lässt sich zeigen, dass bestimmte familiäre Strukturen oder Wertesysteme die Entstehung von Magersucht begünstigen können.

So findet sich in „typischen" Magersuchtfamilien ein **auffälliges Bindungsverhalten**, oft wird dieses durch (unbewusste) Verlust- und Trennungsängste von Familienmitgliedern noch verstärkt. Solche Familien sind häufig **zentripetal**, d. h. sie grenzen sich nach außen hin ab. Weiter dominiert in ihnen eine **Leistungsorientierung**, gekoppelt mit **Selbstbeherrschung** und **Gefühlskontrolle**. Kinder sehen sich in solch einem Umfeld früh hohen Erwartungen ausgesetzt und erleben diese als moralisch verpflichtend. Die Eltern treten vielfach selbstlos und opferbereit für das (vermeintliche) Wohl der Familie ein. Sie übernehmen Verantwortung und erwarten von ihren Kindern eine ähnliche Lebenshaltung. Demokratische Partnerschaft findet in solchen Familien kaum statt, auch wenn sachliche Argumente einen hohen Stellenwert haben. Die hierarchischen Verhältnisse in diesen Familien sind häufig ungeklärt. Auseinandersetzungen werden daher in der Regel nur auf indirektem Wege ausgetragen.

Aus systemischer Sicht ist ein **Weg der Individuation in solchen Familien der Weg der Überanpassung:** Durch besondere Leistungen und Selbstdisziplin kann sich ein Kind von allen anderen Familienmitgliedern abgrenzen und so in gewisser Weise seine Individualität zum Ausdruck bringen. Magersucht ist ein mögliches Resultat eines solchen Weges. Sie erfüllt für das betroffene Kind eine **doppelte Funktion:** Es zeigt zum einen **Selbstdisziplin, Stärke und Macht** und findet zum anderen weitreichende **Aufmerksamkeit**. So findet Individuation statt, ohne dass deshalb eine direkte oder gar konfrontative Ablösung vom System erfolgen müsste. Magersucht könnte sogar der Versuch sein, besondere Zuwendung zu erlangen.

Systemische Therapie will Magersucht nicht nur erklären, sondern Auswege daraus aufzeigen. Innerhalb einer **Familientherapie** wird davon ausgegangen, dass diese **Sucht im System der Familie entstanden** ist und insofern nur durch Veränderungen in diesem System überwunden werden kann. Aufgrund dessen nimmt ein systemischer Therapeut bei Magersucht die Veränderungen innerhalb einer Familie im Prozess und in der Folge der Krankheit besonders in den Blick. Wie verändert diese Sucht die Beziehungen in der Familie?

Die systemische Therapie fragt nach Beziehungen, Werten und den Funktionen von Werten in der Familie, ermutigt zu Auseinandersetzungen und insbesondere zu Abgrenzungen: Hat das Aufkommen Ihrer Krankheit das Verhalten von Y Ihnen gegenüber verändert? Fühlen Sie sich durch die Erwartungen Ihrer Eltern eingeengt und unter Druck gesetzt? Können Sie negativen Gefühlen gegenüber einem Familienmitglied Ausdruck verleihen? Welche Gefühle entstehen in Ihnen oder würden entstehen, wenn Sie aus Ihrer Sicht problematische Seiten eines Familienmitglieds offen aussprechen würden?

Fragen werden in einer solchen Therapie aber nicht nur an die magersüchtige Person gestellt, sondern auch an Angehörige: Was wäre, wenn der/die Magersüchtige die Krankheit nicht mehr hätte? Welche Reaktionen gäbe es in der Familie, wenn jemand egoistisch die eigenen Wünsche durchsetzen wollte? Wodurch erfahren die Mitglieder der Familie Glück und Anerkennung?

Wie individuell treten die Familienmitglieder auf? Möglicherweise können die jeweiligen Personen ihre **Positionen in der Familie** mit therapeutischer Hilfe **reflektieren**. Indem die Strukturen in Familien anders werden, können sich auch alle Familienmitglieder – mit Gewinn für sich selbst – verändern.

Das Ziel solcher therapeutischen Schritte ist es, die Magersucht **zumindest teilweise in die Kontrolle des kranken Menschen** zu geben: „Wenn ich dünn bin, will ich erreichen, dass ...!" Gleichzeitig will systemische Therapie neue Möglichkeits- und vielleicht sogar Wirklichkeitskonstruktionen eröffnen. Der magersüchtige Mensch kann im Idealfall eines Therapieverlaufs **lernen, dass er der Magersucht nicht (mehr) bedarf**, sondern seine Beziehungen auf anderem Wege gestalten und seine besondere Individualität anders ausdrücken kann: „Wenn ich xy erreichen will, könnte ich es über diesen Weg versuchen, ich könnte aber auch einen anderen Weg gehen".

Nicht in allen Fällen ist diese Form der Therapie erfolgreich. Etwa bei der Entstehung dieser Krankheit infolge traumatischer Erlebnisse (Missbrauch) sind andere Therapieformen, z. B. tiefenpsychisch orientierte, sicherlich Erfolg versprechender. Oft gelingt es auch nicht, alle Familienmitglieder zur Therapie zu bewegen, insbesondere dann, wenn sie aufgrund des Alters der Kinder ohnehin nicht mehr zusammenleben. Eine systemische Therapie wird meist über einen langen Zeitraum durchgeführt.

Abweichendes Verhalten Jugendlicher aus systemischer Sicht

Helm Stierlin hat die These vertreten, dass eine **„vernachlässigende Ausstoßung"** von Kindern und Jugendlichen in Familien z. B. Delinquenz (Straffälligkeit) oder Gewalttätigkeit bewirken kann. Tatsächlich sind viele Gewalttäter in ihrer Kindheit selbst Opfer gewesen, wobei sich dies als Form von Ausstoßung begreifen lässt. Die Ausstoßung resultiert häufig daraus, dass Kinder aufgrund ihres Verhaltens von den Erwachsenen als Bürde begriffen werden. Wenn man Medienberichten über jugendliche Gewalttäter glauben darf, so bleiben ihre gewaltorientierten Spiele von ihren Eltern meist unbemerkt, was auf wenig Interesse für die Aktivitäten der Kinder hinweist. Solches elterliches Verhalten bleibt nicht ohne fragwürdige Folgen für die Entwicklung und Reifung von Kindern und Jugendlichen.

Für ähnlich problematisch erklärt Stierlin ein Verhalten von Erziehenden, welches er als **verstrickende Bindung** kennzeichnet. Dabei wird ein Kind von Vater und/oder Mutter zu lange im **„Familien-Ghetto"** festgehalten, was seine Individuation behindert. Häufig werden solche Kinder zu früh mit familiären Aufgaben oder Problemen konfrontiert, sodass sie ihre Kindheit kaum mehr unbeschwert erleben können. Dadurch besteht für sie die Gefahr, später von psychosomatischen, psychotischen oder Essstörungen betroffen zu sein.

Stierlin sieht wie auch andere systemische Therapeuten **extreme Erfahrungen** der betroffenen Kinder und Jugendlichen insbesondere in ihren Familien als eine **Hauptursache von Jugendkrisen**. Das System Familie bietet ihnen entweder nicht hinreichend Schutz und Geborgenheit, um sich ohne große Belastungen entwickeln zu können, oder aber es überfordert sie schon von klein auf, sodass ebenfalls keine unbelastete Entwicklung stattfinden kann. **Hilfen** für betroffene Jugendliche müssten insofern aus Veränderungen am System, in dem ihre Krisen entstanden sind, erwachsen.

Darüber hinaus hat von Schlippe Anregungen gegeben, wie Eltern während der Pubertät bei Konflikten konstruktiv mit ihren Kindern umgehen können. Er macht damit deutlich, dass er keineswegs davon ausgeht, dass alle Krisen im Jugendalter auf das System Familie zurückzuführen sind. Eltern sollen bei Provokationen seitens ihrer Kinder nicht in einen **Teufelskreis der Eskalation** einsteigen, also nicht unmittelbar reagieren. Sie sollen dem Kind aber in geeigneten Situationen unmissverständlich zu verstehen geben, dass sie sein Verhalten nicht akzeptieren. Eine Möglichkeit ist ein **elterliches Sit-in:** Die Eltern suchen gemeinsam das Zimmer ihres Kindes auf, setzen sich dort und erklären ihm ruhig und sachlich, dass sie sein Verhalten nicht mehr länger hinnehmen und sein Zimmer erst verlassen, wenn das Kind selbst eine Lösung vorschlägt. Verweigert es eine Antwort, bleiben sie für die Dauer einer vorher miteinander vereinbarten Zeit im Zimmer und warten, sie verlassen es nach Ablauf der Frist mit der Ankündigung, dass sie zu einem späteren Zeitpunkt erneut kommen. Ziel eines solchen Vorgehens ist nach Schlippe keineswegs, im Konflikt mit dem Kind die Oberhand zu behalten, sondern eine Lösung zu finden, in der es am Ende weder Verlierer noch Gewinner gibt.

Das Beispiel Schlippes lässt sich auch auf Stierlins Überlegungen beziehen: Eltern, die sich so verhalten, zeigen Interesse am Kind und stoßen es nicht aus, aber sie verzichten auf Bevormundung und einseitige Vorgaben und gestalten die Bindung damit nicht verstrickend.

Nach systemischer Auffassung sind Jugendkrisen weniger wahrscheinlich, wenn die Heranwachsenden in den „Systemen“, in welchen sie leben, einerseits Rückhalt und Anerkennung erfahren, andererseits aber nicht an ihrer eigenen individuellen Entwicklung, ihrer Individuation, gehindert werden.

3.4 Pädagogische Würdigung des systemischen Denkens im Umgang mit Jugendkrisen

Psychosomatische oder psychotische Störungen einerseits und Devianz (Abweichung), Sucht und Gewaltbereitschaft andererseits sind immer **Folgen von unterschiedlichen Erfahrungen und Bedingungen** und können niemals monokausal erklärt werden. Selbstverständlich lassen sich nicht nur Familien, sondern auch andere Institutionen systemisch betrachten. Sogar die gesamte Gesellschaft kann als großes System unendlich vieler Subsysteme begriffen werden. Fraglich ist allerdings, inwieweit innerhalb einer solchen Perspektive handlungsorientierende Einsichten gewonnen werden können.

Die systemische Sichtweise klärt über Motive für Einstellungen nicht nur in Familien auf. Sie kann deutlich machen, dass das Verhalten für Menschen in Systemen (unbewusst) Funktionen hat, und so Wege eröffnen, Verhaltensalternativen – neue Möglichkeitskonstruktionen – zu entwickeln und ggf. anzuwenden. Damit trägt diese Sichtweise sowohl zur Individuation von (jungen) Menschen als auch zu demokratisch-partnerschaftlichen Beziehungen bei.

Stierlin hält in Familien eine Dynamik für wünschenswert, in der sich Abhängigkeit und Autonomie nicht gegenseitig ausschließen – was schon im Säuglingsalter möglich sein sollte. Seine Zielsetzung ist grundsätzlich sinnvoll, jedoch könnten so fundamentale und für die psychische oder kognitive Entwicklung des Kindes wichtige Prozesse nur unzureichend erfasst werden. Gesellschaftliche Sozialisationsanforderungen bleiben weitgehend unberücksichtigt.

Erik H. Erikson hat im Anschluss an Freud entscheidende Schritte der psychischen Entwicklung von Kindern gerade in ihren ersten Lebensjahren beschrieben und in diesem Kontext die Bedeutung des Verhaltens der Eltern gegenüber dem Kind herausgestellt. So kann ein Kind im ersten Lebensjahr nur dann **Urvertrauen** ausbilden, wenn es **kontinuierlich und verlässlich Fürsorge** seitens der Mutter bzw. der Eltern oder anderer enger Bezugspersonen erfährt. Zugleich müssen dem Kind Erfahrungen zugemutet werden, welche Misstrauen bewirken können, damit es sich schrittweise aus einer möglicherweise zu engen Mutterbindung lösen kann. In der sogenannten analen Phase müssen dem Kind Grenzen gesetzt und ihm gegenüber, Verhaltensweisen für schlecht erklärt werden, ohne dass sein Wille und sein Streben nach Autonomie vollends unterdrückt werden. Nur dann findet nach Erikson eine erste **Gewissensbildung** statt und **lernen Kinder, den eigenen Willen und eigene Bedürfnisse zu unterdrücken** und (später) zu kontrollieren.

Erikson hat dargelegt, dass im Jugendalter alle bisher erworbenen Selbstdefinitionen und Errungenschaften der eigenen Entwicklung in die sich entwickelnde Identität integriert werden müssen. Wenn die Entwicklungsprozesse schon in der frühen Kindheit weithin misslungen sind, steht zu befürchten, dass diese Integrationsaufgabe infolge defizitärer Lebenserfahrungen nicht gelingen kann. Eine **Therapie**, die das aktuelle **Verhalten und Denken innerhalb von Systemen zu erklären versucht, kann den Defiziterfahrungen der früheren Lebensphasen kaum Rechnung tragen**. Urmisstrauen etwa lässt sich nicht über Änderungen in der Beziehungsstruktur einer Familie bewältigen, sondern allenfalls durch das Erleben einer Beziehung zu „konturierten" Persönlichkeiten, welche als verlässliche Partner, die Sicherheit vermitteln, wahrgenommen werden können. Erwachsene, die so von Kindern oder Jugendlichen wahrgenommen werden, müssen gezielt pädagogische Verantwortung übernehmen und ihnen nicht nur im Wechselspiel von Abhängigkeit und Autonomie gerecht werden. Die **pädagogische Verantwortung** darf sich indes nicht nur auf die psychische Gesundheit der zu Erziehenden erstrecken, sondern muss auch dem Gesichtspunkt Rechnung tragen, dass **ein Kind schrittweise auf die Anforderungen des gesellschaftlichen Lebens vorbereitet** werden muss.

G. H. Mead hat mit den Begriffen „I", „Me", „Self", „Play" und „Game" wichtige Aspekte innerhalb des Sozialisationsprozesses beschrieben (S. 56 ff.). Kinder müssen lernen, dass sie nicht immer den impulsiven Wünschen und Bedürfnissen des „I" folgen und sich nicht unabhängig von den Erwartungen ihrer Mitmenschen verhalten können („Me"). Sie müssen somit lernen, ihre Identität („Self") so auszubilden, dass sie die Ansprüche des „I" und „Me" miteinander verbindet. Phasen dieses Sozialisationsprozesses spiegeln sich im „Play" und „Game" wider. Während die jüngeren Kinder im „Play" noch relativ frei miteinander spielen, müssen sie dies im „Game" zunehmend nach vorgegebenen Regeln tun. Innerhalb ihrer Entwicklung müssen sie sich weiter von einer Orientierung am signifikanten Anderen (z. B. Eltern, Großeltern) lösen und eine Orientierung am verallgemeinerten Anderen zu realisieren lernen – sich also an Vertretern von Rollen orientieren und sich so von einer Orientierung an einzelnen Individuen frei machen.

Dieser **Gesichtspunkt der gesellschaftlichen Sozialisation wird innerhalb einer familiensystemischen Sichtweise nicht berücksichtigt**. Aber auch das Nichterfüllen gesellschaftlicher sozialisatorischer Anforderungen kann zu Jugendkrisen führen. Dies ist z. B. dann zu erwarten, wenn es nicht gelingt, den Jugendlichen die Bedeutung der Anforderungen des Schulunterrichts für ihren weiteren Lebensweg vor Augen zu führen. In diesem Kontext gilt es zu erörtern, ob Jugendkrisen nicht manchmal unvermeidbares Resultat fragwürdiger sozialer oder gesellschaftlicher Verhältnisse sind.

Sicherlich lassen sich die zahlreichen Beziehungen, die letztlich das Leben nahezu aller Menschen prägen, systemisch erfassen und beschreiben. Allerdings führt **systemisches Denken noch nicht zu pädagogischen Bewertungsmaßstäben**. Ob beispielsweise die von Stierlin geforderte **Individuation** des Menschen einfach auf den Begriff der **Mündigkeit** oder **Autonomie** bezogen werden kann, muss kritisch hinterfragt werden. Systemisches Denken kann die eigene Perspektive nicht überschreiten. Insofern lassen sich pädagogische Fragen und Aufgaben innerhalb einer systemischen Perspektive immer nur begrenzt erfassen.

Dessen ungeachtet kann systemisches Denken zweifellos hilfreich sein, um Konflikte und Krisen Jugendlicher besser zu verstehen und Wege zu eröffnen, diese zu bewältigen. Systemische Konzepte erinnern Pädagoginnen und Pädagogen daran, dass sie sich fragen müssen, wie sie Kindern und Jugendlichen gerecht werden können, ohne sie – gerade in Zeiten der Krise – zu überfordern.

gabe 32 Erläutern Sie, warum die systemische Therapie für Magersüchtige besondere Bedeutung erlangen konnte.

gabe 33 Erörtern Sie, ob und inwieweit in pädagogischen Instituten außerhalb der Familie über Ausstoßung und verstrickende Bindung nachgedacht werden sollte.

Normen und Ziele in der Erziehung

1 Deutung von Kindheit in der Geschichte: Ariès, de Mause, Postman

Zweifellos gibt es Kinder, seit es Menschen gibt. Aber seit wann wird **„Kindheit" als besondere Lebensphase** wahrgenommen bzw. reflektiert?

Pieter Brueghel d. Ä. (1525/30–1569) malte spielende Menschen, und zwar nicht nur Kinder, sondern vielfach auch Erwachsene. Deren Spiele sind typische Kinderspiele. Offenbar unterschieden sich Kinder und Erwachsene zur Zeit des Malers (noch) nicht in ihren Spielweisen.

Abb. 22: Pieter Brueghel: Kinderspiele

Dass die Kindheit als besondere Lebensphase angesehen wird, ist ein historisch später Schritt. **Philippe Ariès** und **Lloyd de Mause** entwickelten umfassende Theorien zur Geschichte der Kindheit, die weltweit Berücksichtigung fanden und heute als **klassische Theorien zur Kindheit** gelten.

Mit der Entdeckung der Kindheit machten sich Menschen die Möglichkeit eines gezielten Einwirkens auf Kinder bewusst. Die Herausbildung der Pädagogik und das Sichbewusstmachen von Kindheit sind folglich nicht voneinander zu trennen. Eine **Reflexion der Kindheitsgeschichte** ist immer auch ein kritisches Nachdenken über die Bedeutung von pädagogischem Handeln im Wandel der Zeit.

1.1 Philippe Ariès: Historische Kindheit kein Fortschritt für Kinder

Philippe Ariès (1914–1984) war Historiker und Mediävist (Mittelalterforscher) und beschäftigte sich insbesondere mit der Geschichte der Familie und der Kindheit. Sein Buch zur Geschichte der Kindheit, das er 1960 unter dem Titel „Das Kind und das Familienleben unter dem Ancien Régime" veröffentlichte, machte ihn weltberühmt.

Ariès sieht in der historischen Herausbildung der Kindheit als eigener Lebensphase keineswegs nur Vorteile für Kinder. Er konstatiert, dass Kindheit lange nur als frühestes Kindesalter existierte, eine Zeit der Jugend gab es nicht; schon in sehr jungen Jahren wurden Mädchen und Jungen kaum mehr als „Kinder" wahrgenommen. Dies bedeutet aber nach Ariès nicht zwingend, dass sie vernachlässigt, verlassen oder verachtet wurden.

Die Sozialisation des Nachwuchses wurde nicht bewusst geplant und organisiert. Das älter werdende Kind lernte in einer Art Lehrverhältnis innerhalb und außerhalb der Familie, indem es den Eltern bei bestimmten Tätigkeiten half **(Lernen durch Nachahmung)**.

Eine besondere Rücksichtnahme auf Kinder fand nicht statt. Im Mittelalter wurden sie zur Belustigung „gebraucht" (Haustiercharakter) und gehätschelt, weil man sie als „niedlich" oder „drollig" erlebte, und nicht, um sich an ihren Bedürfnissen zu orientieren. Auch wurde der Tod von Kindern relativ mitleidlos hingenommen, verstorbene Kinder wurden als ersetzbar betrachtet und meist ohne große Trauer beerdigt. Dies erklärt Ariès damit, dass sehr viele Menschen nur eine geringe Lebenserwartung hatten, der Tod von Säuglingen und Kleinkindern also nicht ungewöhnlich war.

Ariès fand heraus, dass Liebe zwischen Ehepartnern bzw. zwischen Eltern und Kindern keine Voraussetzung für die Existenz sowie das Gleichgewicht der

Familie war. **Ehe und Familie** wurden als **Nutzgemeinschaften** (Erhaltung des Besitzes, Ausübung des Berufs, Verteidigung bei Angriffen) betrachtet, für welche Liebe und Zuwendung keine notwendigen Bedingungen waren.

Das Leben der Menschen im Mittelalter fand weniger in der Zurückgezogenheit der Familie statt, als in einem, wie Ariès schreibt, „dichten und warmen" Milieu (Nachbarn, Freunde etc.), in welchem ein ungezwungenes Ausleben von Neigungen möglich war. Grundsätzlich galt das zunächst für alle Stände. Kinder traten früh in dieses Milieu ein und konnten aktiv daran teilnehmen. Auf diese Weise erlebten sie gemeinsam mit Erwachsenen Spiel, Arbeit, aber auch das Ausleben von Trieben wie Sexualität und Aggressivität. In oberen Ständen mussten Kinder dann allerdings mit zunehmenden Alter bestimmte Lern- und Verhaltensanforderungen erfüllen.

Das Ende des 19. Jahrhunderts sieht Ariès als Endpunkt einer Entwicklung an, in der das Kind nach und nach aus der Erwachsenenwelt herausgerissen wurde. Seit dem 16. Jahrhundert hätten (religiöse) Moralisten begonnen, gemeinsam mit „wissenschaftlich" orientierten Reformern die Kinder bewusst für bestimmte Zwecke zu erziehen und so die freie Entfaltung ihrer Triebe und Bedürfnisse radikal zu unterdrücken. Immer mehr sei die **Schule an die Stelle des Lehrverhältnisses** getreten und habe Lern- und Lebensbedingungen der Kinder massiv verändert. Ariès stellt die Schule als einen Ort der „Quarantäne" dar, an dem Kinder kaserniert, ihre Triebe und Bedürfnisse streng und unter Verwendung roher Strafen kontrolliert wurden. Die zunehmende Verschulung begreift er als einen „langen Prozess der Einsperrung der Kinder" (Scolarisation), in dem sie alle bisherigen Handlungs- und Erfahrungsfreiheiten verloren hätten.

Zugleich hat laut Ariès eine **Änderung des Eltern-Kind-Verhältnisses** stattgefunden: Es entstand eine affektive Beziehung zwischen Eltern und Kindern, die Eltern entwickelten gegenüber ihren Kindern Interesse und Zuwendung. Doch stellte sich diese Liebe primär als besitzergreifend dar, was sich z. B. darin zeigte, dass Eltern auch mit Zuchtruten agierten. Ariès legt eine „Schwarze Pädagogik" schonungslos offen, kritisiert und belegt brutale Erziehungsmethoden und Strafen.

Der Begriff „Schwarze Pädagogik" bringt zum Ausdruck, dass die erzieherischen Maßnahmen unterdrückend, roh und rücksichtslos waren. Tatsächlich finden sich sehr viele Quellen, die brutale und demütigende erzieherische Praktiken insbesondere vom 17. bis 19. Jahrhundert, aber auch noch im 20. Jahrhundert belegen.

Abb. 23: Ein prügelnder Lehrer
Theodor Hosemann (1807–1875):

Abb. 24: Der faule Schüler auf dem Esel
Johann Jakob Mettenleiter (1750–1825)

Nach Ariès entstand also die Intimität des (familiären) Privatlebens auf Kosten des Zusammenbruchs eines bis dahin „dichten und warmen" Nachbarschaftsverhältnisses. Zunehmend wurden Entfaltungsmöglichkeiten der Menschen auf die Räume Beruf und Familie begrenzt. Sowohl in Schulen und später im Berufsleben als auch in den Familien mussten sich Kinder ebenso wie Erwachsene – vielfach strengen – Regeln und Normen unterwerfen. Dieser Prozess, so Ariès, fand lange vornehmlich im aufkommenden Bürgertum statt, während in den unteren Gesellschaftsschichten weiterhin „freiere" Lebens- und Verhaltensformen praktiziert wurden.

Für Philippe Ariès bleibt die **Herausbildung von Kindheit ein ambivalenter Prozess**. Gerade durch die Einführung von Schulen und das Aufkommen der Pädagogik wurden Kinder vieler Handlungsfreiheiten beraubt und in Zwangsinstitutionen unterdrückt. Daher fasst **Ariès** die historische Entstehung der Kindheit **nicht als Fortschritt** für die Kinder auf.

1.2 Lloyd de Mause: Historische Kindheit als Albtraum

Lloyd de Mause (geb. 1931) ist ein amerikanischer Psychologe und Psychoanalytiker, der sich insbesondere mit der Entwicklung der menschlichen Psyche in der Geschichte befasst hat. Im Rahmen seiner Forschungen hat er sich auch intensiv mit unterschiedlichen Erziehungspraktiken im Laufe der Jahrhunderte auseinandergesetzt. Nach **de Mause** ist die **Geschichte der Kindheit** ein „**Albtraum**, aus dem wir gerade erst erwachen". Im Gegensatz zu Ariès hält er das Leben der Kinder bis in die Neuzeit hinein für problematisch oder sogar tragisch. Er konstatiert, dass noch bis ins 18. Jahrhundert Kindesmord vorkam und nicht selten weder Sanktionen noch Kritik nach sich zog. Kinder wurden vielfach ausgesetzt; in überfüllten Findelheimen wurden sie notdürftig mit Essen und Kleidung versorgt. Gerade Mütter der oberen Schichten gaben ihre Kinder kurz nach der Geburt an Ammen, die sie in den ersten Lebensjahren aufziehen sollten. Erst Jahre später nahmen sie die Kinder wieder zu sich. Die Ammen aber ließen den Kindern kaum Fürsorge angedeihen und versorgten sie nur unzureichend. Sogar im Fall von Krankheiten umsorgten sie die Betroffenen kaum. Die Folge war, dass viele dieser Kinder ihre ersten Lebensjahre nicht überlebten.

Irrationale Ängste vor vermeintlich „bösen" Neigungen oder „bösem" Tun der Kinder führten zu fragwürdigen Praktiken im Umgang mit kleinen Kindern, wie z. B. dem Verbrennen von Körperteilen zum vermeintlichen Schutz vor Krankheiten. Rücksichtslos verstümmelten Erwachsene ihre Kinder gezielt, um sie zum Betteln einsetzen zu können. **Kinder** wurden vielfach nur als **Objekte** betrachtet, die verschiedenen Zwecken dienten.

Eine **Erziehung zur Reinlichkeit** fand bei Kleinkindern nicht statt; dennoch griff man teilweise zu drakonischen Strafen (z. B. Auspeitschen), wenn ein Kind sich unrein verhielt (z. B. in die Ecke machte). Kinder wurden häufig massiv geschlagen, auch in den Schulen. Nachdem dies im 19. Jahrhundert zunehmend in die Kritik geraten war, lösten in der Schule Strafen wie das Einsperren in dunkle Räume die körperliche Züchtigung ab. Faktisch wurden Schülerinnen und Schüler in den Schulen Europas noch bis Mitte des 20. Jahrhunderts regelmäßig geschlagen. Nur sehr langsam und schrittweise lernten die Erwachsenen, sich in Kinder einzufühlen und ihre Bedürfnisse zu berücksichtigen. Erst nach und nach wurden sie als eigenständige Wesen geachtet.

De Mause unterteilt die Geschichte der Kindheit in insgesamt **sechs Phasen:**

1. **Kindesmord** (Antike – 4. Jh.), auch sexueller Missbrauch von Kindern
2. **Weggabe** (4.–13. Jh.): Anerkennen einer kindlichen (unsterblichen) Seele und damit Anerkennung als „Mensch"; Weggabe schützt Eltern davor, Kinder zu misshandeln, aber befreit sie auch von der Verantwortung für ihre Kinder; nach wie vor Ängste vor dem „Bösen" des Kindes

3. **Ambivalenz** (14.–17. Jh.): Eltern übernehmen Verantwortung für das Kind. Aufgrund ihrer Angst vor seinem Bösen bedienen sie sich aber z. T. rigider Methoden der Formung. Emotionale Beziehungen entstehen, auch erzieherische Anleitungen werden in Zeitschriften und Büchern veröffentlicht, zugleich bleiben Strenge und Strafen bedeutende Bestandteile der Eltern-Kind-Beziehung
4. **Intrusion** (18. Jh.): Fürsorge in der Familie; Entstehung der Kinderheilkunde (Rückgang der Kindersterblichkeit); weniger Schlagen, stattdessen Drohen und Erzeugen von Schuldgefühlen als Erziehungsmethoden
5. **Sozialisation** (19.–Mitte des 20. Jhs.): Ausbildung, Anpassung, Sozialisation statt Unterwerfung des Kindes; Väter übernehmen erzieherische Verantwortung.
6. **Unterstützung** (ab Mitte des 20. Jhs.): Eltern fühlen sich in kindliche Bedürfnisse ein und erfüllen sie; keine Formung und Disziplinierung mehr, Fördern der sich entwickelnden Interessen; allerdings nur langsames und schrittweises Durchsetzen dieser Form der Eltern-Kind-Beziehung

De Mause selbst hat seine sechs Phasen der „Evolution der Formen der Eltern-Kind-Beziehungen" mit einer Skizze veranschaulicht.

Abb. 25: Die Evolution der Formen der Eltern-Kind-Beziehungen

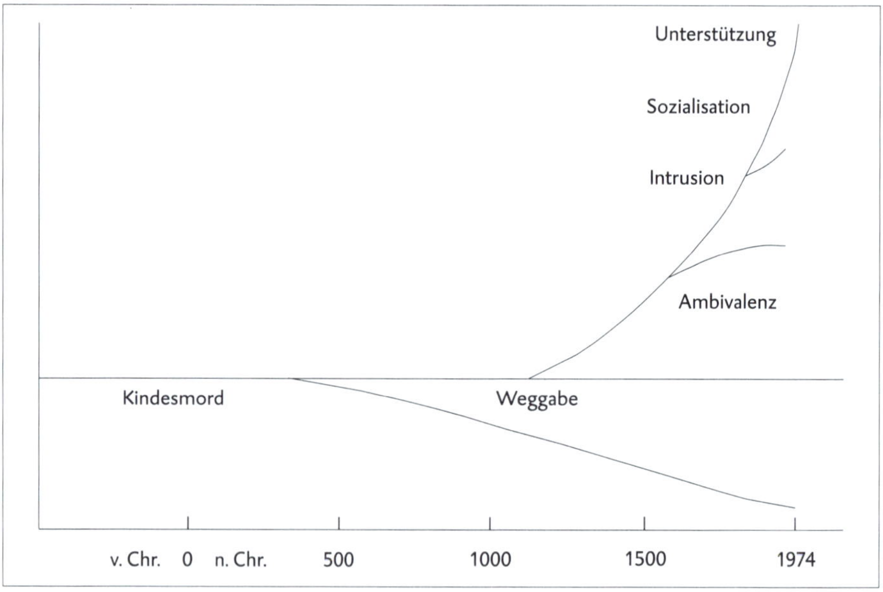

Lloyd de Mause begreift die Geschichte der Kindheit somit als Fortschrittsgeschichte. Er glaubt, dass sich die Bedingungen des Aufwachsens und Lebens von Kindern in den letzten Jahrhunderten, wenn auch nur langsam, so doch kontinuierlich, verbessert haben. Auf der Suche nach **Ursachen** dafür, dass das Leben der Kinder über so viele Jahrhunderte hinweg faktisch ein Albtraum gewesen sei, findet er aus **tiefenpsychologischer Sichtweise** eine Erklärung: Erwachsene benutzten Kinder als **Vehikel für** ihre eigenen **Projektionen** von Inhalten ihres Unbewussten (1.) oder – in **Umkehr** der **Elternrolle** – als **Objekte** zur **eigenen Bedürfnisbefriedigung** (2.):

1. Erwachsene projizieren verbotene Wünsche und Gedanken (etwa im Kontext sexueller Fantasien) oder auch aggressive Impulse auf das Kind, das so für schlecht erklärt und (hart) bestraft werden kann. Unbewusst büßen Erwachsene so für ihre Fantasien und Wünsche, die sie nicht zulassen können. Sie übertragen diese auf die Kinder, die sie stellvertretend bestrafen.
2. Das Kind wird als „Ersatz“ der eigenen Eltern, welche die jetzigen Eltern des Kindes in deren eigener Kindheit schlecht behandelt haben, gesehen: Sie erwarten Zuneigung vom Kind anstatt ihm Zuneigung zu geben. Kann es diese – unbewusste – Erwartung nicht erfüllen, beispielsweise indem das Kleinkind schreit, wird es z. B. geschlagen.

Dem Kind wird noch kein eigener Wert zuerkannt, und deshalb muss es auch nicht gut behandelt werden. Erst wenn die Erwachsenen die Fähigkeit der Empathie ausbilden, kann sich das Drama der Kinder wenden.

1.3 Kritischer Vergleich der Theorien von Ariès und de Mause

Beim Vergleich fällt auf, dass sich Ariès und de Mause teilweise auf identische Quellen stützen, aber die **Entwicklung der Kindheit unterschiedlich bewerten**. Insofern können ihre Arbeiten belegen, wie sehr eigene Vorstellungen vermeintlich sachliche Resultate beeinflussen. Deshalb müssen auch wissenschaftliche Texte stets kritisch gelesen werden.

Ariès verschweigt weder die Gleichgültigkeit gegenüber Kindern im Mittelalter noch, dass Kinder Opfer roher Umgangsformen waren. Er sieht die Kinder aber auch nicht als Objekte fragwürdiger Projektionen der Erwachsenen und stellt ihre Handlungsfreiheiten im Alltag positiv heraus. Die weitreichende Brutalität Erwachsener gegenüber Kindern, wie de Mause sie offenlegt, berücksichtigt er kaum. Ebenso wenig problematisiert er, dass mangelhafte Empathie der Erwachsenen Kinder leicht zu Objekten fragwürdiger Umgangsformen machte.

Schulen begreift Ariès als Orte von Kasernierung und Unterdrückung; dass aber gerade dort – wenn auch nur schrittweise – Formen roher Gewalt zurückgenommen wurden, reflektiert er nur wenig. De Mause stellt fest, dass Kinder in Schulen weniger geschlagen wurden, kritisiert aber die stattdessen eingeführten erzieherischen Mittel wie Drohungen oder das Erzeugen von Schuldgefühlen.

Ariès und de Mause lassen in diesem Kontext die **gesellschaftliche Funktion von Schule** außer Acht. Sie berücksichtigen nicht, dass Schule als staatliche Regelschule im 18. und 19. Jahrhundert notwendig wird, weil über Nachahmen nicht mehr hinreichend gelernt werden kann, die Anforderungen des gesellschaftlichen Alltagslebens zu bewältigen. Beide gehen zu wenig darauf ein, dass Schulen damit unverzichtbar werden und in diesen ohne Disziplin keine Lernprozesse organisiert werden können. Dessen ungeachtet ist ihre Kritik daran, dass in den neu entstehenden und sich ausbreitenden Schulen des 17., 18. und auch noch des 19. Jahrhunderts auf kindliche Bedürfnisse und Interessen eher wenig Rücksicht genommen wurde, gerechtfertigt.

Sicherlich bleibt **de Mauses** tiefenpsychologisch orientierte Erklärung des über Jahrhunderte wenig rücksichtsvollen Verhaltens Erwachsener gegenüber Kindern einseitig: Die hohe Kindersterblichkeit war nicht primär Resultat fragwürdiger Projektionen der Erwachsenen, sondern vielmehr die Folge mangelhafter biologischer und medizinischer Kenntnisse.

Empathie wiederum lernen Menschen nur innerhalb eines komplexen gesellschaftlichen Prozesses (Arbeitsteilung, Gewinn von Zeit für das Privatleben, Institutionalisierung der Familie als intimer Lebensraum, Bildung durch Lesen und so Gewinnen der Fähigkeit, das eigene Tun und die eigenen Beziehungen – in gewisser Selbstdistanz – zu reflektieren). De Mauses Sichtweise bleibt einseitig psychoanalytisch verkürzt, da er zu wenig die jeweiligen historisch-gesellschaftlichen Lebensbedingungen in seine Überlegungen miteinbezieht. Ebenso reflektiert er zu wenig die Wechselwirkung zwischen sozialen Erfahrungen und der Ausbildung psychischer Strukturen.

Ariès sieht die menschliche Sozialgeschichte primär unter dem Gesichtspunkt, dass zunehmendes Rationalitäts- und Zweckdenken alle Möglichkeiten für spontanes und freies menschliches Tun zerstört haben. Von dieser Entwicklung stark betroffen waren gerade Kinder, deren natürliche Impulse dadurch konsequent unterdrückt wurden und bis heute werden. Er nimmt aber die vielen Fortschritte – auch für das Alltagsleben von Kindern – zu wenig in den Blick.

Ob die Geschichte der Kindheit als Fortschrittsgeschichte bezeichnet werden kann, ist letztlich nicht eindeutig zu beantworten. Sicherlich haben mit dem Fortgang der menschlichen Zivilisationsgeschichte die **Möglichkeiten** der Menschen und somit auch der Kinder **nachgelassen**, ihre **Bedürfnisse und Triebe ausleben zu können**. Dies lässt sich als Einschränkung der menschlichen Freiheit deuten. Umgekehrt konnten infolgedessen rohe und rücksichtslose Umgangsformen massiv abgebaut werden und konnte sich zunehmend die Fähigkeit der Empathie entwickeln. Nicht zuletzt konnten Kinder weitreichend vor Missbrauch geschützt werden.

Pädagogisches Denken und Handeln, das sich im Kontext der Anerkennung von Kindheit als eigene Lebensphase mit ausbildete, zielt – trotz aller Fehlformen, die im Laufe des Entwicklungsprozesses auftraten – auf die Förderung des Kindes ab. So sollen Schulen aus pädagogischer Sicht kein Ort der Kasernierung, sondern ein Schonraum sein, in dem Kinder vor fragwürdigen Einflussnahmen und Gefahren bewahrt werden können. Schließlich sollen schulische und vorschulische Einrichtungen dafür Sorge tragen, dass Kinder schrittweise und altersgemäß an die Anforderungen und Aufgaben des gesellschaftlichen Lebens herangeführt werden.

Die Kennzeichnung der Kindheit als eigenständige Lebensphase ist aus pädagogischer Sicht höchst bedeutsam. Jedoch kann heute nicht mehr ausgeschlossen werden, dass diese in der (Post-)Moderne ihren hohen Stellenwert verliert.

1.4 Neil Postman: Das Verschwinden der Kindheit im 21. Jh.

Neil Postman (1931–2003) war Professor für Kommunikationswissenschaft und Medien-Ökologie. Seine Bücher, in denen er sich sehr kritisch mit modernen Medien auseinandersetzt, machten ihn weltweit bekannt. Mit dem Buch „Wir amüsieren uns zu Tode“ (1985) legt er viele fragwürdige Folgen des Fernsehkonsums offen. In seinem Buch „Das Verschwinden der Kindheit“ (1983) erläutert er, wie Kommunikationsmedien massiven Einfluss auf intergenerationelle Umgangsformen nehmen.

Postman erläutert, dass die Betrachtung von Kindheit als eigene Lebensphase eine historisch späte Entwicklung ist. Damit stimmt er grundsätzlich mit Ariès und de Mause überein. Jedoch bewertet er diesen Prozess radikal anders. Er sieht vor allem eine **Entwicklung**, in der **Kinder zunehmend** vor Einflüssen, die ihnen schaden, **geschützt** werden. Als **primäre Ursache** dieser (positiven) Entwicklung betrachtet er die **Entstehung der Buchkultur**. Die Fähigkeit des Lesens trennt Erwachsene zunächst von Kindern. Lesen kann man nicht einfach im Alltag lernen, sondern muss z. B. durch die Schule gezielt vermittelt werden.

Zunehmend hat seiner Meinung nach eine Entwicklung stattgefunden, die Erwachsene und Kinder mehr und mehr voneinander trennte. Letztlich **entstand Kindheit, indem Erwachsene erwachsen wurden** und sich so immer mehr von Kindern unterschieden. Bis zu dieser Entwicklung unterschieden sich Erwachsene in ihrem Denken und Fühlen noch wenig von Kindern. Das Erwachsenwerden der Erwachsenen hat sie dazu befähigt, die Bedürfnisse, Fähigkeiten und Entwicklungsmöglichkeiten der Kinder besonders wahrzunehmen. Damit ist laut Postman nach und nach das Fundament für eine (pädagogische) Förderung der Heranwachsenden entstanden. **Insbesondere das Buch** bzw. die Schriftsprache **ließ Erwachsene reifen**, denn so konnten sie ihre Wahrnehmungen und Reflexionsmöglichkeiten **differenzieren und verfeinern**. Sie konnten weiter Distanz, auch Selbstdistanz, lernen und sich so in ihren Urteilen – auch über Kinder – von unmittelbaren Gefühlen und Bedürfnissen frei machen.

Es ist positiv, wenn Erwachsene Kinder schrittweise in die Welt einführen und prüfen, welche Schritte der Entwicklung und des Lernens wann sinnvoll für das Kind sind. Dieses wird so neugierig auf das Leben und zum Lernen motiviert. Gleichzeitig wird es vor fragwürdigen Erfahrungen und Anforderungen geschützt. Auf dieser Basis kann ein Kind sinnvoll – psychisch, physisch, kognitiv, sozial – reifen und sich entwickeln.

Außerdem lernen Kinder auf diese Weise Respekt vor der Autorität der Erwachsenen, die sie schrittweise in die Welt einführen. Die Erwachsenen werden von den Kindern bewundert, weil sie mehr wissen und die Fragen, welche Kinder im Laufe des Älterwerdens entwickeln und ihnen stellen, meistens beantworten können. Für Postman besteht ein bedeutender Fortschritt der Menschheitsgeschichte auch darin, dass Erwachsene die Fragen von Kindern altersgerecht beantworten und sie so davor schützen, mit Bildern, Wissen oder Erfahrungen konfrontiert zu werden, welche sie noch nicht – zumindest nicht ohne Schaden für ihre Entwicklung – bewältigen können.

Veränderte Kommunikationsprozesse durch den Telegrafen bzw. das Fernsehen

Nach Postman nahm die Welt der technologischen Medien schon mit der Erfindung des Telegrafen ihren Anfang. Denn mit dieser Erfindung begannen sich die Kommunikationsprozesse der Menschen radikal zu verändern. Immer leichter ließen sich immer mehr Informationen in immer kürzerer Zeit übermitteln. Heute sind die Menschen über alles informiert, ohne dass damit gesichert wäre, dass sie auch viel wissen. Denn Informationen müssen verarbeitet werden, um der eigenen Orientierung sinnvoll zu dienen.

Der Fernseher hat die menschlichen Kommunikationsbedingungen noch einmal verändert. Fernsehen muss man im Gegensatz zum Lesen nicht lernen, auch erfordert es, anders als schulisches Lernen, keinerlei Mühe. **„Wir amüsieren uns zu Tode“**, formulierte Postman und befürchtete ein **„Verschwinden der Kindheit“**. Jetzt seien Kinder über alles informiert, wollten überall mitreden und hätten keinen Respekt mehr vor Erwachsenen, weil sie deren Wissen nicht mehr achteten. Kinder sähen heutzutage in frühesten Jahren Bilder, die z. B. Gewalt oder Sexualität zeigten.

Postman fürchtet, dass Kinder **kognitiv wie affektiv überfordert** aufwachsen, ohne dies selbst zu merken. Sie wollen über Themen sprechen, die sie nicht verstehen, jedenfalls nicht differenziert begreifen können. Außerdem beginnen sie bald, selbst entsprechende Handlungen zu realisieren, ohne sich deren Bedeutung für sich selbst sowie für ihre Mitmenschen tatsächlich bewusst machen zu können. Kinder und Jugendliche bleiben auf diese Weise ungebildet und entwickeln nicht die Fähigkeit zu systematischem Denken.

Der Medienwissenschaftler und -kritiker spricht sich in diesem Kontext sogar gegen vermeintlich pädagogisch konzipierte Fernsehsendungen aus. So hält er die „Sesamstraße“ für schädlich, weil sie Kindern kontinuierlich suggeriert, dass Lernen Spaß machen muss. Lesen ist jedoch ohne Mühe und Anstrengung nicht zu lernen. Häufig wollen Kinder und Jugendliche in der Schule bei allen Themen mitreden und dazu Stellung beziehen, ohne bereit zu sein, sich einen Inhalt umfassend und differenziert anzueignen.

Kritische Würdigung der Überlegungen Postmans

Postmans Kritik ist zweifellos ernst zu nehmen. Allerdings können eine **gezielte Erziehung und Kontrolle von Kindern die befürchteten Folgen weitreichend reduzieren**. Zudem bieten die Neuen Medien auch viele positive Möglichkeiten. Richtig ist, dass das Internet die Zahl der potenziellen Gefährdungen für Kinder und Jugendliche noch erhöht hat, indem diese Zugang zu Bildern und Themen erlangen, denen sie kaum gewachsen sein können.

Nicht zu unterschätzen ist, dass viele Heranwachsende ohne Spaß nicht lernen wollen. Die neuere Gehirnforschung hat nachgewiesen, dass ein Lernen, das kontinuierlich Spaß bereitet, nicht möglich sein kann und ein entsprechender Wunsch nicht nur das Lernen verhindert, sondern sogar das eigene Lustempfinden – nicht nur beim Lernen – langfristig verändert. Insofern sind Postmans Warnungen gerechtfertigt.

Die **Stufen der Entwicklung** junger Menschen **haben sich nicht fundamental verändert.** Auch gegenwärtig denken Fünfjährige noch weithin egozentrisch oder zeigen Kinder ab einem bestimmten Alter „Werksinn“, wenn sie dazu Gelegenheit erhalten. Bestimmte typisch kindliche Eigenschaften bleiben zweifellos auch in Zukunft bestehen. Jedoch besteht die Gefahr, dass einige junge Menschen bestimmte Reifungsschritte nicht mehr oder nur wenig gehen werden. Dann verliert die Kindheit an Bedeutung, weil dadurch, dass die vermeintlich Erwachsenen wieder kindlicher werden, die Differenz zwischen Kindern und Erwachsenen verringert wird. Möglicherweise gilt dies für bestimmte soziale Schichten mehr als für andere.

Dementsprechend ist pädagogische Aufklärung gefordert, und pädagogische Begleitung von Kindern und Jugendlichen gewinnt vielleicht wieder mehr an Bedeutung. Es stellt sich abschließend die Frage, ob nicht mehr Lebensräume zur Verfügung stehen müssten, wo Kinder noch attraktive eigene Erfahrungen jenseits der medialen Welt machen können.

1.5 Pädagogische Überlegungen zur Bedeutung von Kindheit heute

Aus pädagogischer Sicht ist Kindheit als wertvoll und sinnvoll anzusehen. Insofern ist eine Verteidigung dieser Lebensphase wünschenswert, was nicht ausschließt, dass fragwürdige Umgangsformen Erwachsener mit Kindern immer wieder kritisch beleuchtet werden müssen. Pädagogisch ist zu fragen, wie Kindheit gegen weitreichende multimediale Einflüsse bzw. allgemein als Schutzraum vor der Erwachsenenwelt verteidigt werden kann.

Die Forderung, den **Zugang der Kinder zur multimedialen und virtuellen Welt** zu **begrenzen**, ist eine Möglichkeit. Indem Heranwachsende nur schrittweise und begleitet von den Eltern mit den vielfältigen Angeboten bekannt gemacht werden, lässt sich die Gefahr minimieren, dass sie zu früh überfordert werden. Häufiges Fernsehen in jungen Jahren beispielsweise nimmt großen Einfluss auf die Entwicklung des Gehirns und hat dauerhafte und irreparable Folgen für das Denkvermögen.

Darüber hinaus muss nach **Alternativen** außerhalb der medialen und virtuellen Welt gefragt werden. Projekte wie „Waldkindergärten“ oder Kindergärten ohne vorgefertigtes Spielzeug dokumentieren entsprechende Versuche. Wichtig ist zudem, dass Kinder Lebensräume vorfinden, in welchen sie real experimentieren, agieren, produzieren können. Diese Überlegung muss bereits bei der Stadtplanung berücksichtigt werden.

Die Bedeutung des Lesens (Vorlesens) und Schreibens muss allen Erziehenden wieder mehr bewusst gemacht werden. Gerade vorschulische Einrichtungen spielen hier eine große Rolle.

Das Bild des Kindes hat sich im Laufe der Geschichte verändert. **Kindliche Bedürfnisse und Wünsche** werden heute **ernst genommen**, kindliche Entwicklungsmöglichkeiten werden **registriert** und **gefördert**. Eine Erziehung, die primär Disziplinierung und Unterordnung anstrebt oder mit Mitteln des Drohens und Strafens agiert, findet in weiten Kreisen der Bevölkerung immer seltener statt. Folglich würden de Mause und Ariès vermutlich gerade in den letzten Jahrzehnten positive Entwicklungen ausmachen.

Zugleich aber sind Formen von Vernachlässigung in allen sozialen Schichten zu beobachten. Möglicherweise nimmt die Empathiefähigkeit von Erwachsenen – auch und gerade in Bezug auf Kinder – in der Gegenwart ab. Diese Beobachtung jedenfalls machen Lehrerinnen und Lehrer. Daraus ergibt sich das Postulat eines besonderen sozialpädagogischen Engagements für Familien. Diese müssen aufgeklärt, gefördert und gefordert werden, der besonderen **Verantwortung** für ihre Kinder nachzukommen. Kindheit ist grundsätzlich keine fest verankerte Phase, die sich geschichtlich endgültig durchgesetzt hätte. Kindheit muss pädagogisch wie politisch verteidigt werden.

fgabe 34 Nehmen Sie Stellung zu der Frage, ob das Leben der Kinder in den vergangenen Jahrhunderten problematischer war als es in der jüngeren Vergangenheit und Gegenwart ist.

fgabe 35 Erörtern Sie aus pädagogischer Perspektive die Bedeutung von Kindheit.

2 Ansatz und Praxis der Montessoripädagogik

Maria Montessori (1870–1952) war die erste Frau Italiens, die Medizin studierte. Im Rahmen ihres Studiums widmete sie sich besonders psychiatrischen Fragen und interessierte sich bald für Förderungsmöglichkeiten für sog. schwachsinnige Menschen. Sie setzte sich intensiv mit pädagogischen Fragen auseinander und arbeitete an einer Schule für geistig behinderte Kinder. 1907 gründete sie das berühmt gewordene „Kinderhaus" in einem Armenviertel von Rom, wo sie mit großem Erfolg Kinder fördern konnte. 1910 verließ sie dieses Kinderhaus, um mit Publikationen und Fortbildungen für ihren Weg, Kinder zu fördern, zu werben. Die „Montessoripädagogik" fand und findet bis heute viele Anhänger. Maria Montessori lehrte in vielen Ländern der Welt, z. B. lange Zeit in Indien.

2.1 Wie entstand der Ansatz Maria Montessoris?

Die Eltern Maria Montessoris waren gebildete wie auch kritisch denkende Menschen. Ihr Vater hatte studiert, er war höherer Beamter bei der Steuerbehörde, antiklerikal, liberal und patriotisch eingestellt. Ihre Mutter Renilde war belesen und trat für Freiheit und Einheit in Italien ein, engagierte sich auf vielfältige Weise für Benachteiligte und Arme und ließ auch Maria für die Armen stricken. Zudem ermunterte sie ihre Tochter, mit einem buckligen Kind spazieren zu gehen. **Maria Montessori** war also **von jungen Jahren an der Umgang mit Behinderten vertraut**.

Sie besuchte eine technische Oberschule, wo sie präzises Denken und Arbeiten lernte. Anschließend studierte sie Physik, Mathematik und Naturwissenschaften in Rom, danach folgte ein Studium der Medizin. Schon während des Studiums konzentrierte sie sich auf Kinderheilkunde und begann psychiatrische Gesichtspunkte der Medizin besonders in den Blick zu nehmen.

Während der folgenden Arbeit als Ärztin begegneten ihr immer wieder sogenannte schwachsinnige Kinder, was sie tief berührte. Ihr fiel auf, wie wenig diese gefördert wurden. Daraufhin begann sie, Schriften über die Erziehung geistig behinderter Kinder zu lesen. Im Rahmen ihrer Studien entdeckte sie die Schriften der Ärzte **J. M. Gaspard Itard** und **Edouard Séguin** über die Erziehung von Taubstummen und geistig Behinderten. Diese erklärten die **Wissensvermittlung in der Schule für verdummend** und forderten stattdessen eine Achtung der Individualität jedes einzelnen Kindes. Montessori hörte daraufhin an der Universität **Vorlesungen über Pädagogik**, sie las weiter Schriften Rousseaus, Pestalozzis und Fröbels, publizierte den kritischen Beitrag „Soziale Missstände und neue wissenschaftliche Entdeckungen" und hielt Vorlesungen über Hygiene und Anthropologie an Lehrerbildungsanstalten.

Nachdem 1898 unter ihrer Mitwirkung die „Nationale Liga für die Erziehung behinderter Kinder" gegründet worden war, wurde Montessori 1900 Leiterin der „Scuola Magistrale Ortofrenica", an welcher einerseits Lehrerinnen und Lehrer ausgebildet wurden und andererseits behinderte Kinder betreut wurden. Hier konnten die Erziehungsmethoden und Materialien von Itard und Séguin Anwendung finden und weiterentwickelt werden. Während dieser Zeit **beobachtete und protokollierte** Montessori sehr sorgfältig das Verhalten der Kinder. Diese Beobachtungen und Protokolle wurden zum Fundament ihrer pädagogischen Überlegungen.

Nach nur zwei Jahren verließ Montessori aus persönlichen Gründen diese Schule. Sie widmete sich in der Folgezeit erneut wissenschaftlichen Studien, studierte Anthropologie und Erziehungsphilosophie, Hygiene und Experimentalpsychologie. Während dieser Zeit hielt sie Vorlesungen für Studierende der naturwissenschaftlichen und medizinischen Fakultät.

1902 trug sie auf einem Pädagogenkongress in Neapel zum ersten Mal ihre Auffassung, dass Kinder in der Schule **nicht gefördert, sondern „auf niedrigem Niveau" gehalten** würden, öffentlich vor.

Im Rahmen eines Sanierungsprogramms für ein Stadtviertel Roms konnte Montessori Anfang 1907 ein eigenes Kinderhaus **(„Casa di bambini")** einrichten. Im Haus fanden sich **vielfältigste Materialien**, welche Montessori häufig schon mit geistig behinderten Kindern ausprobiert hatte. Die Kinder traten beim Einzug in das Haus zuerst widerwillig und mürrisch auf, zeigten aber bald Interesse an den didaktischen Materialien (während Spielzeug und Zeichenutensilien nur wenig Beachtung fanden). Entscheidend war, dass Montessori es den Kindern **selbst überließ, womit sie sich beschäftigen wollten**, allerdings forderte sie, dass nach der Beschäftigung mit einem Material dieses wieder an den Ort zurückgebracht wurde, von wo es entnommen worden war. Der pädagogische Erfolg im Kinderhaus überraschte Montessori selbst. Zunächst verschüchterte oder umgekehrt wilde Kinder veränderten sich nach nur kurzer Zeit. Sie wurden lernwillig, gesellig, aktiv und zeigten Selbstvertrauen. Weitere solche Kinderhäuser entstanden in Italien.

Die Grundlagen für die Entstehung der Montessoripädagogik sind Montessoris naturwissenschaftlich orientiertes Denken, ihre positive Einstellung gegenüber behinderten Menschen und ihre Bereitschaft, eigene und unkonventionelle Wege zu gehen. Allerdings hatte die Tatsache, dass Montessori die eigene praktische wie wissenschaftliche Arbeit ab 1910 nicht mehr fortführte, die Konsequenz, dass sie ihre eigenen Erfahrungen und Überzeugungen **kaum kritisch und selbstkritisch** reflektierte. Auch beschränkte sie ihr Blickfeld – zumindest öffentlich – auf pädagogische Fragen. Zu politischen Geschehnissen, z. B. in Italien, Deutschland und Spanien in den 1930er- und 1940er-Jahren, bezog sie nie Stellung.

2.2 Grundlagen der Montessoripädagogik

Zunächst ist Montessori Wissenschaftlerin, die sich von Ideen aus der wissenschaftlichen Literatur anregen lässt. Auf dieser Basis macht sie dann **praktische Erfahrungen**, die sie anschließend durch wissenschaftlich orientiertes Nachdenken vertieft. So formuliert sie nicht allein Ideen für den praktischen Umgang mit Kindern in der Schule, sondern entwickelt auch eine **eigene Auffassung von der menschlichen Entwicklung**, die ihr Bild vom Kind prägt.

Montessoris Menschen- und Weltbild

Maria Montessori geht vom „vollkommenen Menschen" aus, welcher eine „einzige universale harmonische Gesellschaft" bilden kann. Die wissenschaftliche Pädagogik muss deshalb die Entwicklungsmöglichkeiten des Kindes erkennen und helfen, diese zur Entfaltung zu bringen. Demzufolge geht die Montessoripädagogik von der Existenz eines **inneren Bauplans** aus, der die Entwicklung des Kindes leitet und **durch Beobachtung erforscht** werden muss. **Ein Kind braucht Umwelteindrücke für seine Entwicklung**, diese werden durch seinen **absorbierenden Geist** und unter **Lenkung der sensiblen Phasen** aufgenommen. Montessori spricht von einem „absorbierenden Geist", weil nach ihrer Auffassung der menschliche Geist vom Beginn des Lebens an darauf ausgerichtet ist, alles in sich aufzunehmen, was er um sich herum findet. Sensible oder auch sensitive Phasen werden die Zeiten im Kindesalter genannt, in denen das Kind eine besondere Sensibilität für den Erwerb bestimmter Fähigkeiten zeigt. Diese müssen darum pädagogisch besonders berücksichtigt werden. Versäumnisse in diesen Phasen wirken sich als schädigende **Deviationen** aus, als Abweichungen auf dem Weg zur **Normalisierung**, ihre Folgen können später, wenn überhaupt, nur schwer kompensiert werden.

Findet ein Kind Materialien vor, die es phasengerecht ansprechen, wird es sich von selbst und ausdauernd mit einem Gegenstand bzw. einer Aufgabe beschäftigen. Es lässt sich dann nicht einmal von Geräuschen und Aktivitäten im unmittelbaren Umfeld ablenken. **„Polarisation der Aufmerksamkeit“** nannte Montessori dieses Phänomen. Nicht der Erzieher darf demnach bestimmen, was gut für das Kind ist, sondern dieses kann selbst nach seinen eigenen Bedürfnissen entscheiden: Letztlich baut es selbst seine Seele auf.

Montessoris Vorschläge für eine pädagogische Begleitung von Kindern und Jugendlichen beruhen nicht zuletzt auf ihrer **Einteilung der Entwicklungsphasen des Menschen:**

- Der **psychische Embryo** (1.–3. Lebensjahr) bedarf der „Milch“ und der „Liebe“ als Bedingungen für das Leben. Der Einfluss der Gemeinschaft („Umwelteindrücke“) ist entscheidend für das spätere Leben. In den ersten drei Lebensjahren durchläuft das Kind drei entscheidende Perioden: **Bewegung – Ordnung – Sprache**.
- In der Phase als **sozialer Embryo** (3.–6. Lebensjahr) werden die bisher aufgebauten Funktionen weiterentwickelt. Kinder beginnen, sich als Gruppe zu fühlen und entsprechend zu handeln. Sie sehen sich als eine Gemeinschaft, der sich jedes Kind verbunden fühlt. Maria Montessori betrachtet das Ausreifen der sozialen Entwicklung in dieser Lebensphase als außerordentlich wichtig für die Herausbildung der Persönlichkeit.
- Als **soziale Neugeborene** (6.–12. Lebensjahr) erleben Kinder eine organisierte Gesellschaft, in der sie sich bewusst zusammenschließen. Sie akzeptieren jetzt, dass das Zusammenleben von Gesetzen geprägt ist und Gemeinschaften des Zusammenhalts sowie der Leitung bedürfen.
- Der **soziale Mensch** bildet dann ab dem 12. Lebensjahr Gefühle für die Gesellschaft als Ganzes aus. Für Heranwachsende dieses Alters befürwortet Montessori den Weg des **Self-Help**. Jugendliche sollen schon eigenes Geld verdienen und nützliche Arbeit tun. Sie sollen möglichst auf dem Land leben, sich viel bewegen sowie Arbeit und Studium sinnvoll verbinden können. Dadurch sollen sie keine Bauern werden, sondern Wege zur Naturwissenschaft und Geschichte finden. Diese Idee Montessoris wird in der Rezeption kaum berücksichtigt, obwohl sie daran erinnert, dass die großen, berühmten Colleges und Universitäten nicht in Großstädten sind (z. B. Oxford).

Grundsätze des pädagogischen Ansatzes

Der Imperativ **„Hilf mir, es selbst zu tun!“** formuliert den Grundsatz der Montessoripädagogik. Sie will die Freiheit der Kinder und Jugendlichen anerkennen, ohne deshalb auf pädagogisches Handeln der Erzieher oder Lehrer zu verzichten, das daher ein eher indirektes ist. Die **„vorbereitete Umgebung“** der Kinder muss von Erwachsenen gestaltet werden, und auch die Materialien, welche die Kinder in ihren spezifischen Phasen ansprechen sollen, müssen Erwachsene bereitstellen.

Abb. 26: Freiarbeitsklasse

Nicht zuletzt bleiben sie Ansprechpartner der Kinder, die sie unterstützen, ermutigen, denen sie ggf. helfen, ohne voreilig in deren eigenständiges Tun einzugreifen. Im Mittelpunkt steht die **Individualität** des Kindes. Darum nimmt die **Freiarbeit** mit vorgegebenen Materialien im täglichen Unterricht großen Raum ein (2–3 Stunden täglich). Die Aufgabe der Lehrer ist es zunächst, für eine entspannte Lernatmosphäre zu sorgen. Dies erweist sich nach Montessori als nicht sehr schwierig, da durch das ruhige, „freie“ und „selbstbestimmte“ Arbeiten der Kinder eine solche Atmosphäre weithin von selbst entsteht.

Die Kinder sollen im Kinderhaus oder in der Schule unterschiedliche vorbereitete Materialien vorfinden: Sinnes-, Sprach- und Mathematikmaterialien sowie Materialien für Übungen des praktischen Lebens und die kosmische Erziehung. Diese sollen so angelegt sein, dass sie pädagogisch aufeinander aufbauen. Durch die ausgewählten Materialien wird eine **„vorbereitete Umgebung“** geschaffen. Diese ist den **kindlichen Bedürfnissen angepasst**. Darüber hinaus sind Stilleübungen in der Montessoripädagogik von großer Bedeutung.

- **Sinnesmaterialien** sollen ein Lernen mit allen Sinnen ermöglichen, z. B. Geräuschdosen = Gehörsinn; Druckzylinder = Tastsinn; Geschmacksfläschchen = Geschmackssinn; Geruchsdosen = Geruchssinn; Farbtäfelchen = Sehsinn.

- **Sprachmaterialien:** Buchstaben aus Sandpapier lassen sich ertasten und laden dazu ein, sie nachzuziehen oder nachzumalen. Wortarten lassen sich mit Symbolen kennzeichnen.
- Als **Mathematikmaterialien** spielen Perlen und Perlenketten oder auch verschieden gestaltete Bretter eine große Rolle. Montessori selbst hat erzählt, dass, als einmal eine bekannte Persönlichkeit Biskuits in geometrischen Formen an Kinder verteilte, diese sie nicht sofort gegessen, sondern stattdessen mit Freude ein Rechteck, einen Kreis usw. identifiziert haben.
- **Materialien für Übungen des praktischen Lebens** helfen, den Alltag zu ordnen und zu gestalten. In Sortierdosen finden Kinder z. B. Holzperlen, die sie nach Größe, Farbe und Beschaffenheit sortieren sollen, oder Holzfiguren, welche sie unter verschiedenen Oberbegriffen zusammenstellen können. Ebenso lernen sie, Tabletts zu tragen, die unterschiedlich schwer mit glatten, haftenden oder zerbrechlichen Objekten beladen sind, und mit denen sie verschiedene Wege, ggf. mit Hindernissen, gehen müssen.
- **Kosmische Erziehung** will die Kinder für Fragen nach dem „Wohin und Warum" öffnen. Eine Imagination von der Ordnung der Dinge soll vermittelt werden. Sie sollen begreifen lernen, dass alles miteinander verbunden ist. In der Praxis soll dies mittels Bildtafeln, Erzählungen oder einfachen Übungen ermöglicht werden. Ziel ist es, den Kindern ein Bewusstsein der eigenen Verbundenheit mit der Umwelt zu vermitteln.

In seiner **ersten Entwicklungsphase** bildet das Kind ein Gefühl für oben und unten, vorne und hinten aus. Zunehmend begreift es räumliche Ordnungen, zeitliche Rhythmen und kann den Sinn sozialer Ordnungen verstehen.

In der **zweiten Phase** kann sich das Kind mithilfe einer „feurigen" Imagination in andere Zeiten und an andere Orte versetzen. Es lernt in dieser Zeit nicht nur lesen und schreiben. Es lernt auch die Geschichte der Menschen kennen und kann sich den Lauf der Planeten vor Augen führen – und so beginnen, nach seinem eigenen Platz im Leben (im Kosmos) zu fragen. Nach Montessori umfasst kosmische Erziehung immer auch moralische Erziehung. Es ist wichtig, den entstehenden **Gerechtigkeitssinn** des Kindes im Alter von sechs bis zwölf Jahren zu fördern. Montessori setzt eine innere Sensibilität des Kindes für das Gute voraus.

In der **dritten Entwicklungsstufe**, der Jugend, wird Ordnung hinterfragt und zugleich gesucht. Stilleübungen sollen helfen, sich zu konzentrieren und die eigene Wahrnehmungsfähigkeit zu erweitern. Das Zuflüstern ins Ohr (Stille Post) ist so eine Übung oder das schweigende Sitzen mit geschlossenen Augen, um zu erraten, von wo aus dem Raum Geräusche kommen.

Montessoripädagogik in der schulischen Praxis

Die Lehrer sollen sich beim eigenständigen Tun der Kinder zunächst zurückhalten, stehen ihnen auf Wunsch beratend zur Seite, drängen ihre Hilfe aber nicht auf. **Helfer und Führer** des Kindes soll **primär das Material** sein.

Es steht eine Fülle von Freiarbeitsmaterial zur Verfügung, das zum Teil professionell erstellt und verbreitet, zum Teil aber nach wie vor in Kindergärten und Schulen immer wieder neu entwickelt, verändert und erweitert wird, sodass es aktuell bleibt. Insbesondere in der 3. bis 6. Klasse werden Kinder sogar daran beteiligt, Freiarbeitsmaterialien zu erstellen.

Auch wenn die Lehrer nur sehr selten und zurückhaltend eingreifen, können die Kinder nicht willkürlich entscheiden, was sie tun. An den meisten Montessorischulen werden die Lehrer bei Einseitigkeiten in den Aktivitäten der Kinder aktiv. Damit folgen Pädagogen keineswegs mehr streng den Auffassungen Montessoris. Häufig wird in Wochen- oder Monatsplänen ein gewisses **Pflichtprogramm** festgelegt. Die Schüler müssen dann bestimmte Fächer berücksichtigen oder bestimmte Materialien bearbeiten, sie können aber **selbst bestimmen**, wann sie das **innerhalb eines bestimmten Zeitraums** tun.

Ein Zeugnis mit Noten lehnt Montessori als Verletzung der kindlichen Individualität ab, da diese immer auf einem Vergleich der Kinder beruhen. **Pensenbücher** und **Wortgutachten** statt Zeugnisse sollen Auskunft über den individuellen Leistungsfortschritt, die Arbeitsweise und das Sozialverhalten geben, wobei die Kinder stets Einblick in ihr eigenes Pensenbuch haben sollen. Für jeden Schüler wird individuell ein solches geführt. Die Kinder können so ihren eigenen Lernprozess im Blick behalten und ihr Lernverhalten möglicherweise neuen Erwartungen anpassen. **An staatlich anerkannten Montessorischulen** werden gegenwärtig ab der dritten Klasse **auch Noten** vergeben, allerdings erhalten die Kinder darüber hinaus weiterhin Wortgutachten.

Heute wird an Montessorischulen neben der Freiarbeit auch Fachunterricht (Deutsch, Mathematik, etc.) erteilt, welcher nach Möglichkeit in kleine und überschaubare Schritte zerlegt wird. In der Regel halten sich Montessorischulen an den staatlichen Lehrplan. Die Klassen können als Jahrgänge, aber auch jahrgangsübergreifend organisiert sein.

In den oberen Klassen der Sekundarstufe I und insbesondere in der Sekundarstufe II findet in Montessorischulen heute kaum noch Freiarbeit statt, aber die Arbeit an Projekten hat einen hohen Stellenwert. Vielfach können die Schüler ihre Projekte selbst bestimmen. Bei der Arbeit daran zeigen sie häufig großes Engagement und Durchhaltevermögen. Man könnte sagen, auch hier findet eine gelungene „Polarisation der Aufmerksamkeit“ statt. Besonders bewährt hat sich diese Arbeitsform bei zuvor eher demotivierten Schülern.

2.3 Pädagogische Würdigung der Montessoripädagogik

Unbestreitbare Erfolge der Montessoripädagogik

Bis heute findet die Pädagogik Montessoris große Anerkennung; in vielen Staaten Europas gibt es Montessorischulen. An diesen Schulen gelingt es in besonderer Weise, Schülerinnen und Schüler **zum Lernen zu motivieren**. Darüber hinaus wird ihnen beigebracht, sich selbst Aufgaben zu suchen und ihr Lernen selbstbestimmt zu organisieren. Die Montessoripädagogik fördert also die **Selbstständigkeit der Kinder**.

In Montessoriklassen wird weithin ruhig und konzentriert gearbeitet. Die Kinder suchen sich ohne Anleitung selbst Aufgaben. Keineswegs arbeiten sie nur für sich allein, sondern häufig zu zweit oder in Gruppen, zeigen und erklären sich die Resultate ihrer Arbeit, womit sie ihr Interesse füreinander beweisen. So findet zugleich **soziales Lernen** statt.

Kinder und Jugendliche an Montessorischulen werden immer wieder ermutigt, erfahren Unterstützung und erleben kaum, dass ihre Arbeiten abgewertet oder abgelehnt werden. So können sie **Selbstvertrauen ausbilden**. Ferner bestimmen die Kinder überwiegend selbst, was sie lernen wollen oder wie lange sie sich mit bestimmten Gegenständen und Aufgaben beschäftigen. Auf diese Weise werden Über- und Unterforderung der Kinder vermieden. Sie können **sich an ihren eigenen Interessen orientieren** und diesbezüglich Fähigkeiten ausbilden, wodurch sie ihre **einmalige Individualität** entwickeln.

Zieht man Gedanken Jean Piagets heran, könnte das Montessorikonzept dazu beitragen, dass eine erfolgreiche kognitive Entwicklung bei Kindern gelingen kann. Nach Piaget findet kindliches Lernen von selbst statt, **wenn Kinder hinreichend Anregungen bekommen, die Prozesse der Assimilation und Akkommodation auslösen**. Die Materialien der Freiarbeit können dabei helfen, Gelerntes zu vertiefen (Assimilation), aber auch Herausforderungen darstellen, Neues zu versuchen, andere und bislang unbekannte Wege des Denkens und Handelns zu beschreiten (Akkommodation). Das Montessorikonzept trägt dem Gedanken Piagets Rechnung, dass man Lernfortschritte nicht erzwingen soll, sondern nur über Anregungen pädagogisch motivieren kann.

An Montessorischulen **finden nahezu alle Kinder Möglichkeiten, zu lernen,** und Wege, sich zu entwickeln. Ferner leiden die Kinder nicht unter einer einseitigen kognitiven Ausrichtung des schulischen Lernens. Kinder besuchen Montessorischulen gerne, sie können dort mit allen Sinnen lernen. Auf diese Weise prägt sich das Gelernte sehr gut ein. An solchen Schulen kann es gelingen, auch geistig wie körperlich behinderte Kinder zu integrieren, ohne dass damit die Förderung der anderen Kinder vernachlässigt wird.

Fragen an das Montessorikonzept

Aus wissenschaftlicher Perspektive ist anzumerken, dass Maria Montessori ihr eigenes Konzept nach wenigen Jahren **nicht mehr überprüft** hat. So hat sie selbst nie problematisiert, ob bestimmte Kinder möglicherweise mehr und andere weniger mit Gewinn für ihre Entwicklung an Montessorischulen lernen können. Bedürfen manche – insbesondere vom Elternhaus kognitiv wenig geförderte – Kinder nicht eher gezielter Anleitung zum Bewältigen von Aufgaben? Hilft Freiarbeit nicht vor allem denjenigen, die schon vorher gelernt haben, frei zu wählen und zu arbeiten?

Desgleichen ist zu bedenken, dass Montessoris **eigene praktische Erfahrungen** zunächst solche mit sogenannten **schwachsinnigen Kindern** waren. Lassen sich diese voraussetzungslos auf alle Kinder jeden Alters übertragen? Dessen ungeachtet konnte Maria Montessori ohne Zweifel beeindruckende Beobachtungen machen, die ihre These einer „Polarisation der Aufmerksamkeit" belegen. Findet diese aber immer und bei allen Kindern gleichermaßen statt? Wenn Kinder selbst entscheiden dürfen, womit sie sich in der Schule wie lange beschäftigen wollen, besteht die Gefahr, dass sie einseitig gebildet und ihren Interessen verhaftet bleiben. (Nach Herbart entsteht eine „Vielseitigkeit" des Interesses nur dann, wenn Lehrer sich nicht an unmittelbaren Interessen und Bedürfnissen der Kinder orientieren, da „freies" Entscheiden nur dann möglich ist, wenn ein Mensch zuvor möglichst viel kennengelernt hat.)

Damit stellt sich auch die **Frage nach der Individualität des Menschen**. Resultiert sie erst aus seinen Erfahrungen in seiner Lebenswelt oder muss pädagogisch angestrebt werden, eine von Geburt an bestehende Individualität des Kindes zur Entfaltung zu bringen, wie Maria Montessori annimmt? **Können sich Kinder tatsächlich durch individuelles Erarbeiten Sachverhalte und Wissen in hinreichendem Maße selbst aneignen?** Bedürfen sie nicht häufig besonderer Erläuterungen der Lehrerin bzw. des Lehrers oder systematischer Trainings- und Übungsphasen?

Je höher und abstrakter die Anforderungen der Schule werden, desto geringer ist die Chance, über Sinnesmaterialien zu lernen. Viele Einsichten sind nur auf der Basis abstrakter Denkoperationen möglich. Diese lassen Konkretisierungen zu, sind aber über Sinneserfahrungen nicht zu gewinnen. Insofern lässt sich grundsätzlich fragen, inwieweit die Montessoripädagogik Kinder und Jugendliche **auf die Anforderungen einer industrialisierten und technisierten Informationsgesellschaft vorbereiten** kann. Die Klimakatastrophe kann man z. B. nicht direkt sehen, und noch weniger kann man ihre Ursachen über Sinneserfahrungen begreifen. Die virtuelle Welt, die Kinder und Jugendliche in der Gegenwart in vieler Hinsicht prägt, spricht nicht alle Sinne an.

Wird diese Tatsache in der Montessoripädagogik bedacht? Kommt ihr Ansatz nicht eher Sehnsüchten nach einer heilen und einheitlichen Welt entgegen?

Und schließlich: Können und wollen überhaupt alle Kinder frei arbeiten? **Woher und wie sollen Kinder wissen können, was für sie wichtig ist?** Nach welchen Kriterien entstehen die Freiarbeitsmaterialien, die von den Pädagogen erstellt werden? Maria Montessori selbst hat **bei der Auswahl ihrer Materialien bestimmte Bereiche nicht berücksichtigt** (z. B. Naturwissenschaften, Politik, Geschichte, Kunst, Musik, Literatur). Werden bei der Planung und Erstellung der Lernmaterialien primär die kindlichen Interessen und Stufen ihrer Entwicklung bedacht oder auch gesellschaftliche Qualifikations- und Kompetenzerwartungen miteinbezogen?

Was Menschen im Leben lernen müssen, resultiert in erster Linie nicht aus ihren Interessen und Bedürfnissen, sondern aus der Beschaffenheit der Gesellschaft. Die Schule ist nicht zuletzt deshalb entstanden, weil Kinder im Alltag allein auf der Basis ihrer Bedürfnisse und Interessen nicht mehr lernen konnten, was sie lernen mussten, um ihr späteres Leben bewältigen zu können. **Die Freiheit der Kinder in Montessorischulen ist durch die vorgegebenen Materialien begrenzt**, die fast ausschließlich von Erwachsenen hergestellt werden. Damit nehmen diese massiv Einfluss; die Freiheit der Kinder wird auf subtile Art gelenkt. Dies muss kritisch und selbstkritisch reflektiert werden.

Abschließend bleibt offen, in welchem Maße soziales Lernen tatsächlich stattfinden kann. Sicherlich müssen Kinder allein schon dadurch, dass jedes Lernmaterial nur einmal vorhanden ist, Kooperation und Absprachen lernen, ebenso wie Ordnung und Rücksichtnahme, wenn sie die Materialien nach Gebrauch immer ordentlich an ihren Platz zurückräumen. **Inwiefern finden aber gemeinsame Aktivitäten statt? Wie lernen die Kinder, aktiv miteinander zu kooperieren? Lernen sie auch Konkurrenz kennen und aushalten?** Faktisch haben Gemeinschaftsrituale an Montessorischulen heute einen hohen Stellenwert. Die Kinder agieren in den vielen Stunden, in welchen nicht die Freiarbeit dominiert, aktiv miteinander, arbeiten in Gruppen zusammen und lösen Aufgaben gemeinsam. Jedoch wird das Erleben von Konkurrenz unter den Kindern nicht angestrebt, es soll eher vermieden werden.

Maria Montessori hoffte, dass sich in einem harmonischen Lernumfeld die innere Anlage des Kindes zum Guten durchsetzt: Verhalten sich alle Kinder und Jugendlichen in Montessorischulen immer erwartungsgemäß? Dass jedes Kind von Natur aus gut ist, lässt sich aus erziehungswissenschaftlicher Sicht gewiss nicht sagen, auch wenn jedes von Natur aus Anlagen und Möglichkeiten dazu hat, gut werden zu können. Trotzdem kann nicht ausgeschlossen werden, dass aggressive oder gar destruktive Antriebe ein Kind bewegen.

Inwieweit können Kinder, die in frühesten sensiblen Lebensphasen Versäumnisse erleiden mussten, in Montessorischulen überhaupt zurechtkommen? In welchem Ausmaß verhalten sich Kinder an Montessorischulen und auch Absolventen sozial oder moralisch signifikant anders als andere? Auch dies sind Fragen, die bislang kaum wissenschaftlich untersucht wurden.

Die Montessoripädagogik im 21. Jahrhundert

Heute lässt sich **meist ein undogmatischer Umgang mit den Ideen Montessoris** feststellen, zwischen den einzelnen Montessorischulen sind aber Unterschiede zu beobachten. Aus pädagogischer Sicht ist dies zu begrüßen. Die Postulate Montessoris werden innerhalb von Montessorischulen kritisch hinterfragt. Das ursprüngliche Konzept muss im Hinblick auf eine sich verändernde Lebenswelt immer wieder überarbeitet werden. Besonders bewährt haben sich Elemente der Pädagogik Montessoris – insbesondere die **Freiarbeit** – in der Grundschule sowie in den ersten Jahren der weiterführenden Schulen. Freies Arbeiten ist offenbar ein Erfolg versprechender Weg, schulmüde oder demotivierte Jugendliche für das Lernen zu gewinnen. Dabei kommt auch dem **Lernen mit allen Sinnen** – vielfach realisiert als praktisches Tun – große Bedeutung zu.

Das Konzept Montessoris muss aber anderen pädagogischen Konzepten für die Grundschule nicht immer überlegen sein, auch auf andere Weise kann dort erfolgreich gearbeitet werden. Sinnvoll ist es, sich zu fragen, welches Schulkonzept für welche Schülergruppen am besten geeignet ist. Projekte, in denen Schülerinnen und Schüler konkrete Ziele realisieren, eignen sich für alle Altersgruppen und Schulformen. Die Idee der **Projektarbeit** ist indes keine Idee, die primär Maria Montessori zugeschrieben werden kann.

Insgesamt ist es aus erziehungswissenschaftlicher Sicht wichtig, nicht nur nach den **Leistungen und Möglichkeiten**, sondern ebenso nach den **Grenzen der Montessoripädagogik** zu fragen.

Aufgabe 36 Fassen Sie zusammen, in welchem Ausmaß ihre Biografie, wissenschaftliche Reflexionen und praktische erzieherische Erfahrungen das pädagogische Denken Maria Montessoris prägten. Ziehen Sie aus Ihren Überlegungen Konsequenzen für eine Beurteilung der Erziehungswissenschaftlerin Montessori.

Aufgabe 37 Erläutern Sie an zwei ausgewählten Beispielen Materialien der Freiarbeit. Informieren Sie sich ggf. im Internet über entsprechende Materialien.

Aufgabe 38 Beurteilen Sie, wie frei die Freiarbeit im pädagogischen Sinne wirklich ist.

3 Ansatz und Praxis der Waldorfpädagogik

Rudolf Steiner (1861–1925), lebte seit seinem 8. Lebensjahr in der Nähe von Wien, wo er auch studierte. Geprägt war er durch seine weitreichenden naturwissenschaftlichen Studien (Biologie, Chemie, Physik) sowie durch die Schriften Goethes. Er entdeckte neben dem Literaten auch den Naturforscher Goethe, dessen ganzheitlicher Forschungsansatz ihn sein Leben lang beeinflusste. Auf diesem Fundament entwickelt Steiner seine Auffassungen zur „Anthroposophie".
1898 arbeitete er als Lehrer an der von Wilhelm Liebknecht gegründeten Arbeiterbildungsschule. Bei seinen Schülern hochverehrt, beendete er diese Tätigkeit aber wegen ideologischer Differenzen. Pädagogisch sammelte er weitere Erfahrungen als Erzieher eines hydrocephalen („Wasserkopf") 10-jährigen Jungen, den er erfolgreich fördern konnte. Steiners Gedanken sind Resultat seiner pädagogischen Erfahrungen und mehr noch seiner individuellen theoretischen Studien und Reflexionen.

3.1 Grundlegende pädagogische Gedanken Steiners

1904 schrieb Steiner seine grundlegenden Gedanken zur Anthroposophie in der **„Theosophie"** nieder. Das Wort „Anthroposophie" setzt sich aus den Begriffen „anthropos" (Mensch) und „sophia" (Weisheit) zusammen, das Wort „Theosophie" lässt sich mit „Gottesweisheit" übersetzen. Die **Anthroposophie** will mehr sein als nur empirische Wissenschaft: **Sinnlichkeit, Verstand, Vernunft und Fantasie** sollen gleichermaßen Berücksichtigung finden. Ebenso will Theosophie mehr sein als die Lehre über Gott (Theologie). Für Steiner besteht zwischen Anthroposophie und Theosophie ein untrennbarer Zusammenhang. Steiners Pädagogik resultiert aus seinen philosophisch-anthroposophischen Überlegungen.

1919 entstand die **erste Waldorfschule** mit eigenem Lehrseminar. Steiner sprach mit seinen Ideen auch Arbeiter erfolgreich an, die sich für die Idee einer „lebendigen" Einheitsschule für alle Kinder und Jugendlichen begeisterten. Er fand **Unterstützung durch die Zigarettenfirma „Waldorf-Astoria"**, die einen Teil ihres Jahresgewinns für eine Schulgründung zur Verfügung stellte. So erklärt sich der **Name „Waldorfschule"**. Die Unterstützung der Firma

Waldorf-Astoria fußt auch darauf, dass man nach der Katastrophe des Ersten Weltkriegs neue und friedliche Einrichtungen fördern wollte.

Nach Steiner ist Erziehung untrennbar mit allen Bereichen des menschlichen Lebens verbunden. Lehrkräfte an Waldorfschulen müssen deshalb in einem Intensivkurs in anthroposophischer Pädagogik und Didaktik **menschenkundliches Grundlagenwissen** im Sinne Steiners erwerben.

Die Lehrerinnen und Lehrer der Waldorfschulen sollen **Achtung vor dem Individuum, Verständnis für die Schicksalszusammenhänge** und eine umfassende **Menschenliebe**, genährt aus einer christlichen Grundhaltung, an den Tag legen. Sie sollen sich als **geistige Entwicklungshelfer** begreifen.

Die Anthroposophie als Fundament der Waldorfpädagogik

Die Anthroposophie befasst sich nicht nur mit der Entwicklung des Menschen, sondern auch mit der Erdentwicklung, mit den „Kulturepochen", und muss daher als „ganzheitliche Lehre" verstanden werden. Steiner will dem ganzen Menschen gerecht werden, den aber nicht allein die Sinnes- und Verstandeswelt, sondern auch die „Geistwelt" betrifft. Diese Auffassung resultiert aus der Überzeugung von der Existenz einer **höheren Welt übersinnlich-geistiger Tatsachen**. Steiner strebt eine Erziehung an, in der Menschen ausgehend von begrifflich-materieller Erkenntnis über die Stufe der imaginativen Versenkung die Stufe des exakten Hellsehens erreichen und so den göttlich-geistigen Ursprung von Mensch und Welt erfassen können. Der Mensch erlebt so sein **geistiges Ich**, das immer wieder physisch neu geboren wird (Reinkarnation), wobei das sich in den Lebensläufen entwickelnde Karma schon mit der Geburt die weiteren Entwicklungsmöglichkeiten bestimmt. Im Leben durchläuft ein Mensch im Rhythmus von sieben Jahren **Metamorphosen**, welche in **vier „Leibern"** ihren Ausdruck finden (physischer Leib, Ätherleib/Lebensleib, astralischer Leib/ Empfindungsleib, Ich-Leib). Dieser inneren Entwicklung muss pädagogisch Rechnung getragen werden.

Demzufolge verläuft die menschliche Entwicklung in **Jahrsiebten:** In den ersten drei Jahrsiebten findet laut Steiner Erziehung statt; vor allem die Zeit bis zum Schuleintritt ist besonders prägend. Er spricht von unterschiedlichen Geburten:

- **physische Geburt** (erstes Jahrsiebt),
- **Geburt der Lebenskräfte** um den Zahnwechsel herum (zweites Jahrsiebt),
- **astralische Geburt** (drittes Jahrsiebt, Pubertät),
- **Geburt des Ich-Leibes**.

Im ersten Jahrsiebt gilt als Zauberwort der Erziehung **Vorbild und Nachahmung**. Im zweiten Jahrsiebt wird für den freiwerdenden Ätherleib (= Lebenskräfte) eine geliebte **Autorität** für unverzichtbar gehalten, in Orientierung an dieser sollen Lebensrhythmen und Gewohnheiten entwickelt werden. Im dritten Jahrsiebt erreicht der Jugendliche die Reife, ein eigenes, auf Lernen und Erfahrungen gegründetes Urteil zu fällen und ein eigenständiges Denken zu entwickeln. **Wirkliche Freiheit** im Sinne der Waldorfpädagogik gewinnt der junge Mensch erst, wenn er die **Stufe der Philosophie der Freiheit** erreicht hat, sich selbst und die Welt erkennen und dadurch aus freier Entscheidung handeln kann. Der Mensch kann seine Freiheit aber nicht von Geburt an nutzen, er muss durch Erziehung erst zur Freiheit geführt werden. Seine Wandlungsprozesse („Metamorphosen") müssen über **Erziehung** gefördert werden. Den Weg zur „intelligentia" kann der Jugendliche nur finden, wenn eine „auctoritas" ihn im zweiten Lebensjahrsiebt begleitet. Ohne Unterstützung wiederum kann auch der letzte Schritt zur „sophia" nicht gelingen. Die Lehre von den Jahrsiebten zeigt, dass in der Waldorfpädagogik Freiheit weder als Wahl- oder Willkürfreiheit begriffen noch dem Kind von Anfang an zugestanden, sondern als Ziel von Erziehung und Bildung gesehen wird.

Das Menschenbild der Waldorfpädagogik

Das Kind wird in der Waldorfpädagogik von Anfang an als ein **geistiges Wesen** betrachtet, vor dem der Lehrer Ehrfurcht haben muss. Zugleich muss sich dieser als Führer verstehen, der das Verhalten des Kindes beeinflussen oder korrigieren soll, ohne es allerdings in seinem Wesen herabzusetzen. Der Lehrer oder Erzieher soll ein Kind nicht nach vorgegebenen Mustern beurteilen, sondern es seinen Möglichkeiten entsprechend fördern. Er soll aus Gestalt, Aussehen und Verhalten dessen **Fähigkeiten und Anlagen herausspüren**, sie dem Kind aufzeigen und seinen Willen stärken, damit es durch Lernen und Üben das Beste aus sich machen kann.

Im Unterricht werden die verschiedenen **Temperamente** der Kinder berücksichtigt. Steiner unterscheidet in Anlehnung an die antike Temperamentenlehre vier Temperamente: **Melancholiker, Choleriker, Sanguiniker und Phlegmatiker**. Die Anthroposophie geht sogar so weit, zu behaupten, dass die menschlichen Temperamente ihren Niederschlag in der Physiognomie finden. Der Melancholiker sei hager und knochig, der Kopf hänge nach vorne. Der Choleriker sei klein und gedrungen, mit kurzem Hals, ihn kennzeichne eine breite und harte Stirn, sein Gang sei energisch. Der Phlegmatiker sei unförmig und rundlich, sein Blick farblos und matt, während sein Gang beweglich bleibe. Der Sanguiniker sei schlank, habe lustige Augen und ein ausdrucksstarkes

Gesicht sowie beflügelt-hüpfende Schritte. Steiner fürchtet eine „Ausartung" der Temperamente und folgert, man müsse dieser Gefahr pädagogisch begegnen. Er geht davon aus, dass das Temperament dem Menschen angeboren ist und jeder lernen muss, sinnvoll damit umzugehen. Dazu bedarf er der Führung durch eine geliebte Autorität. Nachdem ihr Temperament von der Lehrkraft erfasst wurde, müssen Kinder gezielt gefördert werden. Deshalb werden die **Lerngruppen in den Waldorfschulen nach Temperamenten organisiert**: Die Kinder sollen aufeinander einwirken und Disharmonien abbauen.

Abb. 27: Die Entwicklung des Kindes aus der Sicht der Waldorfpädagogik

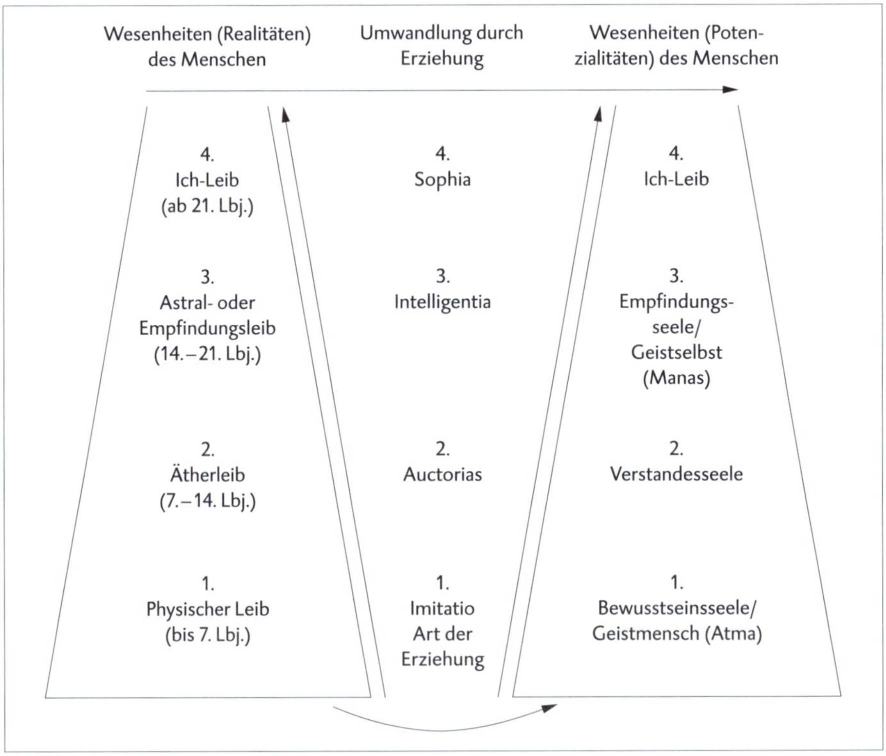

Heute hat sich unter den Anhängern der Temperamentenlehre die Auffassung durchgesetzt, dass **alle Temperamente Seiten haben, die sich positiv oder auch negativ auswirken** können. Es gilt also, die positiven Aspekte zu fördern und die negativen zu überwinden. Der Melancholiker ist sensibel, was eine pessimistische Lebenseinstellung bedingen kann. Der Choleriker ist entschlossen und durchsetzungsfähig, kann aber auch unkontrolliert und impulsiv auftreten oder reagieren. Der Sanguiniker ist anpassungsfähig und belastbar, seine häufigen Stimmungswechsel bergen aber die Gefahr, dass seine Meinungen ebenfalls leicht wechseln. Der Phlegmatiker besitzt eine innere Ruhe, ist nur schwer angreifbar, läuft aber Gefahr, sich Anforderungen oder Aufgaben zu wenig oder gar nicht zu stellen. Die Einteilung der Gruppen nach den Temperamenten der Kinder ist auch heute in Waldorfschulen noch die Regel.

3.2 Die Pädagogik der Waldorfschulen

Jahrgangsklassen und Klassenlehrerprinzip

Waldorfschulen sind freie Schulen, die das Schulleben und den Unterricht selbst bestimmen. Sie folgen keinen vorgegebenen staatlichen Lehrplänen. Die Schülerinnen und Schüler werden in **Jahrgangsklassen** eingeteilt und über einen **Zeitraum von in der Regel acht Jahren von einem Klassenlehrer begleitet**. Erst im neunten Jahr wird der Unterricht ganz von Fachlehrern übernommen. Bei der Zusammensetzung der Klassen werden der Reifegrad, die Temperamente der Kinder, ihr individuelles Schicksal und die Bedingungen ihrer Elternhäuser berücksichtigt. Die Klasse soll sich als Gemeinschaft begreifen, die eine gemeinsame Entwicklung durchläuft, und ist Teil der großen Schulgemeinschaft, an der sie aktiv wie passiv teilhat.

In Waldorfschulen findet nach der Klassenbildung **keine Leistungsauslese** durch Benotung und Sitzenbleiben statt. Die Leistungen werden individuell bewertet, wobei nicht nur das Können, sondern auch das Wollen berücksichtigt wird. **Wortgutachten** sollen helfen, jedem Kind gerecht zu werden. Darin finden sich – meist in Reimform – **Zeugnissprüche**, die dem Kind seelisch-moralische Anstöße zur Weiterentwicklung geben.

Der Klassenlehrer verbindet sein „Schicksal" mit dem der Klasse auf besondere Weise: Sein Temperament und Charakter, seine Willensstärke und Herzenswärme, sein geduldiges Einfühlungsvermögen und seine natürliche Autorität sollen seine Klasse unverwechselbar prägen. Seine Persönlichkeit und das überpersönlich Geistige werden als wesentlich wichtiger angesehen als einzelne Lerninhalte oder didaktische Freiheiten. Darum sind in der Ausbildung des Waldorflehrers **Selbsterziehung und Persönlichkeitsbildung** von großer Bedeutung. Der Waldorflehrer soll Vorbild sein, indem er selbst sichtbar den lebenslangen geistigen Übungsweg beschreitet.

Epochenunterricht

In einem **ganzheitlichen Unterricht** ist **der gesamte Kosmos Unterrichtsgegenstand**. Die Schülerinnen und Schüler sollen ein in die Tiefe gehendes

Welt- und Menschenverständnis ausbilden. Deshalb werden Unterrichtsinhalte immer mit Bezug zum Menschen und zum Kosmos dargestellt. **Rhythmus** ist der zentrale Begriff der Unterrichtsgestaltung. Dieser wird im Festkreis des Jahres, im Wochenrhythmus und im lebendigen Tätigkeitswechsel des einzelnen Schultages gepflegt.

Täglich findet **Hauptunterricht** statt, der als grundlegendes stabilisierendes Element für die kindliche Psyche verstanden wird. Die Vermittlung der Unterrichtsinhalte folgt durch die Gliederung in **„Epochen"** einem Rhythmus. In den ersten Stunden eines Schulvormittags behandeln Waldorflehrer ein Stoffgebiet über mehrere Wochen hinweg. Dieses kann fächerübergreifend, aber auch fachbezogen behandelt werden, sodass sich die Schüler intensiv mit dem Stoff auseinandersetzen, damit ihr Lernen nicht oberflächlich bleibt, sondern zur Entwicklung ihrer Persönlichkeit beiträgt. Untrennbar verbunden mit dem Rhythmus sind die Rituale des Schullebens: persönliche Begrüßung jedes Kindes durch den Klassenlehrer, gemeinsames Sprechen, Gehen, Singen, das Aufsagen der Zeugnissprüche und vieles andere.

Neben dem Hauptunterricht, der alle „wissenschaftlichen" Fächer sowie Malen und Zeichnen umfasst, werden weitere unterrichtet: Fremdsprachen wie Englisch, Französisch, Latein und Griechisch, Eurythmie, Turnen und Gymnastik, Religion, Singen, Instrumentalmusik, Handarbeit, Buchbinden, Gartenbau, Feldmessen, Spinnen, technische Mechanik, Erste Hilfe, Stenografie. Die Vielzahl der Fächer zeigt, dass die Waldorfschule allen Schülerinnen und Schülern gerecht werden und eine einseitige Bildung und Erziehung vermeiden will. Das Fächerangebot macht deutlich, dass nicht primär eine wissenschaftsorientierte Bildung angestrebt wird. Im Vordergrund stehen das Begreifen von Welt und Leben sowie das Vorbereiten auf praktische Lebensaufgaben. Eine Wissenschaftsfeindlichkeit kann man den Waldorfschulen aber nicht prinzipiell unterstellen.

Das gesamte Unterrichtsmaterial wird von den Lehrerinnen und Lehrern selbst gestaltet. Es gibt keine bzw. kaum Schulbücher, mit denen kontinuierlich gearbeitet wird. In erster Linie soll **an der realen Welt gelernt** werden: So wird mit Kastanien und Nüssen gerechnet, oder Buchstaben werden aus konkreten Bildern entwickelt. Dabei sollen möglichst **zugleich Körper, Geist, Seele und alle Sinne** zum Einsatz kommen. Anschauungsmaterial erstellen Lehrer oder die Kinder selbst. Vielfach versucht der Lehrer, über das Erzählen von (häufig selbst erfundenen) Geschichten oder durch aufwendig gestaltete Tafelbilder Sachverhalte zu veranschaulichen. Es gibt keine standardisierten Hefteinträge, um der Individualität der Kinder und Jugendlichen Rechnung zu tragen. Jeder Schüler führt ein Epochenheft und notiert nur das, was sich ihm im Unterricht besonders eingeprägt hat. Dieses wird künstlerisch gestaltet.

Sinnes-, Bewegungs- und religiöse Erziehung

In Waldorfschulen nimmt die **Sinneserziehung** einen großen Raum ein. Rudolf Steiner bezeichnet die Sinne als „Tore zur Welt". Elementare Sinneserfahrungen an Naturmaterialien und „natürlichen Urformen" sind demnach der Grundstock allen Lernens. Durch Sinneseindrücke verbindet sich mit allem Gelernten immer auch ein Gefühl. Das Wissen hat so einen lebendigen, persönlichen Bezug zum Leben und Fühlen des Schülers. Bei handwerklichen Tätigkeiten spielt die Natur eine große Rolle.

Weiterhin wird die **Bewegungserziehung** als zentrale Aufgabe der Waldorfschulen gesehen. Diese soll kognitive Lernprozesse unterstützen. Durch rhythmische Bewegung lassen sich nach dieser Vorstellung viele Lerninhalte nachvollziehen, z. B. werden Einmaleinsreihen gelaufen oder Buchstaben in die Luft geschrieben. Das **Turnen** wird als Mittel zur Willensschulung, Selbstüberwindung und des Lernens von unermüdlichem Üben angesehen.

In der **Eurythmie** (harmonisches Bewegen nach bestimmten Regeln) wird die subtilere Bewegungsebene des Seelischen angesprochen. Das Innere eines Menschen soll sich dadurch für den „kosmischen Kraftstrom" öffnen und eine gewisse seelische Unabhängigkeit gegenüber äußeren Sinneseindrücken entwickeln. Nur dann kann man – langfristig gesehen – im Sinne Steiners frei werden. Laute und Töne werden mit Gesten sichtbar gemacht, Gefühle und Empfindungen auf einer künstlerischen Ebene ausgedrückt. Auf diese Weise können **Harmonisierung und Ausgleich** stattfinden. Den älteren Schülern wird Raumerfahrung im Spannungsfeld zwischen Statik und Dynamik vermittelt **(Bothmer-Gymnastik)**. Dieses ganzheitliche und harmonische Lernen bildet das Fundament für eine **religiöse Erziehung**.

Für Steiner ist das Christentum die Grundlage des abendländischen Geisteslebens und damit auch der Erziehung: Das Kind bringt demnach aus seiner „geistigen Heimat" eine natürliche, umfassende Religiosität mit. Es will lieben, achten, verehren. Nach Steiner kann jeder Unterrichtsgegenstand Gefühle von Sinnhaftigkeit, Ehrfurcht und Achtung erzeugen. Dementsprechend muss der Unterricht in allen Fächern gestaltet werden. Alles, was das Kind in der Schule über den Menschen lernt, muss von der christlichen Grundhaltung durchdrungen sein. Anatomie, biologisches und medizinisches Wissen, Geografie und Soziallehre sollen vor dem Hintergrund der Achtung des Menschen als Geschöpf Gottes vermittelt werden. Die Bibel wird in der Waldorfpädagogik als Zeugnis der Menschheitsentwicklung in den gesamten Unterricht einbezogen.

Abb. 28: Übersicht über den Lehrplan einer Waldorfschule

	Unterstufe				Mittelstufe	
Schuljahr	1	2	3	4	5	6
Erzählstoff	Märchen	Legenden, Fabeln	aus dem Alten Testament	nordische Mythologien	griechische Mythologien	römische Geschichte
Geschichte					alte Kulturen, Griechen	Römer, Mittelalter
Kunstgeschichte						
Sachkunde/ Erdkunde			Ackerbau, Hausbau	Heimatkunde	Geografie	Geografie, Geologie
Technologie und Praktika						
Naturkunde				Mensch/ Tier	Pflanze	Mineral
Physik						
Chemie						
Sprache	Sprechverse, Erzählübung	Lesen	schriftliche Berichte	Grammatik		
Fremdsprachen	Englisch					
	Russisch					
Mathematik/ Geometrie	Rechnen mit ganzen Zahlen			Brüche	Sachrechnen	
						Algebra
Zeichnen	Formenzeichnen			Freihandgeometrie		Geometrie
	Zeichnen aus Erzählstoffen und Realflächen					Kohlezeichnen
Malen	Farberleben, Übungen im Farbkreis					
Plastizieren						
Singen	Singen					
Instrumental	Blockflöte			Spielgruppe andere Instrumente		
Eurythmie	Laut- und Ton-Eurythmie					
Turnen	Spiel-Turnen		Gymnastik/Geräteturnen/Orientierungslauf			
Werkunterricht					Holzbearbeitung/Schnitzen	
Handarbeit	Handarbeit					
Gartenbau					Gartenbau	
	Religion (nach Konf.)					

Mittelstufe		Oberstufe			
7	8	9	10	11	12
fremde Völker, Entdecker	Biografien				
von der Renaissance bis zur Gegenwart		Kultur- und Wirtschaftsgeschichte			
		Malerei/Plastik	Poetik	Musik	Architektur
Geografie, Astronomie	Geografie, Klimatologie	Astronomie	Morphologie	Kartografie	
		z. B. Forst-, Landwirtschaft-, Industrie-, Sozialpraktika			
Anthropologie			Biologie		
Physik					
Chemie					
Grammatik	Stilistik, Geschäftsbrief			Literaturgeschichte	
Englisch					
Russisch					
Sachrechnen					
Algebra		Kombinatorik	Logarithmen	Sphärische Trigonometrie	Different.- und Integralrechnen
Planimetrie	Stereometrie		Trigonometrie	Darstellende Geometrie	Analytische Geometrie
Geometrisches und Technisches Zeichnen			Feldmessen		
Perspektive	Schwarz-Weiß-Zeichnen			Architekturzeichnen	
Aquarellmalen					
Chor					
Orchester					
Laut- und Ton-Eurythmie					
Leichtathletik/Sport					
Holzbearbeitung/Schnitzen		Metallarbeit, Schmieden	Schreinern/Korbflechten		Steinhauen
Handarbeit		Schneidern, Schustern	Spinnen, Weben	Buchbinden	
Gartenbau					
Religion (nach Konf.)					

Die Bedeutung des Raums in der Waldorfschule

Abb. 29: Waldorfschule Uhlandshöhe in Stuttgart

Die Gestaltung des Schulgebäudes und der Innenräume ist wichtig: In Waldorfschulen finden sich kaum Ecken, vielmehr bestimmen Rundungen das Bild. Kinder und Jugendliche sollen ihre Schule nicht nur funktional betrachten, sondern eine eigene innere Beziehung zum Gebäude entwickeln. Dieses soll sie in ihrer ganzheitlichen Wirklichkeitswahrnehmung unterstützen. Kinder und Jugendliche sollen Bedeutungszusammenhänge auch in Räumen, auf Fluren oder Treppen entdecken. Waldorfschulen sollen kein Resultat einer verhärteten und statischen Architektur sein, sondern dynamische und plastische Formen aufweisen.

Beide „Pole" des Lebens, erstens die „erdfesselnde Kraft" und zweitens Kräfte, die dazu verleiten können, sich von der Erde „wegzuträumen", sollen im Schulgebäude zu entdecken sein. Schwere wie leichte Baumaterialien unten und oben im Gebäude drücken Statik und Dynamik aus, sodass Kinder und Jugendliche sich zwischen diesen Polen bewegen können. Eine durchdachte Farbgebung der Räume soll diese Erfahrungen erweitern und vertiefen.

Die Aufgabe der Eltern in Waldorfschulen

Waldorfschulen setzen eine **enge Kooperation von Schule und Elternhaus** voraus. An den Waldorfschulen gibt es verschiedene Kreise, in denen sich die Eltern engagieren können und sollen, z. B. Schulkonzept-, Kommunikations-, Finanz-, Bau-, Beitrags-, Wirtschafts-, Festkreis sowie den Elternchor. Pädagogisch bedeutender ist aber, dass auch die **Eltern** als **Teil der Schulfamilie** angesehen werden: Sie wissen auf diese Weise sehr genau, wie und was ihre

Kinder lernen, und unterstützen die Grundgedanken der Waldorfpädagogik. Der **Klassenlehrer** besucht die Eltern auch zu Hause, um einen guten Kontakt herzustellen und sie gegebenenfalls im Hinblick auf die Entwicklung und das Lernen ihrer Kinder zu beraten. Waldorfschulen verlangen nicht nur von den Lehrerinnen und Lehrern, sondern auch von den Eltern besonderes (pädagogisches) Engagement.

Neue Medien in der Waldorfschule? – Anthroposophische Medienkritik

In der Waldorfpädagogik wird konsequent gefordert, dass Kinder sich nur mit solchen Dingen beschäftigen sollen, deren Wesen sie zumindest einigermaßen durchschauen. Maschinen und Computer zählen zunächst nicht dazu. Folglich sind das unkritische Benutzen der Medien und das unbewusste Aufnehmen ihrer verführerischen Botschaften Hauptkritikpunkte der Waldorfpädagogen am zu frühen Medieneinsatz bei Kindern. Sie erwarten, dass Kinder vor der Pubertät nicht fernsehen. Stundenlanges Stillsitzen und Starren führt laut Steiner zu Wahrnehmungsstörungen und Verhaltensanomalien. Überdies werde die kindliche Bilderwelt von künstlichen Zerrbildern erstickt. Ein eigenes Urteilsvermögen und Wertesystem müssten die Kinder noch ausbilden, und die Medien manipulierten die Kinder permanent, sodass ihre seelisch-geistige Entwicklung großen Schaden nehmen könnte. Aus diesen Gründen werden Medien nicht (oder nur selten) im Unterricht eingesetzt und sollen Kinder diese auch außerhalb des Unterrichts nicht nutzen. Eltern werden aufgefordert, dieses Bestreben der Waldorfpädagogik aktiv zu unterstützen.

Vielfach wird ebenso das Hören von Musik mittels elektronischer Medien abgelehnt. Schülerinnen und Schüler sollen selbst und unmittelbar musische Erfahrungen machen, anstatt, bevor sie ein eigenes musisches Verstehen ausgebildet haben, durch elektronische Musik einseitig und fragwürdig beeinflusst zu werden. Nach der Pubertät machen die Jugendlichen auch in der Waldorfschule Gebrauch von Medien. Sie hätten bis dahin eine eigene Wahrnehmungsfähigkeit entwickelt, die sie vor Manipulation schütze, so Steiner.

3.3 Waldorfschulen in der Gegenwart

Waldorfschulen in Deutschland sind freie Schulen und gehören der Arbeitsgemeinschaft Freier Schulen an, übergeordnete Fragen regelt der **Bund der Freien Waldorfschulen** (Lehrplan, Schulneugründungen, Lehrerausbildung, Öffentlichkeitsarbeit).

Im Nationalsozialismus waren Waldorfschulen verboten, nach dem Zweiten Weltkrieg wurden sie auf Initiative (ehemaliger) Waldorflehrer wieder eröffnet. Seit den 1960er- und 1970er-Jahren gehen die meisten Neugründungen auf Elterninitiativen zurück, was ihre hohe Akzeptanz in der Elternschaft beweist. Heute gibt es in Deutschland etwa 160 Waldorfschulen, in Europa mehr als 300 und im außereuropäischen Ausland über 150.

Waldorfschulen sind einheitlich Volks- und Höhere Schulen, sie wurden schon 1919 als Gesamtschule konzipiert. Da sie sich nicht an staatlichen Richtlinien orientieren, können sie keine staatlich anerkannten Abschlüsse vergeben. Waldorfschüler können aber am Ende ihrer Schulzeit staatliche Abschlüsse erwerben. Sie werden im 13. Schuljahr gezielt auf die staatliche Abiturprüfung vorbereitet. In der Phase der Abiturvorbereitung werden auch an Waldorfschulen Noten vergeben. Abschlussprüfungen dürfen nicht von den Lehrkräften der Waldorfschulen abgenommen werden, fast alle Absolventen erwerben dessen ungeachtet erfolgreich staatliche Abschlüsse.

Die Tatsache, dass Waldorfschulen den Unterricht nicht an staatlichen Richtlinien und Lehrplänen ausrichten, hat auch zur Folge, dass die staatlichen Zuschüsse deutlich geringer sind als bei Regelschulen. Aufgrund dessen wird Schulgeld erhoben, dessen Höhe sich nach dem Einkommen der Eltern richtet, aber keineswegs gering ist, sodass Kinder und Jugendliche aus der sozialen Unterschicht kaum an Waldorfschulen angemeldet werden.

3.4 Pädagogische Würdigung der Waldorfpädagogik

Die große Zahl der Waldorfschulen in Deutschland belegt die positive Resonanz dieser Schulform. Sie strebt an, die Kinder individuell zu fördern und sie keinem fragwürdigen Leistungsdruck auszusetzen. Das Kind soll seine Fähigkeiten und Anlagen harmonisch entfalten und darüber hinaus lernen, der Welt und den Mitmenschen verantwortlich zu begegnen. Nicht allein das kognitive Lernen steht im Vordergrund, mit allen Sinnen soll gelernt werden.

Fraglich ist, ob an Waldorfschulen nicht eine **heile Welt** präsentiert wird, welche zwar zunächst faszinieren kann, von den Anforderungen der Realität jedoch eher ablenkt, statt auf diese vorzubereiten. Es darf nicht übersehen werden, dass die heile Welt der Waldorfschulen teilweise mit rigiden Vorschriften aufrechterhalten wird. Diese sollen nicht nur in der Schule, sondern auch im Elternhaus gelten. Filzstifte, Kugelschreiber, Comichefte, Fußbälle, Jeans, beschriftete T-Shirts und Leggins sind häufig verboten, vor allem dürfen Kinder nicht fernsehen oder elektronische Musik hören. Insofern besteht die Gefahr einer gesellschaftlichen Ausgrenzung dieser Kinder.

Es wird erwartet, dass auch die Eltern die Lehrer als Autoritäten akzeptieren. Eine kritische Auseinandersetzung der Eltern mit dem Tun der Lehrer ist unerwünscht, sodass sie sich dem Diktat der Lehrer in gewisser Weise beugen müssen. Frei ist die Waldorfschule insofern, als sie frei ist von staatlichen Vorgaben. Das heißt aber keineswegs, dass die Kinder sich dort frei verhalten können. So folgen etwa das Malen von Bildern, Tanzschritte oder Musizieren immer engen Vorgaben. **Spontane Gefühle** oder **eigene** und **neue Ideen**, z. B. beim künstlerischen Gestalten, **finden selten Anerkennung** oder werden verboten. Insofern bieten Waldorfschulen erweiterte Handlungsmöglichkeiten, aber auch enge Grenzen.

Bis zum 14. Lebensjahr wird den Kindern keine eigene Meinung zugetraut, sondern erwartet, dass sie der Autorität des Lehrers folgen. Auch die Liebe der Kinder zum Lehrer wird erwartet. Wenn allein der Lehrer die Unterrichtsinhalte auswählt und gestaltet, ist nicht auszuschließen, dass die Schüler sehr einseitig beeinflusst werden – zumal keine übergeordnete Kontrollinstanz existiert. Ähnliches gilt für den Epochenunterricht und die Epochenhefte. Da keine Kriterien für die Bewertung dieser Hefte festgelegt werden, kann letztlich nie festgestellt werden, was die Kinder tatsächlich lernen.

Der Waldorflehrer beurteilt Leistung nicht mithilfe von Noten, sondern anhand der Persönlichkeit des Kindes. Die Erziehung soll eine Charaktererziehung sein. Wird das Kind auf diese Weise nicht sehr viel weitgehender bewertet als in der Regelschule? Da Kinder nach ihren Temperamenten eingeteilt und Aufgaben daran orientiert werden, werden sie früh auf bestimmte **Charaktereigenschaften** festgelegt. Dass **Menschen sich möglicherweise ändern können oder wollen**, wird nicht in Betracht gezogen. Die Lehrer schrecken in der Praxis auch nicht vor Strafen zurück. Es gibt glaubhafte Berichte, dass Kinder an den Haaren und Ohren gezogen, Ohrfeigen verteilt wurden oder Kinder sich in die Ecke stellen mussten. Auch wenn dies wohl eher selten vorkommt, muss doch konstatiert werden, dass solche Maßnahmen nicht strikt untersagt werden. Vielleicht sollte man statt von einer **kindzentrierten Pädagogik** eher von einer **lehrerzentrierten** sprechen.

Entscheiden sich Eltern für eine Waldorfschule, müssen sie sich zumindest der anthroposophischen Weltanschauung anpassen. Ob auf diese Weise **nicht letztlich ein ideologischer und religiöser Dogmatismus praktiziert** wird, sollte zumindest kritisch gefragt werden. Zweifellos fühlen sich viele Schülerinnen und Schüler auf Waldorfschulen wohl und besuchen diese gerne. Das bedeutet aber nicht notwendigerweise, dass sie Mündigkeit ausbilden. Ein Bestandteil von Mündigkeit wäre beispielsweise, die Prämissen der Waldorfpädagogik oder der Anthroposophie kritisch in den Blick zu nehmen.

Dass sehr viele Jugendliche die Regelschule mit unbefriedigenden Abschlüssen oder ohne Abschluss verlassen, darf bei einem kritischen Blick auf Waldorfschulen nicht verschwiegen werden. Nach Angaben von Vertretern von Waldorfschulen machen im Schnitt aller Waldorfschulen 45 % der Schulabgänger das Abitur, 43 % verlassen die Schule mit Realschulabschluss, 11 % mit Hauptschulabschluss und nur 1 % ohne Hauptschulabschluss. Absolventen der Waldorfschulen sind erfolgreicher als Absolventen staatlicher Schulen. Fraglich ist allerdings, ob die Waldorfschule allen Kindern und Jugendlichen aller gesellschaftlichen Schichten mit unterschiedlichen familiären bzw. sozialen Erfahrungen gerecht werden kann. Tatsache ist, dass vornehmlich Eltern der höheren sozialen Schichten, meist aus akademisch gebildeten Kreisen, ihre Kinder an Waldorfschulen anmelden. Daher müssen sich diese Schulen mit bestimmten sozialen oder disziplinarischen Problemen kaum auseinandersetzen.

Zusammenfassend lässt sich sagen, dass der Streit um die Frage, ob die Waldorfschule eine Flucht aus der Wirklichkeit darstellt oder vielmehr für die Realität stark macht, bis heute nicht endgültig entschieden ist.

Aufgabe 39 Stellen Sie in Grundzügen dar, wie sich der Lehrplan der Waldorfschule von dem sogenannter Regelschulen unterscheidet. Welche Vor- oder Nachteile sehen Sie in der Bildung der Waldorfschule?

Aufgabe 40 Erläutern Sie aus lerntheoretischer und entwicklungspsychologischer Sicht, ob die Einstellung der Waldorfpädagogik zu neuen Medien pädagogisch sinnvoll ist.

Aufgabe 41 Erörtern Sie, ob die Waldorfschule in einer multikulturellen Gesellschaft eine sinnvolle Modellschule sein könnte.

4 Erziehung im Nationalsozialismus

„Die Forderung, dass Auschwitz nicht noch einmal sei, ist die allererste an Erziehung. [...] Jede Debatte über Erziehungsideale ist nichtig und gleichgültig diesem einen gegenüber, dass Auschwitz sich nicht wiederhole."

Theodor W. Adornos Forderung aus dem Jahr 1966 begründet auch heute noch die Notwendigkeit, die Erziehung im Nationalsozialismus im Fach Pädagogik zu thematisieren.

4.1 Ziele nationalsozialistischer Erziehung und Bildung

Adolf Hitler hat in seinem Buch „Mein Kampf" die Ziele der nationalsozialistischen Erziehung unmissverständlich formuliert: „Meine Pädagogik ist hart. Das Schwache muss weggehämmert werden." Darum forderte Hitler „das Heranzüchten kerngesunder Körper", während die Ausbildung der geistigen Fähigkeiten „erst an zweiter Stelle" stehen solle. Weiter müsse Kindern und Jugendlichen eine **„Willens- und Entschlusskraft"** vermittelt werden. „Der völkische Staat muss dabei von der Voraussetzung ausgehen, dass ein zwar wenig wissenschaftlich gebildeter, aber körperlich gesunder Mensch mit gutem, festem Charakter, erfüllt von Entschlussfreudigkeit und Willenskraft, für die Volksgemeinschaft wertvoller ist als ein geistreicher Schwächling." Weiterhin wollte Hitler dem jungen Volksgenossen das Gefühl übermitteln, **„anderen unbedingt überlegen zu sein"**. Hitlers Worte lassen erkennen, warum viele Kinder und Jugendliche die nationalsozialistische Erziehung und Bildung als attraktiv erlebten, sie dokumentieren aber auch die Einseitigkeit und Fragwürdigkeit dieser Ziele. Die Kinder und Jugendlichen machten sich kaum bewusst, dass sie letztlich **nur für den Krieg erzogen** werden sollten. Sie übernahmen Tugenden wie „Treue" und „Opferwilligkeit", ohne kritisch zu fragen, in wessen Dienst sie ihre Treue oder Opferbereitschaft stellen sollten.

4.2 Die Praxis der Erziehung im Nationalsozialismus

Nachdem die NSDAP die politische Macht in Deutschland übernommen hatte, wurden bald nicht nur alle anderen Parteien, sondern auch Institutionen und Verbände, die nicht die Ziele der Nationalsozialisten verfolgten, gleichgeschaltet oder verboten. Sie wurden durch nationalsozialistische Organisationen ersetzt: Beamtenbund, Richterbund, sogar der Zusammenschluss der deutschen Kraftfahrer wurden nationalsozialistisch. Die Verbände für Frauen und

Mütter wurden entsprechend umorganisiert, sodass die Nationalsozialisten bald die gesamte Berufs- und Alltagswelt kontrollierten.

Gleiches galt auch bei Organisationen für Kinder und Jugendliche. Die Jungen gingen zum **Jungvolk** und später zur **Hitler-Jugend**, die Mädchen zu den **Jungmädel** und dann zum **Bund Deutscher Mädel**. Bewegung, Sport, Spiele, Wettkämpfe, Abenteuer prägten die Treffen. Es machte Jungen beispielsweise stolz, „flink wie die Windhunde, zäh wie Leder und hart wie Kruppstahl" zu sein (oder zu glauben, es zu sein). Zugleich wurden die Kinder während der Treffen auch im Sinne der NS-Ideologie indoktriniert. Den Mädchen sollte die Verantwortung für die Zukunft des deutschen Volkes und dessen „Reinheit" bewusst gemacht werden. Sie sollten als Frauen und Mütter die Familie organisieren.

Abb. 30: HJ-Zeltlager

Nach der Machtergreifung wurden auch die Lehrpläne in den Schulen im Sinne der nationalsozialistischen Ideologie umgestaltet. Ziel schulischer Bildung war nicht die Entwicklung eines eigenen, kritischen Denkens, sondern die Vorbereitung auf die kritiklose Teilnahme im nationalsozialistischen Deutschland. So wurde etwa im **Biologieunterricht** die nationalsozialistische **Rassekunde** gelehrt. Die Schülerinnen und Schüler sollten das **„Wesen der Blutreinheit"** erfassen. Anschaulich wurde ihnen vermittelt, wie „minderwertige" Menschen zu erkennen seien und warum zu viele minderwertige Menschen die „reinen" Rassen gefährden würden. Auch im Mathematikunterricht wurde die nationalsozialistische Rassenlehre berücksichtigt, in Geschichte Hitler als größter Deutscher vorgestellt und im Geografieunterricht die Notwendigkeit und Legitimität der Expansion des Deutschen Reiches dargelegt. Das Hinterfragen oder Diskutieren von Unterrichtsinhalten war nicht vorgesehen.

Insgesamt wurde intellektuelle Bildung in den nationalsozialistischen Schulen eher gering geachtet oder als schädlich zurückgewiesen. Der Lehrplan wurde vielfach gekürzt, um die Jugendlichen nicht mit Inhalten zu belasten, die sie nach der NS-Ideologie nicht brauchten. Vor jedem Wissenserwerb stand die Hingabe an Volk und Führer. Die nationalsozialistische Bildung zielte auf die „Gestalt des wirklichen, d. h. durch Blut und geschichtliches Schicksal bestimmten deutschen Menschen".

Zugleich sollte in nationalsozialistischen Schulen **durch Bildung immer auch erzogen werden**. Damit knüpfen die nationalsozialistischen Erziehungsideologen an das traditionelle pädagogische Postulat an, eine Trennung von Bildung und Erziehung zu überwinden. Die Schüler sollten alle Unterrichtsinhalte auf das praktische Leben im nationalsozialistischen Deutschland beziehen. Nicht zuletzt sollte schulisch Gelerntes bei Treffen der HJ oder des BDM angewendet werden. Wenn die Mädchen etwa im Biologieunterricht lernten, den Körper gesund zu halten, um später gesunde Kinder zur Welt zu bringen, praktizierten sie nachmittags im BDM körperliche Übungen und Sport. Oder die Jungen spielten in der HJ historische Schlachten nach, die sie im Geschichtsunterricht durchgenommen hatten.

Fundament allen Lehrens und Lernens war die nationalsozialistische Ideologie. Die mögliche Erkenntnis, dass ein jüdischer Junge im Alltag von einem nicht jüdischen deutschen Jungen kaum unterschieden werden kann, durfte weder in der Schule noch in anderen NS-Organisationen offen ausgesprochen werden. Im nationalsozialistischen Alltag gelang es Lehrerinnen und Lehrern nur vereinzelt, indirekt auf Widersprüche aufmerksam zu machen. Dazu bedurfte es sehr vielen Muts.

Der **erzieherische Einfluss von Eltern** war aufgrund der weitreichenden außerfamiliären Einflüsse häufig **nur begrenzt**. Viele Eltern passten sich kritiklos den Forderungen der politischen Machthaber an. Eltern, die die Entwicklungen im NS-Staat kritisch beurteilten, erlebten, dass ihre Kinder nur vermeintlich positive Erfahrungen in der nationalsozialistischen Welt machten. Auch liefen sie Gefahr, von ihren eigenen Kindern – vielfach ungewollt – denunziert zu werden. Insofern lehrt die Zeit des Nationalsozialismus, dass aus pädagogischer Sicht eine weitreichende **staatliche Einflussnahme auf die Erziehung der nachwachsenden Generationen** auch mit Skepsis betrachtet werden muss.

4.3 Erklärungsversuche für den Erfolg der NS-Erziehung

Zweifelos war die Macht des Staates in der Zeit des Nationalsozialismus total und darf nicht unterschätzt werden. Widerstand und offene Ablehnung waren mit großen Risiken verbunden. Allerdings hielt sich der Protest gegen die nationalistische und autoritäre politische Ideologie auch zu einer Zeit in Grenzen, als die Partei Hitlers noch nicht die Regierungsgewalt innehatte. In Familien und Schulen dominierte in den 1920er- und 1930er-Jahren ein einseitig autoritärer Erziehungs- und Führungsstil. Von Kindern und Jugendlichen **wurde Gehorsam erwartet**. Damit lernten Kinder, sich kritiklos zu unterwerfen. Umgekehrt fand liebende Zuwendung in vielen Familien wenig und in der Schule kaum statt. Selbstdisziplin, pflichtgemäßes Erfüllen gegebener Aufgaben und Gehorsam wurden als Tugenden betrachtet.

Adolf Eichmann, der in den 1940er-Jahren den Transport von Juden durch ganz Europa in die Vernichtungslager organisierte, erklärte später vor Gericht, dass er als Deutscher lediglich seine Pflicht getan und gehorsam die Befehle seines Führers ausgeführt habe. Ihm habe nicht zugestanden, diese Befehle zu hinterfragen. Rudolf Höß, Kommandant in Auschwitz und ebenfalls mitverantwortlich für die Ermordung Hunderttausender, sagte, er sei von seinen Eltern „zu einem festen Pflichtbewusstsein“ erzogen worden. Weiter erläuterte er, dass er nie „Zärtlichkeiten“ zwischen seinen Eltern erlebt und auch selbst nie „Zärtlichkeitsbeweise“ gesucht oder ausgedrückt habe.

Freud hat erläutert, dass aus psychologischer Sicht die Ausbildung des menschlichen Gewissens, das Über-Ich, schon in frühen Lebensjahren ihren Anfang nimmt, wenn Verbote der elterlichen Autorität – nicht zuletzt infolge von Strafen oder Strafandrohungen – internalisiert werden.

Adorno zufolge ist dieses Gewissen zunächst fremdbestimmt, erst mit der Krise der Pubertät löst sich der oder die Jugendliche von der väterlichen oder mütterlichen Autorität und handelt dann zunehmend gemäß eigener Überzeugungen. Diese Entwicklung werde dadurch gefördert, dass der oder die Jugendliche durch Freundeskreise, durch die Schule oder durch Bücher andere Wertmaßstäbe als die der Eltern kennenlerne. Diese Phase sei schmerzlich, aber notwendig, um ein autonomes Gewissen ausbilden zu können.

In der Zeit des Nationalsozialismus war eine eigene Gewissensbildung erschwert. Die Kinder wurden schon früh von nationalsozialistisch geprägten Menschen beeinflusst. Eltern passten sich häufig an. Damit lernten die Jugendlichen nur selten konträre Wertvorstellungen kennen, vor allem wurde nie über unterschiedliche Auffassungen diskutiert.

Da sie gewohnt waren, sich unterzuordnen und zu gehorchen, entstand in ihnen zugleich der **unbewusste Wunsch**, selbst stark zu sein und herrschen oder beherrschen zu können. Der Nationalsozialismus vermittelte Kindern und Jugendlichen das Gefühl, wertvoll und stark zu sein (obwohl sie letztlich nur Befehle ausführen mussten). Darüber hinaus suggerierte er ihnen, als Deutsche oder Arier über anderen Menschen zu stehen, die sie für minderwertig halten durften. Auf für minderwertig erklärte Menschen musste man demnach keine Rücksicht nehmen, insbesondere dann nicht, wenn man sie als Gefahr für die eigene „Rasse" ansehen konnte.

Die Psychologie nennt diesen Vorgang **„Identifikation mit dem Aggressor"**. Ein Mensch identifiziert sich mit dem, der aggressiv gegen Mitmenschen vorgeht. So kann er unbewusst eigene Aggressionen ausleben und das eigene Tun vor sich selbst als „richtig" rechtfertigen. Er wendet seine Aggressionen, die nicht selten daraus resultieren, dass er sein Leben als enttäuschend und erfolglos erlebt, jetzt gegen Schwächere, die er für minderwertig erklärt. Adorno hat wiederholt erläutert, dass man bei allen rechtsradikalen Gewalttaten die Motive niemals bei den Opfern, sondern immer bei den Tätern suchen müsse. Diese Täter nämlich suchen sich nahezu willkürlich bestimmte Gruppen von Menschen aus, auf die sie herabblicken. Dies gelingt umso leichter, wenn vermeintlich starke „Aggressoren" Begründungen anbieten, die ein aggressives Verhalten gegenüber Mitmenschen rechtfertigen.

Mangelnde Bildung, eine Erziehung, in der zwar Willenskraft, nicht aber Empathie gelernt wurde, und eine Kultur der Unterordnung und des Gehorsams gegenüber Autoritäten waren die Fundamente, auf welchen die Barbareien im Nationalsozialismus aufgebaut werden konnten. Die Erziehung im Nationalsozialismus war somit keineswegs neu, sie knüpfte vielmehr an bestehende Erziehungsmethoden und -stile an. Zahlreiche Wissenschaftler glauben, die Tatsache, dass in Deutschland zur Zeit des Nationalsozialismus nur sehr wenige Menschen bereit waren, im „Ungehorsam" gegen den Staat für die Rechte oder die Würde von Menschen einzutreten, sei auch Resultat einer **dominierenden Erziehungspraxis** in fast allen Familien in Deutschland gewesen, die **primär auf Gehorsam und Unterordnung** ausgelegt war.

4.4 Erziehung zum Widerstand oder zum „Nicht-Mitmachen“

Nicht alle Deutschen unterstützten die Nationalsozialisten aktiv oder nahmen passiv die Taten in dieser Zeit hin. Es gab auch Menschen, die sich mutig für Verfolgte einsetzten. Einer der bekanntesten dieser „Retter“ war **Oskar Schindler**, der mit der Behauptung, auf jüdische Arbeitskräfte in seiner Fabrik nicht verzichten zu können, mehrere tausend Juden vor ihrer Ermordung bewahrte. Schindlers Tat wurde durch den Spielfilm „Schindlers Liste“ berühmt.

Für ihren Widerstand gegen das nationalsozialistische Regime bekannt wurden die **Geschwister Scholl**, die mit Flugblättern an der Universität München zum Widerstand gegen die Barbareien der Nationalsozialisten aufgerufen hatten. Sie hielten sogar vor dem Volksgerichtshof an ihren Standpunkten fest und waren bereit, für ihre Überzeugungen zu sterben. Sie sprachen mit Blick auf die nationalsozialistischen Machthaber von einer „verantwortungslosen und dunklen Trieben ergebenen Herrscherclique“, sie sagten laut, dass „Juden in diesem Land auf bestialischste Art ermordet worden sind“.

Ihr Vater, Robert Scholl, war **ein mutiger, konsequenter und auch an Prinzipien orientierter** Mann. Er war erst Bürgermeister eines kleineren Ortes. Das Amt gab er auf, als er keine Unterstützung mehr fand, und lebte dann als Steuerberater. Robert und Magdalene Scholl förderten ihre Kinder, so gut sie konnten, und ließen ihnen **Freiheiten**. Die Kinder hatten eigene Zimmer und durften Besuch empfangen. Im Hause Scholl gab es **viele Bücher**, die Geschwister musizierten und malten. Beide Eltern gaben ihren Kindern das Gefühl, **immer für sie da zu sein** und alles für sie zu tun. **Zugleich förderten und forderten sie die Selbstständigkeit ihrer Kinder.** Inge, eine weitere Tochter, erzählte später, dass die Mutter sie bei einer Auseinandersetzung mit Mitschülerinnen zum Schultor gebracht hatte. Sie hatte dann aber allein weitergehen müssen und dadurch gelernt, Konflikte selbst zu lösen.

Auch als Hans und Sophie sich in frühen Jugendjahren für nationalsozialistische Jugendbewegungen begeisterten, wurde ihnen die Teilnahme nicht verboten. Die Eltern hörten aber nicht auf, sie zum eigenen Nachdenken aufzufordern, und sie verschwiegen ihre Bedenken und Einwände nie. Sophie und Hans merkten bald, dass eine freie Meinungsäußerung in NS-Organisationen nicht möglich war, und verließen diese.

Auch die Geschwister Scholl sahen ihren Vater als Autorität an und bewunderten seinen Mut und seine Konsequenz. Sie wurden aber nicht zur Übernahme bestimmter Auffassungen gezwungen, sondern ermuntert, selbst nachzudenken. Auch die Mutter erlebten sie als Vorbild, da sie sich außerfamiliär sozial engagierte und in Krisensituationen mutig für ihre Kinder eintrat.

In den letzten Jahrzehnten entstand die sogenannte **Retterforschung**, die herauszufinden versucht, welche erzieherischen und sozialisatorischen Erfahrungen solche Menschen, die trotz Gefahr für ihr eigenes Leben andere retteten, in ihrer Kindheit und Jugend gemacht hatten.

Mehrere Forscher kamen zum gleichen Ergebnis: Alle sogenannten Retter hatten mindestens einen Elternteil, der sich durch **Festigkeit** und **Konsequenz** auszeichnete und den sie als **Vorbild** wahrgenommen hatten. Darüber hinaus war ihnen wiederum ein Elternteil in besonderer Weise **liebend zugewandt**. Sie fühlten sich bei diesem Elternteil geborgen, sicher und – auch mit ihren Fehlern und Schwächen – geliebt. Alle Retter wurden also von der Liebe und Festigkeit ihrer Eltern geprägt. Sie wurden so ermutigt, selbstständig und aktiv zu werden, bildeten aber offenbar auch eine Bereitschaft zur Hinwendung zum Mitmenschen aus. Eine solche Erziehung hat – wenn auch selten – selbst in der Zeit des Nationalsozialismus in Deutschland stattgefunden.

Will man das Postulat Adornos einer „Erziehung nach Auschwitz" ernst nehmen, kann man sich an der Erziehung der sogenannten Retter orientieren. Allerdings haben sich die sozialisatorischen Bedingungen geändert. Darf man jüngeren Resultaten der Sozialisationsforschung glauben, gewinnen reale Vorbilder für Jungen und Mädchen in der Gegenwart wieder an Bedeutung. Jugendliche suchen Menschen, die durch Konsequenz, Festigkeit und auch gelebte Moralität überzeugen. Wichtig ist weiterhin, in der postmodernen Welt der Gegenwart ungeachtet aller Verunsicherungen mit Blick auf Werte und Normen Mitmenschlichkeit praktisch erfahrbar zu machen.

Bildung im Sinne von Aufklärung über die Wirklichkeit bleibt notwendig. Bildung bedeutet immer auch, unbequeme Wahrheiten weder zu vertuschen noch zu verschweigen. Dies setzt die Fähigkeit und Bereitschaft voraus, sich des „eigenen Verstandes zu bedienen" (Kant). Aufklärung erfordert aber auch, viel zu wissen und Wissen kritisch aufeinander beziehen zu können. Besonders in Schulen sollte nicht nur „aufgeklärt", sondern immer auch aufgefordert werden, über die Einrichtung einer „humanen Welt" nachzudenken. Dies könnte in allen Fächern geschehen. Wenn Schülerinnen und Schüler im Pädagogikunterricht nicht nur nach Ursachen für Rechtsradikalismus fragen, sondern auch überlegen, wie Menschen motiviert werden könnten, rechtsradikale Orientierungen im Denken und Handeln zu überwinden, dann denken sie konkret über die Einrichtung einer „humanen Welt" nach.

Aufgabe 42 Untersuchen Sie, ob sich Verhaltens- und Denkweisen heutiger rechtsradikaler auf erzieherische Ziele im Nationalsozialismus beziehen lassen.

Aufgabe 43 Arbeiten Sie heraus, warum die Erziehung und Bildung im NS-Staat so viele Kinder und Jugendliche begeisterte. Erörtern Sie auf dieser Grundlage, welchen Ansprüchen Erziehung und Bildung genügen müssen, um eine Wiederholung der Ereignisse des Dritten Reiches zu verhindern.

Aufgabe 44 Vergleichen Sie Erziehung und Unterricht zur Zeit des Nationalsozialismus mit dem Anspruch eines Erziehenden Unterrichts nach Herbart.

Identitätsbildung

1 Das Rollenkonzept des soziologischen Interaktionismus nach Lothar Krappmann

Lothar Krappmann, geb. 1936, studierte zunächst Philosophie und kath. Theologie, im Anschluss daran belegte er die Fächer Neuere Geschichte und Soziologie. Seine Doktorarbeit „Soziologische Dimensionen der Identität" gilt als soziologisches Standardwerk. Seit 1969 arbeitete er am Max-Planck-Institut für Bildungsforschung in Berlin, 1975 wurde er Forschungsgruppenleiter und 1982 Honorarprofessor für Soziologie der Erziehung an der Freien Universität Berlin. Seine Arbeiten finden weltweit Anerkennung, er lehrte u. a. in Indien, Japan, der Schweiz und in den USA. Zurzeit engagiert sich Krappmann im UN-Ausschuss für die Rechte des Kindes.

1.1 Krappmanns Kritik traditioneller Rollenkonzepte

Während Mead und Parsons die Frage nach dem Funktionieren einer Gesellschaft in den Blick nahmen, untersucht Krappmann die Entwicklungs- und Entfaltungsmöglichkeiten des Individuums innerhalb von Interaktionsprozessen in der Gesellschaft.

Auseinandersetzung mit Meads Modell symbolisch-sprachlicher Kommunikation

Krappmann begreift die Thesen Meads als Grundlage für weitere Forschungen zum Identitätsbegriff, obwohl Mead selbst den Begriff der „Identität" noch nicht verwendete. Nach Mead ist ein Individuum bei seiner Entwicklung auf soziale Beziehungen angewiesen. Krappmann ist der Meinung, dass soziale Beziehungen immer auch „prekär", also schwierig, sein können. Zudem kann sich **Individualität ohne Gesellschaft nicht herausbilden**. Im Sozialisationsprozess wird die Fähigkeit vermittelt, sich aktiv und passiv an Interaktionen zu beteiligen. Dieses soziale Geschehen ist ein dynamischer Prozess, an den sich das Individuum ständig anpassen muss. Nach Krappmann erklärt der Interaktionismus Verhalten nicht einfach im Schema von „stimulus" und „response" (Reiz und Reaktion), sondern betrachtet Menschen in ihrer „symbolischen Umwelt", in der alle Gegenstände, Personen, Verhaltensweisen und Strukturen soziale Bedeutung haben: **Soziales Handeln** ist demnach **stets intentional**.

Das Individuum kann auf Anpassungsanforderungen selbsttätig reagieren. Krappmann unterstreicht Meads Einsicht, dass das **„I" und „Me" nicht als grundsätzlich gegensätzlich** angesehen werden müssen, sondern dass „Me" dem „I" besondere Möglichkeiten eröffnet, sich auszudrücken. Perfekt ist nach Mead der Baseball-Spieler, der spielt, wie es die Mitglieder seiner Mannschaft erwarten, d. h. dass „I" und „Me" im Einklang sind. Krappmann kritisiert, Mead habe die Bedeutung des „I" in der Beteiligung des Individuums am sozialen Prozess nicht eindeutig geklärt. Er strebt eine umfassendere Beschreibung des Problems an, indem er nach Wegen, Möglichkeiten und Schwierigkeiten der Identitätsbildung fragt.

Krappmann weiß, dass ein (theoretisches) **Identitätskonzept** keine ausgeglichene Identitätsfindung versprechen kann. Er erklärt unmissverständlich, dass in einer Gesellschaft, die eine **„totale Institution"** ist, eine **Identitätsentwicklung unmöglich** bleiben muss. Solange aber gesellschaftlich keine totale Institution vorherrscht, ist eine Identitätsfindung möglich. Der nationalsozialistische Staat und auch der sozialistische DDR-Staat können als totale Institutionen begriffen werden. Krappmann hält die Entstehung totaler Institutionen in westlichen Demokratien für unwahrscheinlich.

Krappmann problematisiert, dass **gesellschaftliche Erwartungen und Anforderungen keineswegs immer eindeutig und widerspruchsfrei** sind. Darum benötigen die Individuen besondere Fähigkeiten. Nur kommunikative Interaktionen können zur Lösung von Problemen führen: Daran könne aber niemand erfolgreich mitwirken, der Situationen nicht kreativ interpretieren könne. Menschen müssen Situationen oder auch Beziehungen, die sie erleben, sinnvoll deuten können, um konstruktiv in solchen Situationen und in Beziehungen handeln zu können. Wollen diese Menschen als Individuen oder Persönlichkeiten in Interaktionen agieren, müssen sie Situationen auf ihre Weise verstehen, ohne die Interaktionen mit Mitmenschen zu gefährden.

Krappmann spricht nicht einfach von Identität, sondern von **„balancierender Identität"**: Diese ist nicht die Folge biologischer Anlagen oder der Sehnsüchte nach einer „heilen Welt"; sie gewinnt ihre Kraft aus der Erfahrung von

Diskrepanzen in Interaktionen. Erst innerhalb von sich widersprechenden Erfahrungen müssen Menschen lernen zu „balancieren".

Seiner Meinung nach müsste ein **Modell des Sozialisationsprozesses** entwickelt werden, das den Zusammenhang zwischen strukturellen Bedingungen sozialer Milieus, dem familiären Interaktionssystem und den Sozialisationsvorgängen im engeren Sinne herstellt. Krappmann hat an entsprechenden Fragen gearbeitet, ohne aber letztlich selbst ein vollständiges Modell, das diesem Anspruch entsprechen könnte, vorzulegen. Es kann bezweifelt werden, ob ein solches Modell Sinn macht. Verallgemeinerbare kausale Beziehungen zwischen sozialen Milieus und familiären Interaktionssystemen (z. B. unterschiedlicher sozialer Schichten) können nicht einfach hergestellt werden.

Auseinandersetzung mit Parsons' strukturfunktionalistischem Konzept

Auch **Talcott Parsons' strukturfunktionalistisches Konzept** lässt nach Krappmann fundamentale Fragen offen. Parsons stellt dar, wie das Kind durch die Teilnahme am innerfamiliären Interaktionsprozess auf die spätere Mitwirkung im Rollensystem außerhalb der Familie vorbereitet wird. Das Kind lernt durch seine innerfamiliäre Integration ein immer weiter differenzierendes Rollensystem kennen. In diesem Prozess lernt es **„pattern variables"**, die ihm helfen, Krisen im familiären Interaktionsprozess zu lösen und gesellschaftliche Rollenerwartungen zu erfüllen. Diese „pattern variables" stellen Orientierungsalternativen für Rollensysteme dar: Selbst- vs. Kollektivitätsorientierung, spezifische vs. diffuse Definitionen der Situation, Affektivität vs. affektive Neutralität, partikularer vs. universaler Bezugsrahmen.

Parsons erklärt, wie in bestimmten Familien **Bedürfnisdispositionen** als **Motivation zur Erfüllung vorgegebener gesellschaftlicher Normen** berücksichtigt werden. Er zeigt auf, wie bestimmte Erziehungswege Sozialisationsprozesse fördern oder behindern. Indes differenziert er zwar, unter welchen Voraussetzungen und Bedingungen Sozialisation als gesellschaftliche Anpassung eher gelingt, **Sozialisation als Individualisierungsprozess bleibt hingegen unreflektiert.**

Krappmanns kritische Einstellung zu konventionellen Rollenkonzepten

Krappmann definiert das „Rollenspiel" als einen Interaktionsvorgang von mindestens zwei Personen, die sich mithilfe des gleichen Symbolsystems (meist der Sprache) verständigen. Das Handeln der Rollenpartner orientiert sich an Normen, die Verhaltenserwartungen formulieren. Sanktionen sollen Normverhalten sichern. Ein **System sozialer Rollen** kann nur funktionieren, wenn es Gleichgewichtsbedingungen erfüllen und selbstregulativ sein kann.

Konventionelle Rollenkonzepte stellen eher einfach strukturierte Modelle optimaler Interaktionen in Rollen dar. Da diese Konzepte den Idealfall angeben, lassen sie sich kaum auf die soziale Wirklichkeit übertragen. Nach traditionellem Rollenverständnis findet ein erfolgreiches Rollenhandeln statt, wenn Rollennormen und ihre Interpretationen durch Betroffene weitreichend übereinstimmen. Krappmann bezweifelt aber, dass es überhaupt eindeutige Verhaltensanweisungen für Rollenverhalten gibt. Orientieren sich Menschen tatsächlich in ihrem alltäglichen Verhalten an nur einer Rolle? Lassen sich zwei unterschiedliche Rollen für einen Menschen kombinieren? Rollenerwartungen lassen sich – bezogen auf die soziale Wirklichkeit – kaum statisch beschreiben. Die Rollenerwartungen, z. B. an einen Schüler, sind allein deshalb schon nicht eindeutig beschreibbar, weil unterschiedliche Menschen in unterschiedlichen Rollen – Lehrer, Mitschüler, Eltern, mögliche spätere Arbeitgeber – verschiedene Erwartungen an diese Rolle stellen.

Wenn **erfolgreiches Rollenhandeln** an der Übereinstimmung der gegenseitigen Erwartungen der Rollenpartner gemessen würde, müssten differierende Interpretationen immer als „Störung" begriffen werden. Wenn erfolgreiches Rollenhandeln voraussetzen würde, dass individuelle Bedürfnisse mit den institutionalisierten Normen übereinstimmen, was würde dann mit und aus nicht integrierten Antriebspotenzialen werden? Können Menschen tatsächlich alle ihre Bedürfnisse mit dem Erfüllen von Rollenerwartungen befriedigen? Wenn formuliert wird, dass innerhalb eines Rollenhandelns eine Orientierung an vorgegebenen Rollennormen eine gegenseitige Befriedigung von Bedürfnissen innerhalb eines Wertesystems gewährleisten soll, bleibt die Frage offen, welchen Stellenwert andere Handlungsmotive gewinnen können. Sind immer menschliche Bedürfnisse die Motive für bestimmte Entscheidungen oder bestimmtes Tun?

Wenn Individuen innerhalb von Institutionen **Rollennormen** erfüllen müssen, folgt daraus noch nicht, dass die Rollen von „Ego" und „Alter" („Ich" und „der Andere") identisch sind. Vielmehr erweisen sie sich faktisch als komplementär. Werte werden unterschiedlich in persönliche Motivationen umgesetzt. Damit lässt das traditionelle Rollenkonzept, in welchem eine interaktionistische Perspektive noch keine Berücksichtigung findet, viele Fragen offen und erfasst die Dynamik tatsächlichen Rollenhandelns und tatsächlicher Identitätsbildung nur unzureichend.

1.2 Das Rollenkonzept des Interaktionismus

Ausgangspunkt Krappmanns ist der **soziologische Interaktionismus**. Dass die tägliche Interaktion von Menschen innerhalb von Rollen stattfindet, bestreitet auch der Interaktionismus nicht. Allerdings wird nicht von eindeutigen Rollenerwartungen ausgegangen. Charakteristisch ist vielmehr, dass „Rollenspieler" auf unklare Erwartungen stoßen, die sich überdies nicht mit den individuellen Bedürfnissen decken. Ein Schulleiter sieht sich vielfältigen Erwartungen ausgesetzt. Wenn er diesen ansatzweise gerecht zu werden versucht, muss er erleben, dass er in diesen Kontexten vielfach seine eigenen Wünsche und Bedürfnisse zurückstellen muss. Demzufolge kann Interaktion in einer Situation nur bei (vorläufiger) Absprache über Normen durch die Rollenpartner und der Wahrung der Bedürfnisse aller Beteiligten gelingen.

Das **interaktionistische Rollenmodell** geht davon aus, dass sich menschliche Identität über Sprache, Gestik und Mimik entwickelt: Menschen tauschen sich so über Ansprüche, Wünsche und Bedürfnisse aus. Das setzt aber Folgendes voraus:

- Rollennormen lassen Platz für Interpretationen;
- die Rollenpartner müssen alle Rollen verdeutlichen, die sie innehaben;
- ein Konsens über die Interpretation von Rollen kann und darf tentativ (versuchsweise), vorläufig und kompromisshaft sein;
- der Fortgang der Kommunikation zwischen Menschen lässt sich nur durch teilweisen Verzicht auf die Befriedigung eigener Bedürfnisse und zugleich das Zugestehen der Bedürfnisbefriedigung anderer sichern.

Demzufolge gewinnen Institutionen dadurch Stabilität, dass sie in der Interaktion Spielräume für Bedürfnisbefriedigung lassen. Krappmann fasst seine Folgerung in Anlehnung an den Soziologen R. H. Turner mit dem Satz: „Role-taking muss durch Role-making ergänzt werden!" zusammen.

Rollennormen sind grundsätzlich **interpretationsbedürftig**. Darüber hinaus kann der „Rollenspieler" seine anderen Rollen nicht außer Acht lassen, sondern muss sie wie auch künftige und vergangene Rollen mit in seine Entscheidungen einbeziehen. Menschen sind nicht nur „Rollenspieler", sondern auch „Rollennehmer", da sie ihre „Rollen" vielfach nicht frei wählen wollen, sondern ihnen diese in interaktiven Prozessen übertragen werden. Menschen sind z. B. nicht nur beruflich tätig, sie sind zugleich Eltern, engagiert in Vereinen, bewegen sich in bestimmten Freundeskreisen, pflegen bestimmte Hobbys. Sie können ihre unterschiedlichen Rollen nie ganz voneinander trennen.

Der Begriff der Ich-Identität bei Krappmann

Die Erwartungen, mit denen sich das Individuum bei der Interaktion auseinandersetzen muss, lassen sich in zwei Dimensionen einordnen:

- die vertikale Zeitdimension, in der Ereignisse zu einer **„personal identity“** zusammengefasst werden (Individuen sollen sein wie kein anderer);
- und die horizontale Dimension, in der die nebeneinander aktualisierbaren Rollen zu einer **„social identity“** vereint werden (Individuen sollen sich an Normen anpassen).

Balance zu halten ist nach Krappmann die Leistung, die als Ich-Identität bezeichnet wird. Diese lässt sich auch als Balance zwischen einer „phantom normalcy“ und einer „phantom uniqueness“ begreifen: Das Individuum verhält sich, „als ob“ es einzigartig sei und „als ob“ es sei, wie alle anderen, wie der amerikanische Soziologe E. Goffmann konstatierte.

Ich-Identität ist demnach ein **strukturelles Erfordernis des Interaktionsprozesses**. Wer sich durch seine Einzigartigkeit, durch kontinuierlich konträres und abweichendes Verhalten, am Ende selbst stigmatisiert, wird in Interaktionsprozessen bald nicht mehr anerkannt, während ein Mensch, der immer voll die sozialen Erwartungen erfüllen will, sich selbst verdinglichen und so verlieren muss. Wird die Balance gewährleistet, erhält das Individuum eine gewisse Handlungsfreiheit. Identität ist die Herstellung von Gleichgewicht zwischen widersprüchlichen Erwartungen, eigenen Bedürfnissen und Anforderungen anderer: die Fähigkeit, sich als einmalig darzustellen und trotzdem Anerkennung zu finden. Nach Krappmann ist **Ziel der Sozialisation** der **„autonome Mensch“**, der auch für die **Autonomie anderer** eintritt.

Das interaktionistische Modell versucht die Entstehung von kognitiven Leistungen (Abstraktionsfähigkeit und Differenzierungsleistungen) als Verinnerlichung von Strukturen in einem Rollensystem zu deuten. Dieses System gilt allgemein im Hinblick auf die Voraussetzungen, um sich adäquat zu Rollen zu verhalten und auch handlungsbereit zu bleiben, obwohl Widersprüche in der Rolle auftauchen. Der Interaktionismus will klären, wie bestimmte kognitive Leistungen, z. B. im familiären Sozialisationsprozess, entstehen können.

In allen Sozialisationsphasen treten Balanceprobleme auf. Nachdem das Kind die Differenzierung von Vater- und Mutterrolle vollzogen hat, hat jedes Mitglied der Familie zwei Rollen, die das gesamte System erhalten: z. B. Mutter-Kind vs. Mutter-Vater. Dieses Beziehungsmuster kann auf zwei Personen wie eine große Gruppe bezogen werden.

Erzieherisch ist wichtig: Zu geringe mütterliche Zuwendung verhindert wichtige Lernprozesse, zu enges mütterliches Bindungsverhalten verhindert den stufenweisen Ablösungsprozess des Kindes. Wichtig ist, dass das Kind auch die Beziehung der Mutter zum Vater wahrnimmt (Konfrontieren mit „Balanceproblem“). Ein balanciertes Interaktionssystem ist fähig, sich an Autonomie anzupassen, da in diesem System keine symbiotischen Beziehungen bestehen und es so Entwicklungen fördern kann. Ein starres Interaktionssystem kann Autonomie nicht zulassen, es kommt zu einengenden Beziehungen, sodass Entwicklung gehemmt oder verhindert wird.

Menschen müssen lernen, ein **Gleichgewicht** herzustellen zwischen:

- widersprüchlichen Rollenerwartungen,
- Anforderungen anderer und eigenen Bedürfnissen,
- zwischen dem Bedürfnis, sich als einmalig darzustellen, und der Notwendigkeit, die Anerkennung der anderen zu finden.

Sie müssen deshalb folgende **Anforderungen** bewältigen können:

- Selbstdarstellung,
- Interpretation des Gegenübers,
- Verhandeln.

Vier fundamentale „identitätsfördernde Fähigkeiten“ sind nach Krappmann die Voraussetzung dafür, diese Anforderungen bewältigen zu können:

- **Rollendistanz:** eigene Rollen und damit verbundene Erwartungen aus der Außenperspektive betrachten können;
- **Ambiguitätstoleranz:** konkurrierende Erwartungen aushalten und in die eigene Handlungsstrategie einbeziehen können;
- **Identitätsdarstellung:** nicht nur eine soziale Rolle optimal spielen, sondern innerhalb einer Interaktion die eigene Identität/Persönlichkeit gegenüber den anderen Interaktionsteilnehmern behaupten;
- **Empathie** bzw. **Role-taking:** die Erwartungen des Partners erkennen oder sogar vorwegnehmen.

Rollendistanz und Ambiguitätstoleranz stellen kognitive Fähigkeiten dar, sie befähigen zur Differenzierung, Kategorisierung und zur Wahrnehmung von Bedürfnissen. Identitätsdarstellung und Empathie sind soziale Kompetenzen, die nicht nur das Denken, sondern auch das Fühlen eines Menschen betreffen.

Abb. 31: Die identitätsfördernden Fähigkeiten nach Krappmann

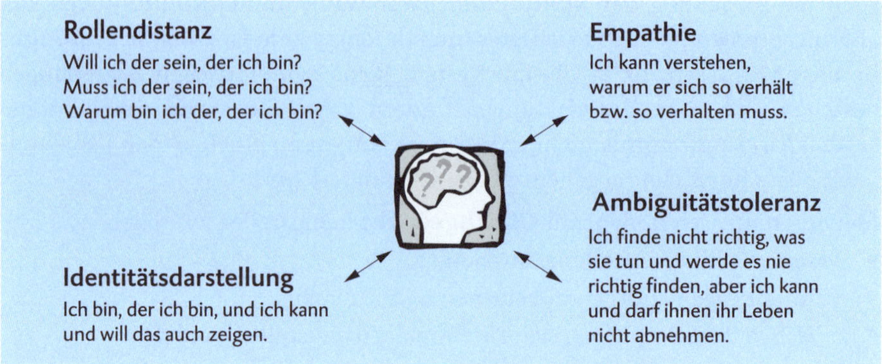

Die Ausbildung von Rollenfähigkeiten im Sozialisationsprozess

Die Ausbildung der **Empathie korreliert positiv mit der Intelligenzentwicklung**. Sprachliche Kompetenz als (unverzichtbares) Mittel zur Selbstdarstellung entwickelt sich nur in der Interaktion im sozialen Rahmen zwischen Gleichberechtigten. Nach dem Soziologen und Philosophen Jürgen **Habermas** hilft **„analytischer Sprachgebrauch“** Aussagen im zweckrationalen Kontext zu übermitteln; dagegen mache **„reflexiver Sprachgebrauch“** die Differenz zwischen inhaltlichen Aussagen und subjektiven Intentionen sichtbar. Analytischer Sprachgebrauch hilft dem Sprecher, seine Absichten gezielt in Worten ausdrücken zu können, reflexiver Sprachgebrauch hilft, darüber aufzuklären, wie Menschen mit ihren Lebenseinstellungen oder auch Gefühlen zu Aussagen stehen. Folglich ist die Ausbildung sprachlicher Kompetenzen unverzichtbar für den Prozess der Identitätsbildung.

Folgende **Störfaktoren** können nach Krappmann einer Identitätsbildung im Weg stehen:

- Eine erste Gruppe von Störfaktoren stellen alle Belastungen dar, die aus äußeren Existenzbedingungen resultieren (z. B. materielle Armut).
- Eine zweite Gruppe erwächst aus zu engen Voraussetzungen für die Unterscheidung von Generations- und Geschlechtsrollen in der Familie (übertriebene Generationsschranke, z. B. autoritäres Durchsetzen von Erwartungen bzw. verwischte Generationsschranken, z. B. symbiotische Beziehungen). In Unterschichtfamilien wird häufig erwartet, dass Kinder früh einen Beruf ergreifen, wodurch eine weiterführende Schulbildung behindert wird.

Häufig gibt es gerade in der sozialen Unterschicht zahlreiche Faktoren, die einem ausbalancierten familiären Interaktionssystem entgegenstehen. Neben den Familien haben nach Krappmann aber insbesondere auch die **Gleichaltrigen** im Prozess der Sozialisation als Rollenlernen **unverzichtbare Bedeutung**. So entwickeln sich gleichaltrige Kinder durch Streitigkeiten untereinander zu sozialen Wesen. Anders als ihre Beziehung zu Erwachsenen ist die Interaktion unter Kindern von Gleichheit und Wechselseitigkeit geprägt, sodass sie lernen, **Einigung in Konfliktfällen** zu suchen.

Infolge dieser Erfahrung lehnen sie sich mit zunehmendem Alter gegen Bevormundung auf. Sie entwickeln in der mittleren Kindheit (6–10 Jahre) die Auffassung von Autorität als einer temporär zugestandenen Vollmacht (z. B. der Lehrer), die gruppendienlich ausgeübt wird.

Mit der Ausbildung engerer Beziehungen verlieren Rangordnungen, die durch soziale Rollen geprägt sind, an Bedeutung und die Kinder erkennen, dass ihr Handeln auf wechselseitige Unterstützung angewiesen ist. Auch wenn Gleichheit keine Realität in der Kindergruppe ist, so ist sie dennoch regulatives Prinzip, welches direkt oder indirekt alle Interaktionen prägt.

Während die **Erwachsenen-Kind-Beziehung** notwendig komplementär sein muss, kann die Kind-Kind-Beziehung reziprok und kooperativ gestaltet und erfahren werden. Die **Kind-Kind-Beziehung** spielt in allen Sozialisationsmodellen eine entscheidende Rolle: Kinder „emergieren" so eigene soziale Kompetenzen, d. h. sie entwickeln aus sich selbst heraus neue und höhere Fähigkeiten. Das Eingreifen Erwachsener in solchen Prozessen ist demnach kontraproduktiv. Indem sich Kinder selbst um eine gemeinsame Handlungslinie bemühen, finden sie heraus, welche Vorgehensweisen im Prozess von Situationsdefinition und Handlungskoordination taugen. Darum wäre es wichtig, dass Kinder immer auch Zeiten erleben, wo sie unbeaufsichtigt von Erwachsenen miteinander spielen können.

1.3 Kritische pädagogische Würdigung von Krappmanns Identitätskonzept

Krappmanns Identitätskonzept hat in den Sozialwissenschaften und in der Erziehungswissenschaft Anerkennung gefunden: Sozialisation folgt demnach keinen statischen Gesetzen, sondern ist ein dynamischer Vorgang. Im Prozess der Sozialisation bestehen ihm zufolge weitreichende Möglichkeiten der individuellen Identitätsbildung. Allerdings setzt er eine nicht-totalitäre Gesellschaft voraus. Damit vernachlässigt er fragwürdige gesellschaftliche Einflüsse auf die Identitätsbildung von Kindern und Jugendlichen, zum Beispiel durch mediale Einflüsse (Fernsehen, Internet). Solche Gefahren hat Krappmann bei der Entwicklung seines Modells noch nicht gesehen.

Grundsätzlich nahm er **keine gesellschaftskritische Perspektive** ein. Ob ein Mensch seine eigene Identität individuell ausbildet, indem er besonders originelle Formen der gesellschaftlichen Anpassung entwickelt oder sich kritisch und distanziert mit gesellschaftlichen Prozessen auseinandersetzt, lässt sich auf der Basis dieses Modells nicht bewerten.

Krappmanns Modell liefert trotz der Einwände gerade für pädagogisches Denken und Handeln wichtige Anregungen. Er hat nicht nur den Stellenwert der Familie für Erziehung und Sozialisation, sondern auch **wichtige Aufgaben der Familie** benannt. Die Wege und Formen der familiären Kommunikation prägen weitreichend die Identitätsbildung von Kindern; auch das Bindungsverhalten der Familienmitglieder untereinander hat fundamentale Bedeutung.

Zugleich erinnert Krappmann an die **hohe Bedeutung der Gleichaltrigengruppe**, wobei er ausdrücklich selbstregulierte Handlungsprozesse für diese fordert. Er würde sich sicherlich gegen ausschließlich von Erwachsenen kontrollierte und pädagogisch betreute Kindergruppen aussprechen.

Maßgebliche Bedeutung kommt den **„identitätsfördernden Fähigkeiten"** zu, die sich junge Menschen im Sozialisationsprozess aneignen müssen. Die Berücksichtigung dieser Fähigkeiten kann tatsächlich helfen, kommunikative Krisen oder soziale Konflikte zu bewältigen, ohne die eigene „Autonomie" zu verlieren oder die der Mitmenschen anzugreifen.

Pädagogisch relevant ist die Frage, wie das Ausbilden von Empathie, Ambiguitätstoleranz, Role-Taking und Identitätsdarstellung sinnvoll gelernt bzw. solches Lernen sinnvoll gefördert werden kann. Hierzu finden sich bei Krappmann nur Andeutungen.

Aufgabe 45 Beschreiben Sie an einem selbst gewählten Beispiel, zwischen welchen Anforderungen oder auch Wünschen und Interessen ein Jugendlicher die Balance finden muss.

Aufgabe 46 Erarbeiten Sie, wie die Entwicklung der von Krappmann beschriebenen vier identitätsfördernden Fähigkeiten unterstützt werden kann. Reflektieren Sie dabei, in welchem Alter die spezifische Förderung beginnen sollte.

Aufgabe 47 Erörtern Sie, ob zwischen Krappmanns Vorstellung der vier identitätsfördernden Fähigkeiten und den vier Forderungen Kants an die Erziehung eine konstruktive Verbindung geknüpft werden kann.

Lösungen

Einführung: Die pädagogische Perspektive

ufgabe 1 Beispiel 1: Ein Vater sieht, dass sein Sohn seine jüngere Schwester schlägt und gibt dem Jungen als Strafe eine Ohrfeige. Das Erziehungsziel, der Junge soll seine Schwester nicht mehr schlagen, ist grundsätzlich wertvoll und erreichbar. Fragwürdig ist das Mittel: Der Sohn lernt körperliche Gewalt als legitimes Mittel der Sanktionierung kennen und nutzt es möglicherweise als Erwachsener selbst. Schlagen als Mittel zur Zielerreichung kommt aus axiologischen Sicht nicht infrage, ist aber auch aus technologischer Perspektive nicht zwingend erfolgversprechend. Der Junge entwickelt ja keine Einsicht. Er würde möglicherweise seine Schwester wieder schlagen, müsste er nicht befürchten, erneut geohrfeigt zu werden. Ein pädagogisch wertvolles und erreichbares Ziel rechtfertigt folglich keineswegs alle erzieherischen Mittel.

Beispiel 2: Eltern wollen, dass ihre Tochter ein großer Tennisstar wird. Sie lassen sie täglich mehrere Stunden trainieren und nehmen hin, dass sie deshalb das Gymnasium nicht besuchen kann. Sie legen damit den Tagesablauf des Kindes strikt fest. Ob ihr Ziel erreichbar ist, lässt sich schwer prognostizieren. Es ist aber eher unwahrscheinlich, dass die Tochter eine zweite Steffi Graf wird. Immerhin wäre das Ziel, technologisch betrachtet, nicht unerreichbar. Axiologisch gesehen bleibt es auf jeden Fall problematisch, auch wenn es zumindest theoretisch erreichbar ist. Die Tochter wird zur Einseitigkeit erzogen und kann kaum eigene Interessen ausbilden. Sie muss sich den Wünschen der Eltern unterwerfen, ihre eigenen Träume bleiben unberücksichtigt. Auch das Mittel der Eltern, Zwang zu täglichem mehrstündigen Training, ist fragwürdig. Ob es zum Erfolg führt, ist nicht sicher. Zudem könnte das einseitige Training für die Gesundheit des Mädchens nicht gut sein. Ihr wird viel Zeit für selbstbestimmtes Tun vorenthalten; das könnte sich auf ihre psychische Gesundheit auswirken.

ufgabe 2 Grundschulkinder lernen die Uhr kennen. Sie erarbeiten dabei nicht nur die Ziffern, sondern beginnen auch, den Tag mithilfe der Uhr zu strukturieren. Sie erhalten jetzt die Gelegenheit, ihren Tag selbst zu planen. Was machen wir von wann bis wann? Wenn ich so lange Zeit Hausaufgaben mache, wie viel Zeit bleibt mir zum Fußballspielen, wenn ich zu einer bestimmten Zeit zum Abendessen zuhause sein muss?

Der Unterricht knüpft an Bedürfnissen der Kinder an und erweitert ihre Handlungsmöglichkeiten. Zugleich eignen sie sich Fachwissen über Mathematik an. Auf dieser Basis können die Kinder bald nicht nur einen Tag, sondern eine ganze Woche planen oder den Tag nicht nur nach ganzen, halben und viertel Stunden, sondern genau nach Minuten einteilen.

Aufgabe 3 Wenn Menschen gelernt haben, nicht mit den Fingern, sondern mit Messer und Gabel zu essen, sind sie kultiviert. Wenn sie beim Essen in einem gehobenen Restaurant wissen, welches Besteck sie wann wählen müssen, sind sie zivilisiert. Moralisierung würde sich darin zeigen, wenn sie etwa beim Gespräch bei Tisch – höflich und mit gewählten Worten – widersprechen, wenn Menschen z. B. aufgrund ihrer Religion oder Herkunft diffamiert werden. Zivilisiertheit ist demnach die Voraussetzung dafür, die eigenen moralischen Überzeugungen klug vertreten zu können.

Entwicklung und Sozialisation in der Kindheit

Aufgabe 4 **ES:** Da vorne steht Michael, der mich gestern vor Annette so schlecht gemacht hat. Jetzt schlage ich ihm so richtig ins Gesicht!

ÜBER-ICH: Lass das auf jeden Fall sein! Wenn du ihn schlägst, wirst du bestraft. Du wirst nur Ärger haben!

ES: Das ist mir egal. Ich kann diesen widerlichen Kerl nun einmal nicht leiden.

ÜBER-ICH: Schlagen ist Körperverletzung. Du kannst richtig Schwierigkeiten bekommen. Man wird dich anzeigen und du kannst vor Gericht kommen.

ES: Aber ich habe doch so eine Wut auf ihn!

ICH: Vielleicht muss ich mir doch etwas anderes einfallen lassen, als ihn einfach zu schlagen.

ES: Trotzdem, ich muss ihn nur sehen, dann kann ich mich kaum zurückhalten!

ÜBER-ICH: Verboten bleibt verboten!

ICH: Also gut, aber ich lasse mir noch etwas einfallen. Jedenfalls wird er mir nicht ganz ungeschoren davon kommen.

ES: Und es muss ihm richtig weh tun!

ÜBER-ICH: Hauptsache, du schlägst jetzt erst einmal nicht zu!

ICH: Ja, es gibt noch andere Möglichkeiten, mich zu wehren. Mir fällt bestimmt noch etwas Gutes ein.

ufgabe 5 Freuds Annahme eines Destruktionstriebes beruht auf der konkreten historischen Erfahrungen des Ersten Weltkrieges. De facto sind viele Menschen dazu fähig, andere Menschen grausam zu misshandeln oder zu ermorden. Grundsätzlich muss man wohl mit einer Gewaltbereitschaft des Menschen rechnen. Für diese Annahme lassen sich viele Beispiele bzw. Belege in der jüngeren Vergangenheit anführen. Ob dies eine Folge von Enttäuschung oder eines angeborenen Triebs ist, lässt sich schwer entscheiden, weil unklar ist, was in der Psyche des Menschen als Enttäuschung erlebt wird. Dass der Mensch von Natur aus gut ist, lässt sich aus psychoanalytischer Sicht nicht begründen. Das heißt aber nicht, dass jeder Mensch ein potenzieller Gewalttäter ist. Ob Freud Recht hat oder nicht, ist letztlich nicht endgültig zu beantworten.

ufgabe 6 Der Mensch, der unbewusst von Verdrängungen und Projektionen dominiert wird, kann nicht frei sein. Die Psychoanalyse hat die Quellen psychischer Unfreiheit offen gelegt. Erziehung muss anstreben, dass Kinder so aufwachsen, dass sie nicht psychisch unfrei werden.

Kinder orientieren sich keineswegs allein an ihren Triebbedürfnissen und erleben die Erwachsenen nicht nur als Objekte oder auch Quellen der Lust. Sie finden bei ihnen auch Geborgenheit. Sie idealisieren sie und identifizieren sich mit ihnen. Das kindliche ÜBER-ICH, das sie nach und nach ausbilden, ist zunächst stark von den Erwachsenen, insbesondere den Eltern, geprägt. Daraus erwächst eine pädagogische Verantwortung. Empathie und Rücksichtnahme lernen Kinder zunächst über Vorbilder.

Eine psychische Loslösung von den Eltern findet in der Pubertät statt. Eltern müssen Kindern zunehmend Freiheiten einräumen, Loslösung zulassen und Auseinandersetzungen akzeptieren, da so die Selbstständigkeit der Heranwachsenden gefördert wird. Sie bleiben aber wichtige Ansprechpartner und müssen manchmal noch Grenzen setzen. Freiheit muss immer auch durch die Bewältigung von Konflikten erarbeitet werden. Das gilt auch für die Entwicklung des ÜBER-ICH. Das kindliche ÜBER-ICH ist stark durch die Eltern bzw. andere Erwachsene geprägt. Erschütterungen des kindlichen ÜBER-ICH sind nötig, damit der Jugendliche sein eigenes ÜBER-ICH ausbilden kann. Glaubwürdige Vorbilder, die mit Geradlinigkeit und Konsequenz beeindrucken, sind wichtig, auch wenn nicht alle moralischen Auffassungen geteilt werden. Menschen, die Jugendliche ernstnehmen, ihnen beratend zur Seite stehen, konkret mitmenschliche Rücksicht leben und ihnen bei Krisen helfen, haben Bedeutung: Sie tragen dazu bei, dass Jugendliche nicht nur eigene, sondern auch (moralisch) gute Orientierungen suchen können. Auch erlebte Partnerschaften können dem Jugendlichen dabei helfen, eigene Werte zu finden.

Aufgabe 7 Kinder brauchen in den ersten beiden Lebensjahren sichere und stabile Beziehungen zu festen Bezugspersonen. Die Mutter-Kind-Beziehung ist sicherlich die intensivste Form davon. Insofern ist wichtig, dass ein Säugling oder Kleinkind seine Mutter als ihm zugewandt erlebt.

Die Erziehung im Kibbuz hat bewiesen, dass sich auch Kinder, die in den ersten Lebensjahren nicht kontinuierlich von einer festen Bezugsperson umsorgt werden, gesund entwickeln können. Allerdings muss deutlich konstatiert werden, dass die Kinder immer mit anderen zusammen waren und überdies kontinuierlich von Betreuerinnen nicht nur ver-, sondern auch umsorgt wurden. Kinderhorte müssen sich nicht negativ auf die kindliche Entwicklung auswirken. Eine intensive Betreuung durch – nicht ständig wechselnde – Bezugspersonen und in kleinen Gruppen sollte gewährleistet sein.

Aufgabe 8 Nach Erikson befinden sich Kinder in der Grundschulzeit in der Phase „Werksinn vs. Minderwertigkeitsgefühl". Diese Kinder wollen Leistungen zeigen und nützliche Fähigkeiten unter Beweis stellen. Darum sind Kinder stolz auf schulische Leistungen. Wenn sie Leistungen nicht ausreichend erbringen, erleben sie dies auch immer als Bedrohung ihres Selbstwertgefühls. Pädagogisch betrachtet, ist dies aber nicht nur problematisch. Denn so lernen Kinder schrittweise, sich selbst – auch im Vergleich mit Mitschülern – realistisch einzuschätzen. Sie lernen, dass sie manchmal nur mit Mühe Ziele erreichen können und üben auch auszuhalten, dass sie nicht immer erfolgreich sein können.

Zweifellos sollte schulisches Lernen immer auch besondere Interessen, Erfahrungen und Fähigkeiten der Kinder berücksichtigen. Kinder sollten aber auch erfahren, dass ihnen in der Schule Leistungen und Anstrengungen zugetraut werden. Es ist für Kinder hilfreich, wenn sie wissen, ob sie etwas leisten sollen oder ob sie frei von Leistungserwartungen spielen können.

Aufgabe 9 Jugendliche befinden sich nach Erikson im Konflikt „Identität vs. Identitätsdiffusion", Kinder im Grundschulalter im Konflikt „Werksinn vs. Minderwertigkeitsgefühl". Wenn Kinder Leistungen erbringen wollen, suchen sie auch Autoritäten, die ihre Leistungen anerkennen können. Zudem suchen sie Vorbilder, an denen sie sich orientieren und welchen sie nacheifern können. Im Pubertätsalter lösen sich die Jugendlichen zwar einerseits von den Erwachsenen und deren Normen und Werten, sie brauchen aber dennoch – gerade in Zeiten innerer wie äußerer Krisen – feste Bezugspersonen, die ihnen als Ansprechpartner und Ratgeber zur Seite stehen. In diesem Sinne bedürfen auch Jugendliche kompetenter und glaubwürdiger pädagogischer Autoritäten. Das schließt Auseinandersetzungen nicht aus, im Gegenteil. Nicht zuletzt lernen

Jugendliche in Auseinandersetzungen mit Erwachsenen, die sie als Autoritäten anerkennen, was für sie (und ihre eigene Identität) wichtig ist und wofür sie sich auch gegen Widerstände einsetzen wollen.

fgabe 10 In der Moderne ändern sich familiäre Strukturen radikal, Biografien und Sozialisationen verlaufen sehr unterschiedlich. Das Modell Eriksons setzt stabile soziale Beziehungen – ob in einer Familie mit Vater und Mutter oder in kollektiven Lebensformen wie im Kibbuz – voraus. Solche stabilen Lebensformen sind vielfach nicht mehr gegeben. Das Leben in der Gegenwart ist individualisiert, pluralisiert, nicht selten enttraditionalisiert, multikulturell und häufig für viele Betroffene in vielerlei Hinsicht instabil. Dies kann sich nachhaltig auf die Ausbildung von Identitäten bei den nachkommenden Generationen auswirken. Welche Folgen es beispielsweise haben kann, wenn Kinder im Konflikt zwischen Urvertrauen und Urmisstrauen nicht lernen, sich der Wirklichkeit zuzuwenden, oder infolge defizitärer Erfahrungen in dieser Lebensphase – tiefenpsychologisch betrachtet – unbeständig nach innerer Ruhe suchen, ist heute noch nicht abzusehen.

Man könnte weiterhin fragen, ob die Gewissensbildung junger Menschen heute anders stattfindet als vor Jahrzehnten. Möglicherweise wird das Pflichtbewusstsein weniger stark ausgebildet. Das erzieherische Ziel der „Moralität" ist ohne Gewissensbildung im Kindesalter sicher nicht erreichbar.
Auch die Identitätsbildung fällt in einer Zeit mannigfacher Orientierungen in fast allen Lebensfeldern vielen Jugendlichen schwerer als in der Vergangenheit („Identitätsdiffusion"). Häufig legen nicht einmal mehr die Eltern klare Orientierungen an den Tag.

Grundsätzlich bleibt pädagogisch erstrebenswert, dass Kinder und Jugendliche verlässliche und dauerhafte Beziehungen und Bindungen erfahren – wenn vielleicht auch anders als früher. Autoritäten, die Kindern Orientierung geben, ihnen Grenzen setzen und glaubwürdige Vorbilder für sie sind, haben nach wie vor Bedeutung. Das müssen Eltern, Erzieher und Lehrer wissen. Eriksons Theorie hilft, auch in Zeiten veränderter sozialisatorischer Bedingungen an fundamentale Voraussetzungen für ein gelingendes Aufwachsen von Kindern und Jugendlichen zu erinnern.

fgabe 11 Das Fallbeispiel weist deutlich auf Defizite in der ersten lebensgeschichtlichen Phase hin. Stephanie konnte offensichtlich nur sehr wenig Urvertrauen ausbilden. Ihre massiven Erfahrungen von Vernachlässigung zeigen sich in oralen Defiziten wie dem Abbeißen der Nägel. Auch ihre Ernährungsprobleme und die Tatsache, dass ihre Mutter sich nur wenig Zeit für sie nahm, lassen vermuten, dass Stephanies orale Bedürfnisse unbefriedigt blieben. Unbewusst sucht sie Ersatzbefriedigungen für diese noch immer wirksamen Bedürfnisse.

Erikson nennt die erste psychosoziale Entwicklungskrise des Kindes „Urvertrauen gegen Misstrauen“. Wie wenig Vertrauen Stephanie ausbilden konnte, zeigt sich in ihren vielfältigen Ängsten. Besonders problematisch ist ihre fortwährende innere Unruhe. Ihr Urmisstrauen verhindert, dass sie sich kontinuierlich und ausdauernd mit einem Sachverhalt auseinandersetzen kann.

Die zweite psychosoziale Krise des Kindes bezeichnet Erikson als „Autonomie gegen Scham und Zweifel“ und die dritte Krise „Initiative gegen Schuldgefühl“. Stephanie zeigt z. B. in der Schule Initiative, welche sie aber nicht lange durchzuhalten vermag. Sie hat eigene Ideen (= „Autonomie“), bewertet diese aber häufig nur selbst. Infolge ihrer vielfältigen Vernachlässigungen oder auch aufgrund von Erfahrungen willkürlicher Gewalt z. B. seitens ihrer Mutter hat Stephanie offenbar kein Gefühl von Scham entwickelt, sondern innerhalb dieser Erfahrungen in gewisser Weise Autonomie ausbilden können. Da ihr Vater in ihren ersten Lebensjahren offensichtlich keine Bedeutung für sie gewann, konnte sie einen Ödipuskonflikt kaum erleben. Man muss davon ausgehen, dass ihre Bezugspersonen sich insgesamt wenig als Identifikationsobjekte anboten, sodass mögliche Gefühle von Hass oder Abneigung kaum Schuldgefühle bei Stephanie ausgelöst haben dürften. Denkbar wäre, dass ein tiefgreifendes Urmisstrauen solchermaßen dominierte, dass weitere Entwicklungskrisen im Sinne Eriksons für sie kaum Bedeutung gewinnen konnten.

Stephanie zeigt aktuelle Ansätze von Werksinn, sie arbeitet in der Schule offenbar grundsätzlich, wenn auch diskontinuierlich, mit. Sie dokumentiert aber nie Zweifel bezüglich ihres Tuns. Die Sorge, dass ihre Arbeiten minderwertig sein könnten, hat sie allem Anschein nach nicht. Damit läuft sie Gefahr, nicht zu lernen, ihre Leistungen nach und nach angemessen einzuschätzen.

Indes müssen Stephanies Entwicklungsmöglichkeiten keineswegs pessimistisch beurteilt werden. Sie erfährt durch ihre Tante weitreichende Förderung und Unterstützung, wie die offenkundigen Entwicklungsfortschritte zeigen, seit sie bei dieser lebt. Innerhalb einer tiefenpsychisch orientierten Sichtweise ist wichtig, dass Stephanie kontinuierlich Zuwendung und Vertrauen erfährt. Man kann annehmen, dass dies im Zusammenleben mit ihrer Tante der Fall ist.

Neben liebevoller und kontinuierlicher Zuwendung, um so innerlich mehr Sicherheit finden zu können, bedarf sie zugleich auch der Erfahrung, Regeln einhalten oder Anforderungen bewältigen zu müssen (und auch zu können). Darum wäre es wichtig, sie auch mit Verboten und Konsequenzen bei Verstößen gegen Gebote zu konfrontieren. Solche Verbote müssen maßvoll und schrittweise erfolgen, Stephanie darf nicht überfordert werden. In diesem Zusammenhang sollte nicht übersehen werden, dass sie willkürliche Bestrafungen erlebt hat und insofern vielleicht viele Strafen nicht als pädagogische Maßnahmen erfassen kann. Wichtig ist, dass sie Strafen als natürliche Folgen von fragwürdigem Verhalten erleben kann. Darüber hinaus sollte Stephanie Aufgaben gestellt bekommen, die sie bewältigen kann, sodass sie Erfolgserlebnisse hat.

Wünschenswert wäre eine intensive Kooperation zwischen der Schule und ihrer Tante. Die Lehrerinnen und Lehrer müssten wissen, wie wichtig Erfolge – sowohl im sozialen Miteinander als auch mit Blick auf schulische Leistungsanforderungen – für Stephanie sind. Sie müssten weiter wissen, dass Rückschläge im Verhalten unvermeidbar sind und dürfen das Mädchen nicht überfordern. Auch sie müssen für Stephanie als verlässliche und vertrauenswürdige Personen erfahrbar sein. Wichtig für sie ist, Vorbilder im Alltag zu erleben, an denen sie sich orientieren kann. Stephanie hat sicherlich lange zu wenig gelernt, Ordnung in ihren Tagesablauf zu bringen. Mehr äußere Ordnung könnte ihr dabei helfen, auch mehr innere Ordnung zu entwickeln. So ist zu hoffen, dass über einen klar strukturierten Tagesverlauf ihre Schlafprobleme minimiert werden können.

Sicherlich lässt sich zudem über therapeutische Hilfen für Stephanie nachdenken. Möglicherweise kann eine Spieltherapie helfen, ihre bisherigen defizitären Erfahrungen zu kompensieren. Solche therapeutischen Maßnahmen können pädagogische Förderung allerdings nie ersetzen, sondern immer nur ergänzen. Sie können aber dazu beitragen, dass Stephanie sich leichter auf eine pädagogische Förderung bzw. pädagogische Forderungen einlässt.

fgabe 12 **Akkommodation und Assimilation:** Wenn ein Kind für eine schon gelernte Aktivität neue Gegenstände wählt, findet Assimilation statt. Zum Beispiel nehmen kleine Kinder alles in den Mund, auch Blumen oder Dreck. Erfolgt innerhalb einer Interaktion mit der Umwelt eine Verhaltensänderung, findet Akkommodation statt. Kleinkinder sagen oft zu allen Männern erst „Papa", lernen aber bald, zwischen Mann und Papa zu unterscheiden. Wenn wir z. B. im Lateinunterricht grammatischen Formen begegnen, die es im Deutschen nicht gibt, müssen wir beim Übersetzen die Aussagen in deutscher Grammatik wiedergeben, was ein hohes Maß an Assimilation darstellt. Übersetzen wir umgekehrt vom Deutschen ins Lateinische und wählen grammatische Formen, die wir im Deutschen nicht kennen, findet Akkommodation statt.

Schema und Struktur: Kinder lernen meist erst das Krabbeln, dann das Stehen, schließlich das Laufen. Sie bilden auf diese Weise Bewegungsschemata aus. Strukturell kann sich ein Mensch bald auf zwei Beinen fortbewegen, wobei er unterschiedliche Schemata des Bewegens auf zwei Beinen anwenden kann (Gehen, Laufen, Rennen).

Aufgabe 13 Kinder im sensomotorischen Stadium (0–2 Jahre) testen gerne die Wirkungen ihrer Handlungen aus. Sie schalten Lichtschalter immer wieder an und aus. Oder sie haben Freude daran, mit den Augen Personen zu suchen, die sich für sie verbergen und dann wieder sehen lassen.

In der präoperationalen Phase (2–7 Jahre) mögen Kinder Memory und zeigen dabei erstaunliche Merkfähigkeit. Sie haben Spaß am symbolischen Repräsentieren, indem sie Bilder und Zeichen erkennen bzw. wiedererkennen.

Für Grundschulkinder im konkret-operationalen Stadium (7–12 Jahre) werden Regeln wichtig, die streng eingehalten werden. Sie spielen „Fangen", „Verstecken" oder „Völkerball". Das Versteckspiel verlangt ihnen konkrete gedankliche Operationen ab, da sie überlegen müssen, wo sie nur schwer gefunden werden können.

Strategiespiele oder auch Denkaufgaben gefallen älteren Kindern im Stadium der formalen Operationen (11–13 Jahre). Um Rätselfragen zu beantworten oder Strategien zu entwickeln, müssen sie induktiv und deduktiv denken. Bei Strategiespielen müssen sie auch berücksichtigen, was sich „Gegner" im Spiel einfallen lassen und wie sie auf deren Strategien reagieren können.

Aufgabe 14 Piaget beschreibt, zu welchen Einsichten Kinder in welcher Altersstufe fähig sind. Er legt dar, wie die kognitiven Fähigkeiten von Kindern gefördert werden können und auf welche Weise man sie mit pädagogischen Erwartungen überfordern könnte. Piagets Einsichten helfen zu entscheiden, inwiefern man Kindern schon „Freiheit" zugestehen kann. Kinder im Vorschulalter können die Folgen ihres Handelns nur sehr konkret und in zeitlich wie räumlich überschaubarem Rahmen abschätzen. Ein Kind, das ein anderes schlägt, weiß, dass es diesem weh tut, ihm ist aber nicht klar, dass es möglicherweise länger anhaltende Verletzungen bewirkt.

„Moralität" im Sinne Kants kann und darf Kindern und Jugendlichen, wenn man Piagets Erkenntnisse berücksichtigt, noch nicht abverlangt werden. Diese kann nur erreichen, wer auch gedanklich „formal operieren" kann, denn die Reflexion „guter Zwecke" setzt die kognitive Fähigkeit zur Abstraktion voraus.

ufgabe 15 Im Familiengespräch behauptet Paula, die Frau der Mutter zu sein, und sie hält hartnäckig an dieser Auffassung fest. Die anderen Mitglieder versuchen erfolglos, Paula davon zu überzeugen, dass sie nicht die Frau des Vaters sein kann. Als sich die Frage stellt, wer die Frau des Vaters sei, wenn die Mami nicht seine Frau sei, überlegt Paula, dass Anne, die ältere und nicht anwesende Tochter, die Frau des Vaters sein könnte. Sie begründet dies damit, dass Anne „so groß" sei. Paula will auch nicht, dass der Vater die Mutter liebt, und droht dem Vater sogar. Lotte vermutet dann, dass Paula die Frau der Mutter sein wolle, weil sie sie sehr „lieb" habe. Paula weiß, dass sie kein Mann ist, stimmt aber dann zu, als überlegt wird, ob sie einmal ein Mann werde. Nachdem die Mutter nachdrücklich erklärt hat, dass sie die Frau des Vaters sei, antwortet Paula, dass sie die Mutter brauchen werde, wenn sie „als Vater" verzaubert worden sei. Paula spielt dann diese „Verzauberung".

Sicherlich hat Lotte Recht, wenn sie sagt, Paula liebe ihre Mutter und wolle deshalb ihr Mann sein. Paula weiß offenbar, dass ein Ehepaar eine enge Beziehung verbindet, sie wünscht sich eine sehr intensive Beziehung zur Mutter. Darum wünscht sie sich, der Mann der Mutter zu sein. Diesen Wunsch überträgt sie in die Realität. Darin zeigt sich Paulas kognitiver Egozentrismus. Sie lässt sich in diesem Denken auch nicht von logischen Argumenten beeinflussen. Wenn der Vater der Mann der Mutter wäre, könnte Paula dies nicht sein. Würde Paula konsequent reversibel denken, würde sie einsehen, dass sie nicht der Mann der Mutter sein kann. Das aber lernen Kinder erst ab dem Alter von etwa sechs Jahren. Dennoch kann Paula ansatzweise logisch denken, wie der Konditionalsatz am Ende des Gesprächs beweist: „Wenn ich …, dann brauche …". Dieser logische Schluss gelingt ihr aber nur in Bezug auf eine Fantasiewelt, die sie sich nun konstruiert. Sie unterscheidet noch nicht zwischen Wirklichkeit und Fantasie- oder Wunschwelt. Ein weiterer Beleg dafür, dass Paula ansatzweise logisch denkt, ist ihr „Argument", dass Anne die Frau des Vaters sein könnte, weil sie „so groß" ist. Paula weiß also, dass nur „große" Menschen Ehepartner sein können. Sie kann aber noch nicht zwischen groß und erwachsen unterscheiden, sie kann also noch keine Merkmale differenzieren.

Lotte dagegen kann genauer unterscheiden: die Mutter ist größer als Anne, Paula kann kein Mann sein, weil sie als Mädchen geboren wurde und deshalb immer weiblich bleiben wird. Lottes Denken ist nicht mehr von Fantasien oder Wünschen bestimmt, sondern baut auf Wissen und logischen Folgerungen auf. Lotte argumentiert immer konkret: Sie verweist auf die Größe der älteren Schwester, auf Paulas Geburt als Mädchen. Sie kann noch nicht abstrakt begründen, z. B. dass Kinder Erwachsene nicht als Ehepartner haben können.

Indes erreicht Lotte so eher die Gedankenwelt Paulas als ihre Eltern, die logisch-rational argumentieren. Sie fordern Paula auf, rational zu denken, was nicht gelingt.

Alle Versuche, Paula in dieser Situation zur Einsicht zu bringen, bleiben erfolglos. Paula wird noch zu sehr vom egozentrischen Denken bestimmt. Piaget hat überzeugend dargelegt, dass Kinder dieses Denken mit zunehmendem Alter überwinden. Am Ende der präoperationalen Phase und zu Beginn der formal-operationalen Phase wird Paula konsequenter reversibel und weniger egozentrisch denken. Dieser Prozess wird durch kontinuierliche Kommunikation gerade auch in ihrer Familie gefördert. Insofern erreichen ihre Eltern und Lotte Paula argumentativ zwar in diesem Gespräch nicht, dennoch fördern sie ihre Denkentwicklung. Indem Paula in ihrem Umfeld erleben kann, dass Menschen rational denken und realitätsbezogen miteinander diskutieren, lernt sie nach und nach, ihr eigenes Denken strukturell zu verändern. Irgendwann wird sie begreifen, dass sie nicht Mädchen und Mann zugleich sein kann, daraus wird ein Prozess des Akkommodierens in ihrem Denken stattfinden und zu einer strukturellen Veränderung ihres Denkens führen.

Wichtig ist Piagets Einsicht, dass dieser Prozess nicht erzwungen und nicht vorweggenommen werden kann. Kinder durchlaufen diese Entwicklung ihres Denkens von selbst, wenn sie in einer Umgebung aufwachsen, in welcher Denken aktiv und erfahrbar praktiziert wird.

Aufgabe 16

I: Peter regt mich auf, ich schlage ihm gleich ins Gesicht!
Me: Denk daran, dass du nicht schlagen darfst. Du wirst streng bestraft, wenn du Peter schlägst!
I: Ich will Peter aber schlagen. Wenn ich ihn sehe, platze ich vor Wut!
Me: Denke an den vielen Ärger, den du dir damit einhandelst!
Mind: Du könntest Peter kräftig die Meinung sagen – ohne ihn zu schlagen.
I: Aber ich bin doch so wütend auf ihn!
Me: Wenn du Peter nur mit Worten angreifst, wirst du sicher nicht bestraft.
Mind: So könntest du deinen Ärger ausdrücken, und Peter findet es auch nicht gerade erstrebenswert, wenn er so deutlich Kritik zu hören bekommt.
I: Aber ich würde ihm doch viel lieber einmal ins Gesicht schlagen.
Mind: Womit erreichst du am Ende mehr?

Aufgabe 17

Play: Kindergartenkinder spielen gerne Vater-Mutter-Kind. Häufig ahmen sie dabei ihre Eltern nach, orientieren sich also konkret an ihren eigenen Erfahrungen. In ihrem Spiel spiegeln sie so auch Schwächen der eigenen Eltern – ohne es zu merken.

Game: Ältere Kinder mögen Regelspiele und fordern dann auch die Einhaltung der Regeln streng ein. Beim Fangen gilt das Kind als „gefangen", das vom „Fänger" berührt wurde; beim Versteckspiel muss der Suchende zunächst mit zugehaltenen Augen genau bis z. B. zur Zahl 10 zählen, damit die anderen Kinder in dieser Zeit Verstecke suchen können.

Aus den freieren Spielen werden also Spiele mit festen vorgegebenen Regeln. Letztere ermöglichen, dass Kinder, die sich vielleicht vorher nicht einmal kannten, sofort miteinander spielen können, zwingen die Kinder aber auch, sich diesen Regeln zu unterwerfen.

ufgabe 18 Die Bedingungen des Aufwachsens der nachwachsenden Generationen haben sich nachhaltig verändert. Die Familien haben sich gewandelt. Große Familien, in welchen drei Generationen zusammen unter einem Dach leben, finden sich heute nur noch selten. Auch sind viele Familien nur noch Ein-Kind- oder Zwei-Kinder-Familien. Damit sinkt die Zahl von familiären Bezugspersonen für Kinder. Im Jahr 2007 wurden in Frankreich mehr nichteheliche als eheliche Kinder geboren. In Deutschland findet seit längerer Zeit eine umfassende Diskussion um einen „Erziehungsnotstand" oder eine „Erziehungskatastrophe" im Land statt. Wenn aber Kinder in ihren Familien zu wenig Fürsorge und Begleitung erfahren und insofern nur wenig prägende „signifikante Andere" erleben, entsteht die Gefahr, dass sie nur wenig vorbereitet auf Erwartungen des „verallgemeinerten Anderen" sind. Sie könnte dann solche Erwartungen als Zumutungen oder Überforderungen erleben.

Müssen infolgedessen in der Gegenwart Lehrer in der Schule und noch mehr Erzieher im Kindergarten zunehmend auch noch die Rolle der „signifikanten Anderen" einnehmen, um Kinder überhaupt mit Postulaten von „verallgemeinerten Anderen" konfrontieren zu können?

Erzieher und Lehrer sind und bleiben Vertreter des „verallgemeinerten Anderen", sie sollen die Kinder zunehmend mit Wissen, Regeln und Erwartungen der gesellschaftlichen Welt vertraut machen. Aber sie müssen zugleich den wirklichen Möglichkeiten und Fähigkeiten von Kindern Rechnung tragen. Sie können sich nicht mehr darauf beschränken, Kindern und Jugendlichen gesellschaftliche Anpassung abzuverlangen. Sie müssen auch zunehmend ihren unterschiedlichen individuellen Voraussetzungen Rechnung tragen. Zu fragen wäre, ob Kindergärten und Schulen sich vor dem Hintergrund dieser veränderten pädagogischen Bedingungen nicht auch ändern müssen. Die Tatsache, dass vielfach Sozialarbeiter und Psychologen mit in die pädagogische Schularbeit einbezogen werden, lässt einen entsprechenden Reformprozess erkennen.

Offen bleibt aber, ob professionelle Pädagogen in staatlichen Institutionen die „signifikanten Anderen“ in Familien ersetzten können. Das Modell Meads kann helfen, die gegenwärtigen veränderten sozialisatorischen Entwicklungen kritisch in den Blick zu nehmen und nach Lösungen zu fragen, welche die fundamentalen Aufgaben von Schulen und Kindergärten nicht aus dem Blick verlieren.

Aufgabe 19 Ein Assistenzarzt ist hohen physischen und psychischen Belastungen ausgesetzt. Um diese bewältigen zu können, muss er zum einen diszipliniert leben, auf seine Ernährung achten und über sportliche Betätigung seinen Körper trainieren. Die Überzeugung, Menschen zu heilen, kann ihn mental stärken.

Der Assistenzarzt unterwirft sich freiwillig anstrengenden Rollenerwartungen: Er ist bereit, lange Dienstzeiten auf sich zu nehmen und die Autorität seines Chefarztes anzuerkennen. Dafür kann er erwarten, später als Arzt mehr Freiräume, ein höheres Gehalt und noch mehr Statusgewinn zu erlangen. Im gesellschaftlichen Wertesystem findet sein Beruf überdies hohe Anerkennung.

Aufgabe 20 Parsons geht davon aus, dass das Zusammenwirken von Subsystemen in einer Gesellschaft immer gelingt. Aus pädagogischer Sicht ist fraglich, ob alle gesellschaftlichen Subsysteme konstruktiv zusammenwirken. Aus der Neurobiologie ist heute bekannt, dass häufiger Fernsehkonsum in den ersten Lebensjahren massive Auswirkungen auf die Lernfähigkeit des menschlichen Gehirns hat. Nur bei geringem Fernsehkonsum kann das Gehirn eines Kindes kognitive Fähigkeiten optimal ausbilden. Zudem werden Kinder über die Medien mit Bildern und Informationen konfrontiert, von denen sie vor Jahrzehnten erst nach schulischer Vorbildung erfuhren. Das Zusammenwirken der Subsysteme in einer Gesellschaft funktioniert also nicht von Natur aus gut. In diesem Kontext gewinnt die Vorschulerziehung an Stellenwert, weil das Subsystem Kinderhort bzw. Kindergarten wesentlich dazu beitragen kann, den Fernsehkonsum zu reduzieren und ein anderes Lernen zu fördern. Allerdings kann der Kindergarten zunächst kaum verhindern, dass – z. B. an den Wochenenden – in manchen Familien ein hoher kindlicher Fernsehkonsum stattfindet. In solchen Fällen beeinträchtigen Erfahrungen im Elternhaus das kindliche Lernen in Kindergärten und Schulen.

Mit Hinweis auf das Konzept Parsons’ ist es heute wichtig, nicht nur Schwierigkeiten und ihre Ursachen im Alltag von Kindergärten und Schulen zu benennen, sondern auch darauf hinzuweisen, dass langfristig gesehen solche pädagogischen Schwierigkeiten massive Folgen für die Gesamtgesellschaft haben müssen.

ufgabe 21 Nach Parsons stellt die Grundschule einen neuen und bedeutenden Schritt in der Sozialisation des Kindes dar. Die Schule soll das Kind aus primär familiären Orientierungen lösen und ihm gesellschaftliche Leistungserwartungen abverlangen – auch unabhängig von seinen persönlichen Interessen und Bedürfnissen. Parsons glaubt, dass das Kind im Grundschulalter Leistungsbereitschaft internalisieren muss. Er bejaht ausdrücklich Konkurrenz und Selektion. An dieser Haltung kann man kritisieren, dass Parsons keine Rücksicht auf die natürliche Entwicklung von Kindern nimmt. Man kann aber auch argumentieren, dass insbesondere im Berufsleben Konkurrenz und Selektion massiv stattfinden. Insofern lässt es sich rechtfertigen, Kinder früh dazu zu bewegen, Leistungsbereitschaft auszubilden. Damit ist aber nicht geklärt, wie Kinder pädagogisch sinnvoll zur Leistungsbereitschaft motiviert werden können.

Entwicklung, Sozialisation und Identität im Jugend- und Erwachsenenalter

ufgabe 22 Nach Hurrelmann sind „Ressourcen“ für Jugendliche besonders wichtig, weil Jugend immer auch krisenhafte Formen und Zeiten beinhalten kann. Eltern, Lehrer und Ausbilder haben in dieser Lebensphase einen nicht zu unterschätzenden pädagogischen Einfluss. Allerdings sollten sie die „Handlungsspielräume“ der Jugendlichen nicht zu sehr eingrenzen, sondern „Haltepunkte“ setzen. Erwachsene können bewusst eine eigene Identitätsbildung der Jugendlichen unterstützen. Sie können sich als Gesprächspartner anbieten und innere Auseinandersetzungen anregen, sie können auch trösten und ermutigen. Das bedeutet aber nicht, dass sie keine Grenzen setzen sollten, wenn Jugendliche Gefahr laufen, sich selbst nachhaltig zu schaden.

Der Einfluss der sogenannten Peergroups im Jugendalter sollte nicht zu hoch eingeschätzt werden, selbst wenn nicht unterschätzt werden darf, dass auch Jugendliche untereinander Normen und Werte vorgeben und einfordern.

ufgabe 23 Hurrelmann postuliert, die Phase der Jugend als eigenständige Lebensphase und nicht mehr nur als Übergangsphase zu sehen. Seine Forderung ist insofern pädagogisch berechtigt, als in der Jugendphase meist eine eigene und eigenständige Identität ausgebildet wird. Dieser Schritt wird häufig von inneren und manchmal auch äußeren Lebenskrisen begleitet.

Andererseits ist die Lebensphase „Jugend“ empirisch schwer zu erfassen und insofern auch schwer zu definieren. Heute leben manchmal noch Menschen im Alter von über 30 Jahren bei ihren Eltern oder haben ihr Studium noch nicht beendet, während andere mit 20 Jahren schon Eltern sind und Verantwortung im Beruf und in der eigenen Familie tragen. Die Phase der Jugend ist demnach individuell von unterschiedlicher Dauer. Sicherlich endet auch die Identitätsentwicklung eines Menschen nicht mit dem Jugendalter. Wenn Hurrelmann erklärt, die Phase der Jugend habe für den „gesamten weiteren Lebenslauf Muster bildenden Charakter", so lässt sich dies auch mit Blick auf die Kindheit annehmen.

Dennoch lässt sich pädagogisch begründet der Phase der Jugend ein hoher Stellenwert zuschreiben: Unbestreitbar ist das Leben unübersichtlicher geworden. Der Prozess der Identitätsbildung findet für (junge) Menschen unter komplexeren Bedingungen statt als vor Jahrzehnten. Daher ist ein Moratorium sinnvoll, damit ein junger Mensch mündig werden kann. Jugendliche müssen eigene Erfahrungen machen, die sie nicht lebenslang in bestimmte Rollen zwängen, sondern ihnen Wahl- und Entscheidungsmöglichkeiten eröffnen.

Allerdings müssen Jugendliche auch lernen, dass ein Moratorium immer nur für eine begrenzte Zeit gelten kann, dass sie also nach einer gewissen Zeit auch Entscheidungen treffen und Verantwortung übernehmen müssen.

Aufgabe 24 Hurrelmann begreift sein „Modell der produktiven Realitätsverarbeitung" als Möglichkeit, Verhalten von Jugendlichen, aber auch von Erwachsenen einzuordnen. Er gibt bedeutende Hinweise, indem er daran erinnert, welche hohe Bedeutung Erwachsene auch in der Jugendphase für die betroffenen Kinder und Jugendlichen haben.

Allenfalls könnte Hurrelmanns Modell dazu verführen, eine zu wenig kritische gesamtgesellschaftliche Perspektive einzunehmen. Denn Jugendliche, ihre Eltern, Lehrer und auch ihre gleichaltrigen Freunde handeln immer auch im gesellschaftlichen Kontext.

So sind Jugendkrisen niemals nur Resultat unbewältigter individueller Realitätsverarbeitung, sondern immer auch von gesellschaftlichen Prozessen. Perspektivlosigkeit, mangelnde pädagogische oder auch berufliche Förderung, mangelnde Handlungs- und Entfaltungsmöglichkeiten müssen immer auch gesamtgesellschaftlich betrachtet und beurteilt werden. Hurrelmanns Modell ließe sich insofern missverstehen, als man annehmen könnte, das Gelingen von Identitätsbildung im Jugendalter hänge weitgehend davon ab, wie es ein Jugendlicher – mit Hilfen – schafft, die eigenen Realitätserfahrungen „produktiv" zu verarbeiten. Dies würde eine verkürzte Problemsicht darstellen, die auch Hurrelmann selbst sicherlich nicht befürworten würde.

ufgabe 25 Hurrelmanns Modell nimmt gezielt die jugendliche Identitätsentwicklung in den Blick und beschreibt Bedingungen und Faktoren, die diese beeinflussen. Zugleich stellt es heraus, wie sehr Jugendliche selbst ihre Identität konstruieren, aber auch von personalen und sozialen Ressourcen abhängig bleiben. Damit macht Hurrelmann deutlich, dass Jugendliche für die eigene Identitätsbildung selbst Verantwortung übernehmen müssen, er lässt aber keinen Zweifel daran, dass pädagogisches Handeln von Eltern, Lehrern oder Ausbildern notwendig bleibt.

Hurrelmann spricht von der „erstmaligen Chance, Ich-Identität" zu entwickeln. Damit aber spricht er nicht von „Autonomie". Er strebt eine gelingende „Identitätsbildung" des Jugendlichen an. Möglicherweise dominiert hier eine salutogenetisch orientierte Sichtweise. Kann sich ein Jugendlicher eine „Identität" erarbeiten, ohne darüber krank zu werden oder in deviantes (abweichendes) Verhalten auszuweichen, kann dieser Prozess als erfolgreich betrachtet werden. Vergleicht man diese Sichtweise mit dem Postulat Kants einer Erziehung zur Mündigkeit und zur Moralität, entstehen Fragen. Hurrelmann thematisiert nicht, ob ein Jugendlicher lernt, sich mit sich selbst und seiner Lebenswelt kritisch auseinanderzusetzen. Auch problematisiert er nicht, ob der Jugendliche die Bereitschaft entwickelt, in seinem Denken und Handeln auch die Handlungs- und Entwicklungsmöglichkeiten seiner Mitmenschen anzuerkennen. Gerade wenn aber im Jugendalter Prozesse mit Muster bildendem Charakter für den gesamten weiteren Lebenslauf stattfinden, wäre aus einer kritischen pädagogischen Sicht wichtig, dass Jugendliche nicht nur eine individuelle Identität ausbilden, sondern sich so entwickeln und bilden können, dass sie als einmalige und besondere Subjekte ihr Leben verantwortungsbewusst mit anderen und auch für andere Menschen gestalten können. Hurrelmann knüpft an dieses Postulat in der Tradition Kants bzw. der pädagogischen Aufklärung nicht an – ohne dass ihm unterstellt werden dürfte, dass er dieses nicht bejahen wollte.

ufgabe 26 Boxen wäre im Sinne Lorenz' sicherlich ein Weg, menschliche Aggressivität zu kanalisieren. Tatsächlich werden entsprechende Angebote für aggressive junge Männer von Sozialpädagogen organisiert. Die Boxer müssen lernen, bestimmte Regeln streng einzuhalten. Insofern leben sie ihre Aggressivität aus, kontrollieren diese aber auch. Lorenz würde das Boxen im Ring vielleicht mit dem Verhalten von Wölfen in Rudeln vergleichen. Auch diese kämpfen um die Vorherrschaft, wenn aber ein Tier seine Unterlegenheit durch eine entsprechende Geste ausdrückt, beendet der überlegene Wolf sofort den Kampf, womit sich beide quasi an Regeln halten.

Boxen birgt massive Verletzungsgefahren, ist also nicht risikolos. Allerdings ist dies bei einigen Sportarten der Fall. Boxen ist ein Weg, das Selbstbewusstsein junger Männer (und auch Frauen) zu stärken, und kann dazu beitragen, Disziplin zu lernen. Besonders für wenig selbstbewusste Jugendliche oder solche, die nur schwer Disziplin wahren, könnte dieser Sport ein bedeutender Schritt zu einer anderen Lebenseinstellung sein. Wünschenswert wären weitere pädagogische Maßnahmen. So wäre es denkbar, dass junge Menschen nicht nur Boxen lernen, sondern auch für andere Lernangebote motiviert werden.

Aufgabe 27 Zweifelhaft ist zunächst, ob ein frustrationsarmes Leben das Entstehen von Aggressivität vollständig verhindern kann. Enttäuschungen, Niederlagen oder Leid haben zudem häufig einen Lerneffekt – allerdings nur, wenn sie in einem gewissen Rahmen bleiben. Piaget z. B. hat dargelegt, dass Störungen des inneren Gleichgewichts Lernaktivitäten hervorrufen – Frustrationen können solche sein. Enttäuschungen helfen Menschen, Empathie auszubilden: Wer selbst Niederlagen oder Leid erfahren hat, kann sich besser in Mitmenschen hineinversetzen, die solche Erfahrungen machen. Ferner können Frustrationen zu Engagement motivieren. Sie können Menschen dazu bewegen, sich anzustrengen, um sich auf einem anderen Feld zu beweisen. Nicht zuletzt verhelfen sie zu einer realistischen Selbsteinschätzung: Erikson hat die späte Kindheitsphase mit „Werksinn versus Minderwertigkeitsgefühl" umschrieben. Er hat dargelegt, dass die Erfahrungen des eigenen Scheiterns oder Versagens, welche ein Minderwertigkeitsgefühl hervorrufen können, auch dazu beitragen, dass Kinder lernen, sich selbst und ihre Fähigkeiten nicht zu überschätzen.

In diesem Sinne können Frustrationen pädagogisch wertvoll sein. Das soll nicht heißen, dass man Frustrationen gezielt erzeugen soll. Man sollte jedoch auch nicht Kinder und Jugendliche vor frustrierenden Erfahrungen abschotten.

Aufgabe 28 Götz Eisenberg orientiert sich offensichtlich an der Psychoanalyse Sigmund Freuds oder auch an Überlegungen Erik H. Eriksons. Nach Eisenberg prägen Defizite in der oralen und ödipalen Phase viele Kinder und Jugendliche. Ihnen gelingt es zu wenig, einen frühkindlichen Narzissmus zu überwinden, weil ihnen keine konstruktive Ablösung von der Mutter gelingt. Auch später wenden sie sich nicht hinreichend der Realität und ihren Anforderungen zu, weil sie ohne Vater oder andere männliche Bezugspersonen, die sie bewundern können, keine Vorbilder haben, die sie dazu motivieren, sich im Alltag zu bewähren.

Ferdinand Sutterlüty könnte sich sowohl an Dollard als auch an Bandura orientieren. Er konstatiert Resignation und innere Wut unter vielen gewaltbereiten Jugendlichen, man könnte auch von Frustrationen und Aggressivität sprechen. Zugleich erkennt er, dass aggressive Intensivtäter für viele Jugendliche zum Vorbild werden können. Ihr Handeln macht anderen Angst, was sie erfolgreich erscheinen lässt. Sie werden zu Modellen.

Wilhelm Heitmeyer betrachtet ähnlich wie Sutterlüty Perspektivlosigkeit als primäre Ursache von Gewalt und geht insofern ebenfalls von Frustrationen aus. Er könnte sich darüber hinaus auch auf Scott beziehen, der u. a. die soziale und die ökologische Ebene (z. B. natürliche Lebensbedingungen, Bevölkerungsdichte) berücksichtigt, um nach Ursachen der Gewalt zu fragen. Gewalttätige Jugendliche können sich beispielsweise nicht mehr an Kulturtraditionen orientieren, welche ihnen Sicherheit oder Heimat bieten. Indem Desintegrationspotenziale entstehen, wächst nach Heitmeyer unvermeidbar die Gewaltbereitschaft.

ufgabe 29 Nach Nolting ist es entscheidend, mögliche Anreger für aggressives Handeln so verarbeiten zu können, dass daraus keine Aggressionen erwachsen. Er strebt eine Kultur des Zusammenlebens an, in der mögliche Auslöser von Aggressivität nur selten erlebt werden müssen. Das Ziel ist, Einengungen, Herabsetzungen und das Erleben aggressiver Modelle zu vermindern und stattdessen im Alltag nicht aggressive Umgangsformen zu praktizieren.

Empathie lernen Kinder vor allem dadurch, dass sie selbst liebende Zuwendung erleben. Indem Auseinandersetzungen vornehmlich verbal stattfinden und meist konstruktiv gelöst werden, können Provokationen und voreilige Verurteilungen vielfach vermieden werden. Es ist zudem wichtig, aggressive Signale zu durchschauen und deeskalierende Verhaltensweisen einzuüben. Dies könnte in Schulen gezielt trainiert werden.

Ob Angst vor Strafe ein langfristig wirksames Mittel sein kann, um Gewalttätigkeit zu verhindern, ist schwer zu sagen. Kinder und Jugendliche sollten erleben, dass sich Gewalttätigkeit für die Täter nicht auszahlt, sondern eher Nachteile als Vorteile nach sich zieht.

Zweifellos ist eine Werteerziehung im Kontext einer Erziehung zu aggressionsarmen Denk- und Verhaltensweisen wichtig. Warum hat das biblische Gebot: „Du sollst nicht töten" für Amokläufer offenbar keinen Stellenwert mehr? Die Wertorientierungen, welche Jugendliche als fundamental erleben, sind auch im Kontext der Frage nach der Haltung zur Gewalt von Bedeutung. Es reicht allerdings nicht, Werte z. B. im Unterricht zu vermitteln. Jugendliche müssen Menschen erleben, die ihr Leben glaubwürdig an entsprechenden Werten orientieren.

Aufgabe 30 Die vorgestellten Maßnahmen lassen sich als Bestandteile einer Erziehung zur Moralisierung begreifen. Das kann aber nur dann gelten, wenn sie nicht nur singulär, sondern stets im Kontext verschiedener Maßnahmen und Ziele betrachtet werden.

Der „heiße Stuhl" ist eine Möglichkeit, Selbstdisziplin einzuüben. Schulische und berufliche Qualifizierungsmaßnahmen lassen sich in Orientierung an Kant als Schritte der Kultivierung und vielleicht sogar Zivilisierung begreifen. Der Täter-Opfer-Ausgleich lässt sich eventuell als ein Schritt zur Moralisierung verstehen: Jugendliche lernen, die Perspektive des Opfers einzunehmen bzw. sich sein Leid vor Augen zu führen. Sie sollen dadurch ihre Bereitschaft, anderen Menschen entsprechendes Leid zuzufügen, abbauen. Ein Schritt zur Moralisierung im Sinne Kants ist der Täter-Opfer-Ausgleich aber nur dann, wenn er wirklich die Einsicht des Täters hervorruft.

Berücksichtigt man Überlegungen Herbarts, muss man sich fragen, wie eine eigene Einsicht von Kindern und Jugendlichen hervorgerufen werden kann und was diese nicht nur erfahren, sondern wissen müssen, um sich aggressionsarm zu verhalten. Verbale Auseinandersetzungen mit Heranwachsenden über die Richtigkeit von Verhaltensweisen sind kontinuierlich notwendig – in Schule und Familie. Vielseitiges Wissen kann diese bereichern. Insofern müssen Schüler über Motive für gewalttätiges Handeln sowie über Bedingungen, die Gewaltbereitschaft fördern, informiert werden.

Aufgabe 31 Eisenberg erinnert zunächst an die Erziehung in der früheren paternalistischen Familie. Psychoanalytisch gesehen, entstehe das sog. Über-Ich durch eine Internalisierung äußerer Zwänge. In traditionellen Familien habe das Kind zunächst aus Furcht vor Strafen, später vielleicht auch aus Einsicht Ge- und Verbote der Eltern angenommen und über eine Identifikation mit ihnen diese dann auch verinnerlicht. Auf diese Weise habe ein Kind gelernt, sich anderen Personen und Instanzen wie Lehrern, Schule oder Inhabern politischer Macht zu unterwerfen. Wenn solche Prozesse sich auflösten, sei das zunächst begrüßenswert, allerdings müsse man fragen, ob umgekehrt „Besseres" auftrete. Gerade das aber bestreitet Eisenberg.

Eisenberg verleiht seiner Befürchtung Ausdruck, dass – vielfach unbemerkt – familiäre Beziehungen von „Indifferenz und Kälte" geprägt seien. Desorientierte und verunsicherte Eltern ohne eigenen stabilen Wertehorizont würden sich häufig erzieherisch zurückziehen und so die Kinder „sich selbst und der Welt expandierender Geräte" überlassen. Eisenberg beklagt, dass Kinder, die probieren würden, Grenzen zu verschieben, zuwenig die „Auseinandersetzung mit leibhaftig anwesenden Bezugspersonen" erfahren würden und somit zu wenig lernen könnten, Frustrationen, die ihnen in ihrem weiteren Leben unweigerlich begegnen müssten, zu ertragen und zu bewältigen. Stattdessen würden sie einer frühkindlichen Orientierung an Allmachtsfantasien und einem Gefühl eigener Grandiosität verhaftet bleiben. Faktische Enttäuschungen würden so leicht narzisstische Wut nach sich ziehen, welche sich dann wiederum unkontrolliert entladen könne. Eisenberg begreift eine zunehmende Gewaltbereitschaft bei Jugendlichen als Folge von Bindungslosigkeit und Erziehungsverweigerung.

Götz Eisenbergs Erklärung orientiert sich an der Psychoanalyse Sigmund Freuds. Nach Freud lernt das Kind in der sog. oralen, der sog. analen und der sog. ödipalen Phase insbesondere das Gefühl der eigenen Grandiosität zu überwinden und die eigenen Triebimpulse zu kontrollieren. Es unterwirft sich so zunehmend den Anforderungen der Wirklichkeit. Allerdings hält Eisenberg eine kindliche Entwicklung im Sinne der Beschreibung Freuds keineswegs für unproblematisch, da er in einem solchen Prozess auch die Möglichkeit einer fragwürdigen Gewissensbildung erkennt.

Zugleich aber hält er offenbar an begrenzenden und eingrenzenden Erfahrungen für Kinder in diesen drei Phasen nach Freud fest. Die Erfahrung von Verlust und Trennung ist notwendig, damit das Kind sich innerpsychisch von der Mutterbindung, aber auch aus einem grenzenlosen Urvertrauen lösen kann. Nur so entwickelt das Kind die Fähigkeit, sich von sich selbst zu lösen und der Wirklichkeit zuzuwenden. Die Erfahrung des Verbotes in der analen Phase hilft dem Kind ertragen zu lernen, dass es seinen eigenen Willen nicht immer durchsetzen kann und darf.

In diesem Sinne entwickelt Eisenberg Überlegungen Freuds oder auch Eriksons in der Form weiter, dass er fragt, welche Folgen „Erziehungsverweigerung" für die Entwicklung von Kindern haben müsste. Kinder, in deren Entwicklung die orale Phase nicht vollständig überwunden werden konnte, bleiben vielfach auf sich selbst bezogen, narzisstisch und – tiefenpsychisch betrachtet – auf der Suche nach der Erfahrung von Grandiosität. Kinder, die in der analen Phase und der ödipalen Phase nicht mit Grenzen und Widerständen konfrontiert werden, bilden nach Erikson zu wenig Scham, Zweifel und Schuldgefühle aus: Auf diese Weise muss ihre Gewissensbildung defizitär bleiben.

Eisenbergs Überlegungen dokumentieren eine Weiterentwicklung der ursprünglichen Annahmen Freuds. Er weicht indes auf diese Weise auch von Freuds eigenen Erklärungen zu den Ursachen von Aggressionen ab.

Zunächst begriff Freud Aggressivität als Reaktion auf Erfahrungen von Unlust, die Aggression richte sich dann gegen die Quelle der Unlust. Gerade jugendliche Gewalttäter handeln aber vielfach unkontrolliert und ungezielt. Etwa um 1920 korrigierte bzw. revidierte Freud seine Annahmen zu den Ursachen von Aggressionen. Sicherlich nicht unbeeinflusst von den Erfahrungen, welche viele Menschen im 1. Weltkrieg machen mussten, nahm Freud nun an, dass neben dem Lebenstrieb, Libido, auch ein sog. Todestrieb, Destrudo, den Menschen bestimme. Somit müsse der Mensch lernen, sowohl Libido als auch Destrudo zu kontrollieren und zu zivilisieren. Eisenberg erklärt, bei defizitären Erfahrungen in der frühen Kindheit könnten Kinder leicht einen subjekt- und objektlosen Hass entwickeln. Eisenberg sieht darin aber narzisstische Reaktionen aufgrund einer Unfähigkeit, Enttäuschungen ertragen zu können, und nicht etwa eine weitreichende Transformation eines Todestriebes in Bereitschaft oder sogar Handeln.

Konrad Lorenz ist der Überzeugung, dass jeder Mensch nach wie vor evolutionsgeschichtlich geprägt ist, dass ein angeborener Aggressionstrieb – vielfach mühsam – immer wieder neu kanalisiert und kontrolliert werden muss. Lorenz würde Gewalttaten Jugendlicher somit als Folge einer Entwicklung betrachten, wo diese Prozesse der Kontrolle und Kanalisierung immer weniger gelängen. Jugendliche, welche wenig Gelegenheit zum Ausagieren von Aggressionen hätten, wären somit besonders gefährdet, unkontrolliert und spontan Gewalt auszuüben. Nicht auszuschließen ist, dass im Sinne Eisenbergs dadurch, dass Kinder erzieherisch nicht hinreichend „Grenzen" erfahren, sie zu wenig gedrängt werden könnten, nichtdestruktive Formen zum Ausagieren ihrer aggressiven Triebimpulse einzuüben. Insofern gehen Eisenberg und Lorenz zwar von unterschiedlichen Annahmen aus, mit Blick auf erzieherische Konsequenzen aus ihren Überlegungen ließen sich ihre Überlegungen aber immerhin konstruktiv in Verbindung bringen.

Hingegen lassen sich die Überlegungen Banduras, der aggressives Verhalten insbesondere als Folge einer Orientierung an fragwürdigen Modellen ansieht, eher nur indirekt mit den Gedanken Eisenbergs verknüpfen. Gewalt, so Bandura, wird am ehesten dann praktiziert, wenn ein Vorbild erstens in einer Weise erfahren wird, dass diesem seine Gewalttätigkeit Freude bereitet und überdies noch belohnt wird, und wenn zweitens das eigene gewalttätige Tun in Anlehnung an dieses Vorbild im eigenen Freundes- oder Bekanntenkreis noch Anerkennung und Lob nach sich zieht. Eisenberg würde dem vielleicht entgegenhalten, dass gerade vor dem Hintergrund vielfältiger Vorbilder für ein gewaltorientiertes Verhalten in unterschiedlichsten Medien (reale) erzieherische Erfahrungen, in welchen Kinder ein tragfähiges Über-Ich ausbilden könnten, umso notwendiger geworden seien. Nicht zuletzt die im Internet präsentierte Gewalt könne leicht Omnipotenzfantasien von Jugendlichen ansprechen und verstärken, womit das latente Risiko faktischer unkontrollierter Gewalt verstärkt werde.

Sicherlich würde Eisenberg Einwände gegen Forderungen auf der Basis der Frustrations-Aggressions-Hypothese Dollards erheben. Dollard geht davon aus, dass Aggressionen das Resultat einer Summierung von Frustrationen sind. Aus Frustrationen erwachse Aggressivität, welche sich, wenn es nicht gelinge, sie in Alternativreaktionen abzureagieren, nach weiteren Frustrationen eines Menschen in konkretem aggressiven Handeln niederschlagen könne. Dollard fordert somit, die menschlichen Erfahrungen von Frustrationen zu minimieren. Eisenberg würde einwenden, dass Aggressivität vielfach nicht das Resultat konkreter frustrierender Erfahrungen, sondern die Folge diffuser Erfahrungen von Enttäuschungen ist. Darum wäre es allenfalls von sekundärer Bedeutung, wenn man versuchen würde, die konkreten Frustrationen der Menschen zu minimieren. Vielmehr müssten Kinder eine solche psychische Struktur ausbilden können, dass sie innere Enttäuschungen und Niederlagen aushalten können, ohne sofort eine nur noch schwer kontrollierbare Aggressivität zu entwickeln.

Aus pädagogischer Sicht ist es insgesamt schwierig, vor dem Hintergrund dieser unterschiedlichen Aggressionstheorien bestimmte Theorien zu favorisieren und andere für eher unbedeutend zu erklären. Ungeachtet möglicher Diskussionen um unterschiedliche Aggressionstheorien muss pädagogisch angestrebt werden, junge Menschen erzieherisch in einer Weise zu begleiten, dass sie Aggressivität kontrollieren und kanalisieren können und nicht Gefahr laufen müssen, situativ ohne Selbstkontrolle massiv destruktiv aufzutreten. In diesem Sinne ist eine frühe Einflussnahme auf Kinder, welche insbesondere ihre Gewissensbildung unterstützen kann, sinnvoll und notwendig.

ufgabe 32 Die Krankheit Magersucht betrifft niemals allein die Süchtigen, sondern fast immer auch ihre Familie. Die Eltern sorgen sich um das Kind und sind meist völlig hilflos. Therapeutische Maßnahmen erweisen sich bei Magersüchtigen nicht selten als wenig hilfreich. Oft bleibt allen Betroffenen unerklärlich, wie es überhaupt zur Magersucht kommen konnte.

Die systemische Sichtweise hilft, den Weg in die Magersucht zu verstehen und zeigt Schritte auf, um wieder aus ihr herauszufinden. Die Therapie vermeidet Schuldzuweisungen, geht aber davon aus, dass sich Magersucht in Systemen, insbesondere im System Familie, herausbildet. Das magersüchtige Mädchen (oder selten: der Junge) konstruiert seine Wirklichkeit – z. B. seine Auffassung von Schönheit – deshalb neu, weil es seine Wirklichkeit, wie es sie bisher erlebt und gedeutet hat, nur schwer oder nicht mehr ertragen kann.

Wenn das Mädchen lernt, seine Wirklichkeit neu zu konstruieren, indem es neue Möglichkeiten entdeckt – so die Hoffnung –, verliert die Magersucht an Bedeutung und das Mädchen kann die Krankheit überwinden. Allerdings ist es wichtig, dass das Mädchen, da es die Systeme, in denen es lebt, kaum vollständig aufgeben kann, nicht nur seine Wirklichkeit neu und anders konstruiert, sondern auch in den Systemen, in denen es lebt, Änderungen erfolgen.

Die systemische Therapie stellt in Aussicht, nicht nur die Krankheitsphänomene zu reduzieren oder zu beseitigen, sondern zusätzlich neue Lebensperspektiven zu eröffnen, um das Leben des betroffenen Mädchens sowie seiner Familie so zu ändern, dass sich alle auf ihre Weise im System Familie individuell besser entfalten können.

Aufgabe 33 Es ist zu vermuten, dass Ausstoßung in pädagogischen Institutionen häufiger vorkommt als verstrickende Bindung. Die Bindung professioneller Pädagogen zu Kindern und Jugendlichen kann kaum die Intensität einer Eltern-Kind-Bindung gewinnen, was allein schon daran liegt, dass die Pädagogen meist für eine Vielzahl von Kindern oder Schülern zuständig sind.

Dennoch sind Fälle bekannt, wo Pädagoginnen und Pädagogen unbewusst versuchen, die Kinder an sich zu binden. Sie ver- oder behindern dann häufig Schritte, die zu mehr Eigenständigkeit und Ablösung vom Erzieher führen könnten. Insbesondere Pädagogen mit einem „Helfersyndrom" sind gefährdet: Sie tragen unbewusst die Überzeugung in sich, dass sie die Liebe der ihnen anvertrauten Menschen nur erwarten dürfen, wenn sie sich aufopferungsvoll für diese einsetzen. Darum können sie das Gefühl, von diesen nicht oder nur wenig gebraucht zu werden, schwer ertragen.

Ob Erzieher in Kindergärten, Lehrer in Schulen oder Sozialarbeiter in Jugendheimen, sie müssen immer darauf hinarbeiten, dass Kinder und Jugendliche eigene Wege suchen und finden. Das schließt Phasen der Bewunderung und Identifikation mit den Lehrern und Erziehern keineswegs aus, solange die Pädagogen sich bewusst sind, dass dies zwar wichtige Phasen sein können, aber eben Phasen bleiben müssen.

Das Problem der Ausstoßung ist besonders in Schulen gravierend. Untersuchungen über Etikettierungen und Stigmatisierungen haben nachgewiesen, wie schnell Lehrer Schülern bestimmte Eigenschaften und Fähigkeiten zuschreiben oder auch absprechen. Das hat häufig zur Folge, dass diese Lehrerinnen und Lehrer ihre Ablehnung von Schülerinnen und Schülern massiv deutlich werden lassen. Heranwachsende werden so nicht nur nicht gefördert, sie werden zugleich demotiviert und demoralisiert. Ausstoßung kann auf andere Weise auch in Jugendzentren stattfinden. Es müsste daher unverzichtbarer Bestandteil jeder pädagogischen Ausbildung sein, sich mit dem Phänomen „Ausstoßung“ selbstkritisch auseinanderzusetzen. Gewalt kann eine Folge von Erfahrungen pädagogischer Ausstoßung sein.

Wenn sowohl „Ausstoßung“ als auch „verstrickende Bindung“ in Familien zunehmend häufiger vorkommt, müssen außerfamiliäre pädagogische Institutionen diese Tatsache berücksichtigen. Kinder, die zu Hause Ausstoßungserfahrungen machen, müssen außerfamiliär verlässliche Beziehungen zu Pädagoginnen und Pädagogen aufbauen und so zumindest partiell „Bindung“ erfahren können. Kinder, die in familiäre Bindungen verstrickt sind, müssen ermutigt werden, eigene Interessen – auch außerhalb der Familie – zu verfolgen und eigene Ideen zu entwickeln. In solchen Fällen ist es hilfreich, wenn Einfluss auf die Eltern genommen werden kann, damit sie Aktivitäten ihrer Kinder auch außerhalb der Familie mehr zulassen.

Normen und Ziele in der Erziehung

ufgabe 34 Zweifellos waren Kinder in Zeiten, in denen sie nicht bewusst erzogen wurden, sondern schon in sehr jungen Jahren durch Nachahmung in das soziale Leben hineinwuchsen, „freier“. Sie unterlagen – Ariés zufolge – keiner strengen Kontrolle und mussten kaum mit Sanktionen von Eltern oder anderen Erziehern rechnen. Der Großteil der Bevölkerung im Mittelalter – Kinder wie Erwachsene – konnte seine Triebe und Bedürfnisse relativ frei entfalten. Das „dichte und warme Milieu“ war zugleich ein „rohes“. So blieben „aggressive Antriebe“ der Menschen eher unkontrolliert. Auch zeigten sie wenig Mitgefühl für Leiden, Schmerz oder Trauer von Mitmenschen.

Sozialer Fortschritt und Lernen setzen ein gewisses Maß an Trieb- und Selbstkontrolle voraus. In der frühen Aufklärung wurde diese Triebkontrolle gerade in Schulen vielfach rigide durchgesetzt. Kinder wurden nicht nur unterdrückt, sondern mit brutalen Strafen zu „Wohlverhalten“ gezwungen.
Erst mit der „Entdeckung der Kindheit“ wurden nach und nach auch die kindlichen Bedürfnisse, Wünsche und Interessen pädagogisch anerkannt und Wege gesucht, den Kindern das Erlernen von Selbstdisziplin und Selbstkontrolle ohne rigide Strafen und Unterdrückung zu ermöglichen.

Es besteht wenig Grund, das Leben der Kinder in der Vergangenheit zu verherrlichen, ebensowenig kann es in der jüngeren Vergangenheit und Gegenwart als ausschließlich positiv gelten. Heute wird Kindheit sehr unterschiedlich erfahren: Kinder werden teilweise misshandelt und vernachlässigt, andere leben und lernen in Lebenswelten, die vollständig pädagogisch geplant und organisiert sind und kaum noch Freiräume für eigene und spontane Erfahrungen lassen, wieder andere leiden früh unter gesellschaftlichem Leistungsdruck.

Indessen ist die Chance, dass Kinder so erzogen werden, dass sie nicht ihr Leben lang von eigenen Triebbedürfnissen abhängig bleiben müssen und zugleich Rücksicht auf ihre kindlichen Bedürfnisse und Empfindungen genommen wird, heute als hoch einzuschätzen.

Aufgabe 35 Kindheit und Jugend haben sich als eigene Phasen im Leben der Menschen herausgebildet. Aus pädagogischer Sicht ist dies positiv zu bewerten. Denn dadurch werden Kinder als Menschen mit besonderen Bedürfnissen, Interessen und weitreichenden Entwicklungsaufgaben betrachtet. Daraus resultiert zunächst eine besondere Rücksichtnahme. So sind Kinder in Deutschland z. B. bis zum 14. Lebensjahr juristisch betrachtet nicht strafmündig.

Kindern werden besondere Schonräume zugestanden, in welchen die gesellschaftlichen Erwartungen und Normen nicht unbedingt gelten. So werden sie vor Gefährdungen des gesellschaftlichen Lebens geschützt, begleitet und gefördert. Kinder sollen vor Überforderung bewahrt werden, aber auch genügend Erfahrungen machen können, um schrittweise die Anforderungen der gesellschaftlichen Welt zu begreifen und zu bewältigen. Pädagogische Förderung intendiert noch mehr: Kinder sollen nicht nur lernen, die gesellschaftliche Welt zu bewältigen, sondern auch, sie selbst (mit-)gestalten zu können. Das lernen sie aber nur, wenn ihnen ausreichend Zeit und Erfahrungen zugestanden werden, um herauszufinden, was sie wirklich wollen.

Die Herausbildung von Kindheit ist ein bedeutender historischer Fortschritt, der aus pädagogischer Perspektive erhalten werden muss. Allerdings können Kinder leicht zu Objekten der Projektion Erwachsener werden, sodass deren Ziele, aber kaum jene der Kinder verfolgt werden. Kinder sind – gerade weil sie die sie betreffenden Prozesse lange nicht vollständig durchschauen – Erwachsenen ausgeliefert, die immer gefährdet sind, ihre Macht über Kinder zu missbrauchen.

Kindheit eröffnet die Chance einer Förderung, die junge Menschen ihre Kindheit und Jugend als glücklich erleben lässt, weil ihre Wünsche und Empfindungen ernst genommen werden. In dieser Zeit wird das Fundament gelegt, damit sie eigenständige und mündige Persönlichkeiten werden können, die später in der Gesellschaft aktiv und kritisch Verantwortung übernehmen.

fgabe 36 Maria Montessori wurde stark durch ihre familiäre Sozialisation geprägt. Die Eltern waren gebildet und setzten sich mit Nachdruck für ihre Ideale ein. Ihr Vater engagierte sich für freiheitliches Denken und Handeln, war Autoritäten gegenüber kritisch eingestellt, während die Mutter sich für soziale Belange – insbesondere für behinderte Kinder – einsetzte. Montessori konnte sich zu einer selbstbewussten jungen Frau entwickeln, die ihre Ziele konsequent verfolgte. Im Rahmen ihres naturwissenschaftlich-mathematischen Studiums bildete sie ein exaktes, empirisch orientiertes Denken aus und lernte ihre Thesen durch genaue Beobachtungen zu stützen. Dadurch konnte sie sich wissenschaftlich durchsetzen.

Infolge der Begegnungen mit sogenannten schwachsinnigen Kindern setzte sie sich mit den psychiatrischen Schriften Gaspard Itards und Séguins sowie pädagogischen Schriften, beispielsweise von Fröbel und Pestalozzi, auseinander, sodass ihr pädagogisches Denken zunächst durch wissenschaftliche Theorien geprägt ist. Ihre fundamentalen Einsichten basieren auf theoretischen Erkenntnissen.

Montessori hat nur wenige Jahre praktisch pädagogisch gearbeitet. In dieser Zeit hat sie sorgfältig ihre Beobachtungen skizziert und ihre theoretischen Einsichten mit praktischen Erfahrungen untermauert und erweitert. Ihre Überzeugung, dass sich Kinder, wenn man ihnen nur entsprechendes Material zur Verfügung stellt, von selbst gerne und ausdauernd damit beschäftigen, beruht auf eigenen Erfahrungen. Montessori arbeitete in ihrem Kinderhaus insbesondere mit schwachsinnigen, aber auch Kindern aus armen Familien. Auf diesem Fundament entwickelte sie ihr pädagogisches Konzept, das sie auf alle Kinder anwandte, unabhängig von deren Begabung oder sozialen Herkunft. Die weltweite Anerkennung bestärkte sie in ihren Überzeugungen.

Es bleibt zu fragen, ob das Fundament ihrer Einsichten ausreicht, um eine allgemeine Theorie zur Erziehung und Bildung von Kindern und Jugendlichen zu begründen. Die Frage, ob bestimmte Kinder und Jugendliche auch auf andere Weise als mit der Montessoripädagogik sinnvoll und erfolgreich gefördert werden könnten, hat sie nicht gestellt.

Montessoris Pädagogik ist biografisch und wissenschaftlich begründet, sie beruht aber nicht auf einem systematischen erziehungswissenschaftlichen Studium. Sie denkt vom Kind her, fragt aber nur wenig nach Notwendigkeiten von Bildung im gesellschaftlichen Kontext. Ein kritisches Nachdenken z. B. über Inhalte im schulischen Unterricht findet in der Montessoripädagogik kaum statt.

Aufgabe 37 1. Beispiel: Lesen lernen in der 1. Klasse
Die Kinder bauen einen Miniaturbauernhof mit Holzfiguren auf und ordnen anschließend Karten mit entsprechenden Bezeichnungen zu. Oder die Kinder müssen auf einem Holzbrett mit Bildern Fähnchen mit Begriffen zu den passenden abgebildeten Gegenständen stecken, deren Löcher so gestaltet sind, dass nur das richtige Fähnchen passt. Die Kinder bewegen sich beim Lernen, ihre Fantasie wird angeregt, sie führen sich Schreibweisen vor Augen und identifizieren nach und nach Worte. Des Weiteren begreifen sie, wie hilfreich das Erkennen geschriebener Worte für sie sein kann.

2. Beispiel: Kinder lernen in der 5. Klasse mit der „Erzväter-Geschichte" zentrale Inhalte des Buches Genesis aus dem Alten Testament kennen
Die sogenannte Erzväter-Rolle ist so gestaltet, dass sieben Streifen mit jeweils sieben Feldern auf ihr gedreht werden können. Die Schülerinnen und Schüler müssen z. B. die Namen der Erzväter und ihrer Frauen, sieben der 10 Gebote, sieben der 10 Plagen oder auch sieben zentrale Geschichten über die Erzväter richtig zuordnen. Innerhalb der Rolle befindet sich ein Blatt mit den richtigen Lösungen, sodass sie selbst prüfen können, ob ihre Zuordnungen richtig waren. Um diese Zuordnungen überhaupt vornehmen zu können, müssen die Kinder entsprechendes Wissen erforschen. Dazu stehen Kinderbibeln und ein Bibellexikon zur Verfügung, zudem können sie teilweise an Unterrichtswissen anknüpfen.

Die Kinder sind beim Lernen in Bewegung, stehen auf, holen Materialien, sie bewegen die Streifen der Rolle, wägen Alternativen ab. Darüber hinaus findet so auch kosmische Erziehung im Sinne Montessoris statt. Denn die Kinder führen sich zentrale Fundamte des jüdischen, christlichen und muslimischen Glaubens vor Augen. Sie machen sich diese bewusst, sodass sie darüber nachdenken und sich über diese austauschen können.

Aufgabe 38 Freiarbeit ist insofern frei, als die Kinder nicht zu einem bestimmten Tun gezwungen werden. Sie können aus verschiedenen Materialien auswählen, setzen sich selbst Ziele, was sie mit den Materialien tun und erreichen wollen, und legen selbst das Lerntempo fest.

Allerdings stehen ihnen nur bestimmte, für sie zusammengestellte Materialien zur Verfügung. Das Montessorikonzept kann daher auch missbraucht werden: Mit einer raffinierten Zusammenstellung von Materialien können leicht fragwürdige Inhalte und Einstellungen vermittelt werden, ohne dass den Kindern oder Jugendlichen dies bewusst würde. Diese Problematik wird nicht bedacht.

fgabe 39 Zwei Gesichtspunkte fallen auf, wenn man den Lehrplan einer Waldorfschule mit staatlichen Lehrplänen vergleicht. Die Fächervielfalt an Waldorfschulen ist sehr viel größer, des Weiteren gibt es an staatlichen Schulen keinen täglich stattfindenden Epochenunterricht. Dass ein Stoffgebiet über Wochen intensiv bearbeitet und vertieft wird, kommt an Regelschulen allenfalls innerhalb von Projektwochen vor. Außerdem sind die Unterrichtsfächer in der Regelschule kaum an der unmittelbaren Lebenspraxis orientiert. Eine konkrete landwirtschaftliche Schulung ist z. B. kaum denkbar, auch wird handwerkliches Arbeiten dort nur wenig praktiziert.

Der Unterricht an Regelschulen erfolgt in Fächern, die meist auf eine Bezugswissenschaft verweisen. Unterricht an Staatsschulen in Europa wird wissenschaftsorientiert und in höheren Klassen wissenschaftspropädeutisch, d. h. als Vorbereitung auf ein (wissenschaftliches) Studium, erteilt. Die Schule trägt damit einer gesellschaftlichen Entwicklung Rechnung, in der ein ganzheitliches und allgemein anerkanntes Weltbild verloren gegangen ist.

Tatsächlich ist das Lernen in der Regelschule, anders als in der Waldorfschule, wenig alltags- und praxisbezogen. Allerdings beschränkt sich diese auf handwerklich orientiertes Handeln, insbesondere die virtualisierte und technologisierte Welt des 21. Jahrhunderts findet kaum Raum in der Waldorfschule.

Schule ist entstanden, weil die Menschen nicht mehr allein aus ihrer Alltagserfahrung heraus lernen können, was sie für die Bewältigung ihres Lebens wissen und können müssen. Menschen müssen zunehmend abstraktere Kompetenzen ausbilden, die dann in vielfältigen Lebenszusammenhängen Anwendung finden. Der Preis für dieses Lernen ist häufig eine Abkehr vom unmittelbaren Alltagsleben.

Die Tatsache, dass Schülerinnen und Schüler von Waldorfschulen nicht selten in nur einem Jahr erfolgreich alles Wissen und alle Fähigkeiten erwerben, um vor einer unabhängigen staatlichen Kommission die Abiturprüfung zu bestehen, lässt vermuten, dass die Differenzen in den Kompetenzen und im Wissen zwischen Waldorfschülern und Schülern staatlicher Schulen nicht sehr groß sind. Diese Tatsache lässt sich jedoch auch anders erklären. Vieles, was Abiturienten der Regelschulen bis zum Ende des Jahrgangs 12 gelernt haben, haben Waldorfschüler bis dahin nicht gelernt. Aber sie haben sich in der Schule so entfalten können, dass sie gesunde und belastbare Personen geworden sind. Dadurch kann es gelingen, dass sie neue und anstrengende Leistungsanforderungen in der Vorbereitung für die Abiturprüfung bewältigen können. Es lassen sich bekannte Persönlichkeiten (Politiker, Juristen, Schriftsteller wie Otto Schily oder Michael Ende) anführen, die Absolventen von

Waldorfschulen sind. Absolventen der Waldorfschulen sind erfolgreicher als Absolventen staatlicher Schulen. Allerdings darf dabei nicht übersehen werden, dass Waldorfeltern überdurchschnittlich häufig Akademiker sind und ihre Kinder außerschulisch oft besonders fördern. Ob in Waldorfschulen Schulversager der öffentlichen Schulen mit problematischen sozialen und sozialisatorischen Erfahrungen erfolgreicher lernen würden, ist theoretisch nicht zu entscheiden.

Aufgabe 40 Der Arzt und Neurobiologe Manfred Spitzer, der sich mit Hirnforschung im Kontext von Lernen befasst, fordert, dass Kinder vor der Grundschulzeit nicht fernsehen sollen. Mit unterschiedlichen Bildern des menschlichen Gehirns weist er nach, welche Folgen das Fernsehen für die Ausbildung von Gehirnzellen und deren Verbindung hat. Die Fähigkeit des Denkens im Sinne logischer Denkoperationen wird durch eigene Erfahrungen – also nicht Erfahrungen in der virtuellen Welt – und durch altersgemäße Anforderungen und Aufgaben gefördert. Unterdessen lässt sich sogar nachweisen, dass die Empathiefähigkeit von Kindern, die regelmäßig insbesondere Gewalt verherrlichende Computerspiele spielen, gegenüber Kindern, die stattdessen mehr miteinander spielen, deutlich geringer ausgebildet ist. Insofern könnten Vertreter der Waldorfpädagogik selbstbewusst auf die Resultate der jüngeren Hirnforschung verweisen.

Indes lässt sich fragen, ob es eine sinnvolle und realistische Vorgabe sein kann, Kindern innerhalb einer multimedial geprägten Welt lange Zeit den Zugang zu den entsprechenden Medien vollends vorzuenthalten. Es müsste problematisiert werden, ob ein so weitreichender pädagogischer Schonraum, welcher große Teile der Wirklichkeit sozusagen ausblendet, wünschenswert sein kann.

Nach Piaget befinden sich Schulkinder in der Phase des konkreten wie formalen Operierens. Etwa mit zwölf Jahren würden sie formales Denken ausbilden. Nach Steiner bedürfen die Kinder im zweiten Jahrsiebt für den frei werdenden Ätherleib (= Lebenskräfte) einer geliebten Autorität, die sie vor Fehltritten bewahrt. Die Ablehnung elektronischer Medien ist da nur folgerichtig, weil Kinder in diesem Alter die Folgen der Einflüsse noch nicht abschätzen können und insofern vor ihnen geschützt werden müssen. Nach Piaget können sie jedoch schon in jungen Jahren bedenken, welche Folgen konkretes Handeln für sie selbst oder andere haben könnte. Demnach müsste in Orientierung an Piaget sicherlich kein Totalverbot im Hinblick auf die Nutzung elektronischer Medien ausgesprochen werden, Kinder und Jugendliche müssen aber in einer Kultur leben, in welcher die Folgen medialen Konsums stets bedacht und kritisch bewertet werden.

Waldorfschulen laufen Gefahr, die Tatsache, dass unsere Lebenswelt inzwischen massiv technologisch und multimedial geprägt ist, durch Verleugnung oder Verneinung bewältigen zu wollen und aufgrund dessen Kinder und Jugendliche zu lange von Erfahrungen fernhalten zu wollen, die unweigerlich ihr Leben beeinflussen. Jedoch muss man den Waldorfschulen zugestehen, dass sie den Umgang mit elektronischen Medien nicht gänzlich und dauerhaft ablehnen, sondern erst ab einem bestimmten – zugegebenermaßen späten – Alter zulassen wollen. Es besteht die Problematik, dass Waldorfschülerinnen und -schüler im Umgang mit Gleichaltrigen, die Regelschulen besuchen und für die elektronische Medien zum selbstverständlichen Lebensalltag gehören, auf kommunikative Schwierigkeiten stoßen könnten.

fgabe 41 Die Anthroposophie, auf welcher die Waldorfpädagogik beruht, stellt eine bestimmte Weltanschauung dar: Rudolf Steiner begreift das Christentum als Grundlage des abendländischen Geisteslebens, ohne dass er sich an einer konkreten christlich-konfessionellen Lehre orientiert. Ihm zufolge sollte auch in der Schule Achtung vor dem Menschen als Geschöpf Gottes vermittelt werden. Grundsätzlich können Anhänger aller monotheistischen Religionen diese Forderung stützen und das Postulat der Achtung des menschlichen Lebens lässt sich sogar mit nicht-monotheistischen Religionen vereinbaren. Die Tatsache, dass in Waldorfschulen teilweise konfessioneller Religionsunterricht angeboten wird, unterstreicht die Toleranz der Schule gegenüber unterschiedlichen religiösen Überzeugungen.

Die Waldorfschule beurteilt Menschen zwar nicht nach Rasse, Religion, Geschlecht oder sozialem Stand, fordert aber die Anerkennung der Prämissen der Waldorfpädagogik und der Anthroposophie.

Konkrete Vorgaben in der musischen Erziehung oder Eurythmie machen es zudem schwer, an unterschiedliche kulturelle Traditionen von Kindern verschiedener Kulturen anzuknüpfen. Dagegen lässt sich andererseits die These vertreten, dass diese Vorgaben Kinder und Jugendliche unabhängig von ihren kulturellen Traditionen zusammenführen können.

Die Waldorfschule strebt eine harmonische und „ganzheitliche“ Entwicklung an. In diesem Kontext ist eine möglicherweise belastende und krisenhafte Auseinandersetzung mit der eigenen Identität vor dem Hintergrund unterschiedlicher Sinn- und Weltanschauungsangebote nicht beabsichtigt. Möglicherweise würden Anhänger der Anthroposophie einwenden, dass Menschen erst auf der Stufe des „exakten Hellsehens“ in der Lage sind, sich bewusst und begründet mit verschiedenen religiösen oder weltanschaulichen Auffassungen auseinanderzusetzen.

Nach Erikson ist die Entwicklungskrise „Identität vs. Identitätsdiffusion" im Pubertätsalter so unvermeidbar wie entwicklungsfördernd; in Waldorfschulen wird Kindern für ein solches Erleben und eigenes Bewältigen dieser Krise kaum Raum gegeben.

Letztlich müssen Betroffene das Menschenbild Rudolf Steiners zumindest in seinen Grundsätzen anerkennen, um ungeachtet der eigenen kulturellen Voraussetzungen oder ideologischen und religiösen Überzeugungen die Erziehung und Bildung in der Waldorfschule als Erziehung zur „Freiheit" ansehen zu können. Insofern ist die Waldorfschule nicht als Modell für eine staatliche Regelschule denkbar, sie kann immer nur eine Angebotsschule sein, die frei gewählt werden kann.

Aufgabe 42 Auch in der Gegenwart gibt es Ausländerhass oder Parolen wie: „Deutschland den Deutschen!". Vereinzelt sind Jugendliche sogar zu roher Gewalt gegen Ausländer oder manchmal auch gegen Juden bereit. Allerdings haben sich die „Objekte" des Ausländerhasses im Laufe der Jahrzehnte verändert. Während in den 1960er-Jahren z. B. Italiener diffamiert wurden, sind es heute Türken oder auch dunkelhäutige Menschen. Diese Tatsache belegt, dass rechtsradikaler Hass gegen Mitmenschen niemals rational begründet ist und dass die Gruppe derer, die abgelehnt wird, willkürlich austauschbar ist.

Adorno hat deshalb mit Nachdruck daran erinnert, dass das Motiv für Rechtsradikalismus immer bei den Tätern, nie bei den Opfern zu suchen sei. Motive rechtsradikaler Jugendlicher sind meist Unzufriedenheit mit der eigenen Lebenssituation oder auch Minderwertigkeitsgefühle.

Die erzieherischen Ziele des Nationalsozialismus beinhalteten eine Erziehung zur „Volksgemeinschaft" und zur Bereitschaft, sich für das eigene Volk bedingungslos einzusetzen. Es kann bezweifelt werden, dass der Großteil der rechtsradikalen Jugendlichen sich heute solcher Ziele bewusst ist. Sie hoffen vielmehr, sich durch Abgrenzung von Menschen, die sie für minderwertig erklären, selbst aufzuwerten.

Aufgabe 43 Kindern und Jugendlichen wurde in den nationalsozialistischen Kinder- und Jugendorganisationen gesagt, sie seien „Garanten der Zukunft des deutschen Volkes". Damit wurde ihr Selbstwertgefühl positiv verstärkt. Weiterhin boten die Aktivitäten des Jungvolks, der Hitlerjugend bzw. der Jungmädel oder des Bundes Deutscher Mädel Erfahrungen von Spiel, Sport, Wettkämpfen und Abenteuer. Auf diese Weise wurde der Alltag der Kinder und Jugendlichen neben der Schulzeit attraktiv gestaltet und ihren Interessen und Bedürfnissen entsprochen.

Mit ihrer Orientierung an staatlichen Autoritäten verloren die Autoritäten in Familie und Schule an Einfluss. Die Kinder erlebten sich als stark und weniger als Objekte elterlicher oder schulischer Mächte. Nicht vergessen werden darf in diesem Kontext, dass sowohl in Familien als auch in Kindergärten, Kinderheimen und Schulen ein autoritärer Erziehungsstil dominierte.

Autoritäre Erziehung fördert autoritäres Denken. Kinder müssen sich insbesondere in Familien immer auch als Partner erleben können, deren Interessen und Bedürfnisse ernst genommen werden und denen gegenüber Entscheidungen und Vorgaben begründet werden. Kinder müssen Zuwendung und Fürsorge erfahren, um auf diesem Fundament selbst Empathie zu lernen und die Gefühle und Bedürfnisse ihrer Mitmenschen berücksichtigen zu können.

Insbesondere die Schule muss eine vielseitige Bildung für alle anstreben. Sie muss nicht nur mit Faktenwissen, sondern auch mit unterschiedlichen Denkweisen in den einzelnen historischen Epochen und verschiedenen Kulturen vertraut machen. Nur so können Schülerinnen und Schüler Toleranz und Mitgefühl ausbilden und eine Wiederholung der Ereignisse des Dritten Reiches verhindert werden.

fgabe 44 Herbart fordert die Ausbildung einer „Vielseitigkeit des Interesses" als Voraussetzung von Mündigkeit und Moralität. Nur der „vielseitig Gebildete" kann Umstände oder Verhaltensweisen beurteilen, ohne selbst einseitig zu denken. Dagegen wurden im Nationalsozialismus zwar auch Fächer wie Erdkunde, Geschichte, Religion und Kunst unterrichtet, die Lehrpläne unterstanden aber dem Diktat der nationalsozialistischen Weltanschauung.

Sicherlich fand im Nationalsozialismus in gewissem Sinne ein „erziehender Unterricht" statt, da die Schülerinnen und Schüler Erfahrungen z. B. in der Hitlerjugend oder im Bund Deutscher Mädel auf Unterrichtswissen beziehen sollten. Dies hieß aber nicht, dass Unterrichtswissen und eigene Erfahrungen außerhalb der Schule kritisch aufeinander bezogen wurden. Insofern entstand auch kein eigenständiges, sondern ein angepasstes Denkens und Handeln.

Identitätsbildung

fgabe 45 Jugendliche wünschen sich Freizeit, Abenteuer und Erlebnisse, wollen aber zugleich in sozialen Gemeinschaften Anerkennung finden. Darüber hinaus sind sie mit Leistungserwartungen in der Schule oder der beruflichen Ausbildung konfrontiert. Sie müssen immer wieder neu die Balance zwischen Anforderungen und Wünschen oder Bedürfnissen finden.

Zum Beispiel weiß ein Jugendlicher, der am nächsten Tag eine Klausur schreibt, die seine Abschlussnote in dem entsprechenden Unterrichtsfach maßgeblich mitbestimmt, dass er sich darauf vorbereiten muss. Es will sich aber auch mit Freunden treffen. Möglicherweise beabsichtigt seine Peergroup, am Nachmittag vor der Klausur, gemeinsam an einer Kletterwand die eigenen Fähigkeiten zu erforschen. Der Jugendliche, der die Arbeit schreiben muss, ist begeisterter Kletterer und wird nicht zuletzt aufgrund seiner sportlichen Fähigkeiten von seinen Freunden anerkannt. Ihm ist wichtig, sich in der Gruppe zu beweisen. Daher fällt es ihm schwer, gerade auf das Klettern zu verzichten. Der Jugendliche könnte sich entscheiden, zum Klettern zu gehen, aber zu einem bestimmten Zeitpunkt die Gruppe zu verlassen, um sich auf die Klausur vorzubereiten. Er könnte auch versuchen, den Termin für das gemeinsame Klettern zu verschieben. Vielleicht wäre er sogar bereit, auf das Klettern und das Treffen mit seinen Freunden zu verzichten – in der Hoffnung, dass ihm durch diese einmalige Nichtteilnahme keine Nachteile in der Peergroup entstehen. Nicht auszuschließen wäre auch, dass er gemeinsam mit den Freunden klettert und sich am nächsten Tag in der Schule krankmeldet. In allen Fällen muss der Jugendliche die möglichen Konsequenzen seiner Entscheidung abwägen. Diese wird er – bewusst oder unbewusst – nicht ohne Blick auf seine soziale Mitwelt fällen, ohne die seine Suche nach Identität nie stattfindet.

Die Entscheidung des Jugendlichen hängt von mehreren Faktoren ab: Welche Stellung hat er in der Gruppe inne, in der er sich bewegt? Welche Werte dominieren in dieser Gruppe? Schulischer Ehrgeiz wird keineswegs in allen jugendlichen Zusammenschlüssen negativ bewertet. Inwieweit der Jugendliche die langfristigen Folgen seines Tuns berücksichtigen bzw. in konkreten Situationen seine Balance finden kann, ist immer auch abhängig von seinem kognitiven und affektiven Lernen sowie seinen sozialen Erfahrungen.

Aufgabe 46 Alle vier der von Krappmann beschriebenen identitätsfördernden Fähigkeiten bilden sich nur in längeren Entwicklungsprozessen heraus. Sie entstehen nicht durch gezieltes Training einer dieser Fähigkeiten, sondern vielmehr auf dem Fundament lang andauernder Erfahrungen sowie Beziehungen in Entwicklungs- und Erziehungsprozessen.

Kinder, die Fürsorge, Zuwendung und Bestätigung erfahren, die ermuntert werden, eigene Schritte zu gehen, deren eigene Meinung geachtet und deren Gefühle, Wünsche und Erwartungen ernst genommen werden, finden sicherlich eher den Weg zur eigenen Identitätsdarstellung als Kinder, die entsprechende Erfahrungen nicht machen.

Empathie werden Menschen kaum ausbilden, wenn sie selbst wenig Liebe und Zuwendung erfahren haben. Zugleich müssen sie aber auch in Erziehungsprozessen darauf hingewiesen werden, ihre Mitmenschen und deren Gefühle und Wünsche wahrzunehmen. Kinder mit Geschwistern können dies z. B. dadurch lernen, dass ihre Eltern sich mit ihnen gemeinsam über Erfolge ihrer Geschwister freuen.

Rollendistanz und Ambiguitätstoleranz können Kinder in jungen Jahren noch nicht lernen. Dies setzt die Fähigkeit voraus, Erfahrungen differenziert betrachten zu können. Wichtig ist also die Förderung einer kognitiven Entwicklung, innerhalb derer Kinder nicht nur formal denken lernen, sondern auch unterschiedliche Aspekte und Gesichtspunkte bestimmter Sachverhalte berücksichtigen können. So können sie Enttäuschungen besser ertragen. Wichtig aber wäre zudem, dass sie im Leben zuvor schon Frustrationen ausgehalten haben. Darum ist es erzieherisch keinesfalls erstrebenswert, Frustrationen von Kindern zu verhindern, sondern es ist wichtig, ihnen beim Durchleben von Frustrationen beizustehen.

Rollendistanz fällt besonders Jugendlichen schwer, weil sie auf der Suche nach „Rollen" im Leben sind. Umgekehrt erleben sie in ihren Rollen als Schüler oder Freund oder Mitglied in einer Sportmannschaft immer wieder Enttäuschungen, die sie zum Nachdenken zwingen. Es könnte auch sein, dass sie nur Rollen spielen, ohne zu merken, dass sie so keine eigenen Persönlichkeit ausbilden. Darum sollte in der Familie wie in der Schule das Thema „Persönlichkeit" berücksichtigt werden. Es sollten Auseinandersetzungen mit Menschen stattfinden, die nicht einfach Rollenerwartungen erfüllen, sondern sich mit diesen kritisch auseinandersetzen. Im Literaturunterricht lassen sich viele Beispiele behandeln: Wilhem Tell, Möbius in Dürenmatts Drama „Die Physiker", Hauke Haien in Storms „Der Schimmelreiter" oder Laurie und David in Morton Rhues „Die Welle". Rollendistanz entsteht aber auch durch Kritik am eigenen Rollenverhalten. Insofern sollten Eltern keineswegs alle Verhaltensweisen ihrer jugendlichen Kinder hinnehmen, sondern auch den Mut zu sachlich begründeter Kritik haben. Damit drängen sie ihre Kinder zur Auseinandersetzung mit sich und ihren Rollen als Kinder, Schüler, etc.

gabe 47 Lothar Krappmann benennt „Rollendistanz", „Role-taking", „Ambiguitätstoleranz" und „Identitätsdarstellung" als identitätsfördernde Fähigkeiten, Immanuel Kant fordert von Erziehung „Disziplinierung", „Kultivierung", „Zivilisierung" und „Moralisierung". Kant beschreibt so auch eine Stufenfolge der

Erziehung. Krappmann fragt nicht nach erzieherischen Schritten, sondern bedenkt Fähigkeiten, welche Menschen als soziale Wesen ausbilden müssen, um innerhalb einer sozialen Lebenswelt eine eigene Identität konstruktiv ausbilden zu können.

Ziel menschlicher Entwicklung ist nach Kant „Moralisierung". Krappmann erklärt zum Ziel der Sozialisation den autonomen Menschen, der auch für die Autonomie anderer eintritt. Man könnte das Eintreten für die Autonomie anderer als ein Orientieren an guten Zwecken deuten.

Die von Krappmann beschriebenen Fähigkeiten lassen sich als Konkretisierungen von Kants Postulaten der Kultivierung und insbesondere der Zivilisierung verstehen. Rollendistanz, Ambiguitätstoleranz, Identitätsdarstellung und Role-taking sind Fähigkeiten, die Menschen helfen können, im gesellschaftlichen, beruflichen und privaten Leben erfolgreich zu sein. Kant hätte diese Fähigkeiten unter dem Begriff der Zivilisierung zusammengefasst. Das Erlernen der identitätsfördernden Fähigkeiten nach Krappmann sichert noch nicht Moralisierung, aber es könnte ein bedeutendes Fundament für Moralisierung darstellen. Empathie ist auch eine Voraussetzung dafür, überhaupt differenziert fragen zu können, was Menschen leiden lässt. Erst Rollendistanz ermöglicht es Menschen, sich partiell von Rollenerwartungen frei zu machen und das eigene Rollenverhalten aus einer anderen – beispielsweise moralischen – Perspektive kritisch in den Blick zu nehmen. Fragen zu können, ob etwas, was mir gefällt, moralisch gut oder schlecht ist, setzt voraus, dass ich das Tun distanziert betrachten kann.

Stichwortverzeichnis

Absorbierender Geist 136
Adaptation 42, 63 f.
Aggressionshemmung 101 ff.
Aggressionstheorien 86 ff.
Aggressive Anreger 99 ff.
Akkommodation 43
Ambiguitätstoleranz 173, 176
Ambivalenz 97, 113, 126
Anale Phase 17 ff., 28, 66
Animismus 46
Anthroposophie 145 ff.
Äquilibration 42 f., 53
Archetypen 13, 23
Assimiliation 42 f., 53, 141
Astralischer Leib 146
Ätherleib 146
Auctoritas 147
Aufklärung 5 ff., 165
Ausstoßung, vernachlässigende 115
Autonomie 28 ff.
Autopoietische Systeme 108
Autorität 22, 29 ff., 38 f., 130, 146 ff., 157, 162 ff.
Axiologisches Kriterium 3, 10

Bauplan, innerer 136
Bildung 8 ff., 73, 79, 147, 150, 159 ff.
Bindung, verstrickende 115, 119
Bothmer-Gymnastik 151
Bund Deutscher Mädel 160

Casa di Bambini 135
Charakter
– objektiver 8
– subjektiver 8
Choleriker 147 f.

Denken
– deduktives 49
– induktives 48
– konstruktivistisches 108
– magisches 46
– Meta~ 48
– reversibles 47
– systemisches 108 ff.
Destrudo / Destruktionstrieb 16 f., 87 ff., 143
Disziplinierung 6 ff., 126, 133

Egozentrismus 19, 44 ff., 132
Empathie 100, 173 ff.
Entwicklungsaufgaben 75 ff.
Epigenetisches Prinzip 25 f., 43
Epistemisches Subjekt 43
Epochenunterricht 149 ff., 157
Erziehender Unterricht 7 ff.
Erziehung
– kosmische 138 f.
– negative 7
Es 15 ff., 66
Eurythmie 150 ff.

Familien-Ghetto 115
Finalismus 46
Formal-operationales Stadium 44, 48 f.
Fragen
– kausales 23
– Klassifikations~ 113
– Prozent~ 113
– Übereinstimmungs~ 113
– zirkuläres 110 ff.
Freiarbeit 138 ff.
Freudsche Fehlleistung 21 f.
Frustrations-Aggressionstheorie 90

Game 57 ff., 118
Generativität 34 f.
Genetik 76, 79, 88, 93
Genitale Phase 19
Gesellschaft als soziales System 61 ff.
Gesetze des Blutes und der Rasse 160 f.
Gewissen 23, 30 ff., 117, 162
Gewalt
– expressive 98
– instrumentelle 98
– regressive 98
Goal attainment 63 f.

Heißer Stuhl 104
Hitler-Jugend 160

Ich 15 ff., 66
– ~-Identität 35, 77 ff., 172
– ~-Leib 146
Identifikation mit dem Aggressor 163
Identität 32 ff., 56 ff., 73 ff., 118, 167 ff.
– balancierende 172
– ~sdarstellung 173, 176
– ~sdiffusion 32 ff.
Individuation 77 ff., 114 ff.
Initiative 30 ff.
Integration 34, 58, 61 ff., 77 ff., 118, 169
Integrität 34 f.
Intelligentia 147
Interaktionismus 167 ff.
Internalisierung 63, 66
Intimisierung 74
Intimität 33 ff., 124
Intrusion 126
Invarianz der Menge 47, 50
Isolation 33 ff.

Jahrsiebt 146 f.
Jungmädel 160
Jungvolk 160

Kastrationsangst 18
Kategorischer Imperativ 6
Kathartischer Effekt 14
Kibbuz 35 ff.
Kindesmord 125
Klinische Methode 44
Konkret-operationales Stadium 44, 47 f.
Konturierte Persönlichkeiten 81 f.
Kultivierung 6, 10

Latency 63 f.
Latenzzeit 31, 67
Libido 16, 87

Mediation 103
Melancholiker 147 f.
Mind 57
Minderwertigkeitsgefühl 31 ff.
Modelllernen 91
Möglichkeitskonstruktionen 109 ff., 117
Montessoripädagogik 134 ff.
Moralisierung 6, 10, 53, 74, 105

Nachahmen 43, 128
Narzissmus 95
Nationalsozialistische Ideologie 159 ff.

Ödipale Phase 18 f., 66
Ödipuskonflikt 14, 18, 30
Orale Phase 17 f., 26, 66

Pädagogisierung 74
Paideutisch 4
Pattern variables 65 f., 69, 71, 169
Phallische Phase 18 f.
Phlegmatiker 147 f.

Physiologie 93
Physischer Leib 146
Play 57 ff., 186
Präoperationales Stadium 44 ff.
Produktive Realitätsverarbeitung 73 ff.
Projektion 19 f., 23 f., 127 f.
Psychoanalyse 13 ff., 105
Psychischer Embryo 137

Rationalisierung 19 f.
Regression 19 f.
Reinkarnation 146
Retterforschung 165
Rolle 61 ff., 167 ff.
Rollendistanz 173

Sanguiniker 147 f.
Schema 42 ff.
Schuldgefühl 30 ff., 126 f.
Schwarze Pädagogik 123
Scolarisation 123
Self 57, 118
Sensible (sensitive) Phasen 136, 144
Sensomotorisches Stadium 44
Signifikante Symbole 56
Signifikanter Anderer 57, 118
Sinnesmaterialien 138, 142
Sophia 145 f.
Sozialer Embryo 137
Sozialer Mensch 137
Sozialer Neugeborener 137
Sozialisation 13 ff., 61 ff., 73 f.
Spiel 43 ff., 90 ff., 121 ff., 160
– Funktions~ 47
– Konstruktions~ 48
– Regel~ 32, 48
– Rollen~ 43, 48 f., 56 f., 102, 169 f.
– Strategie~ 49
– Symbol~ 47
– werkschaffendes 47
Sprachgebrauch
– analytischer 174
– reflexiver 174
Stagnation 34 f.
Streitschlichtung 103
Sublimierung 19 ff.
Subsystemvergleiche 113
Symbolsystem 46, 56, 169
Systemische Therapie 109 ff.

Täter-Opfer-Ausgleich 104
Technologisches Kriterium 3
Theosophie 145

Über-Ich 15 ff., 66 f., 87, 105, 162
Unterstützung 2, 70 f., 78 ff. 126, 141, 147, 175
Urmisstrauen 26 ff., 35 f.
Urvertrauen 26 ff., 35 f.

Ventiltheorie 99, 103
Verallgemeinerter Anderer 57 ff., 118
Verdrängung 19 ff.
Verzweiflung 34 f.
Vielseitigkeit des Interesses 8 ff., 142
Vorbereitete Umgebung 138

Waldorfpädagogik 145 ff.
Weggabe 125
Werksinn 26, 31 ff., 132
Wirklichkeitskonstruktionen 109 ff.

Zivilisierung 6, 10, 53
Zucht 7 ff.

Quellennachweis

Umschlagbild: © sk_design – Fotolia.com

S. 1 © Monkey Business Images – Dreamstime.com (oben links), © Monika Adamczyk – Fotolia.com (oben rechts), © AVAVA – Fotolia.com (unten links), © Wojciech Gajda – Fotolia.com (unten rechts)

Abb. 1 Klaus Beyer: Handlungspropädeutischer Pädagogikunterricht. Eine Fachdidaktik auf allgemeindidaktischer Grundlage, Teil I: Aufgaben, Prinzipien und Lernziele, Baltmannsweiler: Schneider Verlag, Hohengehren 1997, S. 147
Abb. 2 Dietrich Benner: Die Pädagogik Herbarts. Eine problemgeschichtliche Einführung in die Systematik neuzeitlicher Pädagogik, Juventa, Weinheim und München 1986, S. 136
Abb. 3 C. Storck
Abb. 4 C. Storck
Abb. 5 C. Storck
Abb. 6 Stark Verlag
Abb. 7 Stark Verlag
Abb. 8 Horst Nickel und Ulrich Schmidt-Denter: Vom Kleinkind zum Schulkind, Reinhardt Verlag, München 1995, 5., überarbeitete und ergänzte Aufl., S. 55 – 58
Abb. 9 nach Donaldson 1982
Abb. 10 C. Storck
Abb. 11 Herbert Gudjons: Pädagogisches Grundwissen. Überblick – Kompendium – Studium, 10. aktualisierte Auflage, Verlag Julius Klinkhardt, Bad Heilbrunn 2008, S. 162
Abb. 12 C. Storck
Abb. 13 Hannelore Faulstich-Wieland: Individuum und Gesellschaft. Sozialisationstheorien und Sozialisationsforschung, Oldenbourg Wissenschaftsverlag, München und Wien 2000, S. 124
Abb. 14 Klaus Hurrelmann, Lebensphase Jugend. 7., vollständig überarbeitete Auflage, Juventa, Weinheim und München 2004, S. 64 – 71. Klaus Hurrelmann, Bernd Rosewitz und Hartmut K. Wolf: Lebensphase Jugend, Juventa, Weinheim und München 1985, S. 25 – 32
Abb. 15 ullstein bild – vario images
Abb. 16 Albert Bandura: Einfluss der Verstärkungskontingenzen des Modells auf den Erwerb der Nachahmungsreaktion (im Original erstmals publiziert im Journal of Personlity and Social Psychologie, 1965, B. 1, S. 589 – 595). In: Albert Bandura, Lernen am Modell, Klett, Stuttgart 1976, Übersetzung: Hainer Kober, S. 117–125
Abb. 17 C. Storck
Abb. 18 C. Storck
Abb. 19 C. Storck
Abb. 20 C. Storck
Abb. 21 C. Storck
Abb. 22 picture-alliance/akg-images
Abb. 23 bpk
Abb. 24 picture-alliance/akg-images
Abb. 25 Lloyd de Mause: Über die Geschichte der Kindheit, Suhrkamp, Frankfurt am Main 1979, Übersetzung: Renate und Rolf Wiggershaus, S. 116
Abb. 26 ullstein bild – JOKER/Gloger

Abb. 27 Rainer Winkel, Sympathie und Distanz: (Fast) vierzig Jahre Erfahrungen mit der Waldorfpädagogik. In: Otto Hansmann (Hrsg.): Pro und Contra Waldorfpädagogik. Königshausen & Neumann, Würzburg 1987, S. 253
Abb. 28 www.fwsso.de/faq/Lehrplan.htm
Abb. 29 ullstein bild – Imagebroker.net
Abb. 30 bpk/Carl Weinrother
Abb. 31 C. Storck

Porträts:
S. 13 Imagno/Getty Images
S. 25 Ted Streshinsky/Time & Life Pictures/Getty Images
S. 42 ullstein bild – Granger Collection
S. 56 ullstein bild – Granger Collection
S. 61 ullstein bild – Granger Collection
S. 73 Uni Bielefeld
S. 91 ullstein bild – KPA; Universität Yale; Time & Life Pictures/Getty Images (von links nach rechts)
S. 109 Arist von Schlippe; Klett-Cotta
S. 129 ullstein bild – Spiegl
S. 134 ullstein bild – Roger Viollet
S. 145 ullstein bild – Bunk
S. 167 Lothar Krappmann

Wir danken allen Rechteinhabern für die Abdruckerlaubnis.
Der Verlag hat sich bemüht, die Urheber der abgedruckten Bilder und Texte ausfindig zu machen. Wo dies nicht gelungen ist, bitten wir diese, sich ggf. an den Verlag zu wenden.

Ihre Meinung ist uns wichtig!

Ihre Anregungen sind uns immer willkommen. Bitte informieren Sie uns mit diesem Schein über Ihre Verbesserungsvorschläge!

Titel-Nr.	Seite	Vorschlag

Bitte hier abtrennen

18-V1T
Bitte ausfüllen und im frankierten Umschlag an uns einsenden. Für Fensterkuverts geeignet.

Zutreffendes bitte ankreuzen!

Die Absenderin/der Absender ist:

- ☐ Lehrer/in in den Klassenstufen: ____
- ☐ Fachbetreuer/in
  Fächer: ____
- ☐ Seminarlehrer/in
  Fächer: ____
- ☐ Regierungsfachberater/in
  Fächer: ____
- ☐ Oberstufenbetreuer/in
- ☐ Schulleiter/in
- ☐ Referendar/in, Termin 2. Staatsexamen: ____
- ☐ Leiter/in Lehrerbibliothek
- ☐ Leiter/in Schülerbibliothek
- ☐ Sekretariat
- ☐ Eltern
- ☐ Schüler/in, Klasse: ____
- ☐ Sonstiges: ____

Unterrichtsfächer: (Bei Lehrkräften!)

____

STARK Verlag
Postfach 1852
85318 Freising

Kennen Sie Ihre Kundennummer? Bitte hier eintragen.

Absender (Bitte in Druckbuchstaben!)

Name/Vorname ____

Straße/Nr. ____

PLZ/Ort/Ortsteil ____

Telefon privat ____ Geburtsjahr ____

E-Mail ____

Schule/Schulstempel (Bitte immer angeben!)

Bitte hier abtrennen

Wirtschaft/Recht

Wirtschaft – Baden-Württemberg .... Best.-Nr. 84851
Betriebswirtschaft .... Best.-Nr. 94851
Abitur-Wissen Volkswirtschaft .... Best.-Nr. 94881
Abitur-Wissen Rechtslehre .... Best.-Nr. 94882
Kompakt-Wissen Abitur Volkswirtschaft .... Best.-Nr. 948501

Politik

Abitur-Wissen Internationale Beziehungen .... Best.-Nr. 94802
Abitur-Wissen Demokratie .... Best.-Nr. 94803
Abitur-Wissen Sozialpolitik .... Best.-Nr. 94804
Abitur-Wissen Die Europäische Einigung .... Best.-Nr. 94805
Abitur-Wissen Politische Theorie .... Best.-Nr. 94806
Kompakt-Wissen Abitur Politik/Sozialkunde .... Best.-Nr. 948001
Lexikon Politik/Sozialkunde .... Best.-Nr. 94801

Erdkunde

Methoden Erdkunde .... Best.-Nr. 94901
Geographie – Atmosphäre · Küstenlandschaften in Europa
Wirtschaftsstrukturen und -prozesse – Baden-W. Best.-Nr. 84902
Erdkunde – Atmosphäre · Relief- und Hydrosphäre · Wirtschafts-
prozesse und -strukturen · Verstädterung .... Best.-Nr. 94909
Abitur-Wissen GUS-Staaten/Russland .... Best.-Nr. 94908
Abitur-Wissen Entwicklungsländer .... Best.-Nr. 94902
Abitur-Wissen USA .... Best.-Nr. 94903
Abitur-Wissen Europa .... Best.-Nr. 94905
Abitur-Wissen Der asiatisch-pazifische Raum .... Best.-Nr. 94906
Kompakt-Wissen Abitur Erdkunde
Allgemeine Geografie · Regionale Geografie .... Best.-Nr. 949010
Lexikon Erdkunde .... Best.-Nr. 94904

Deutsch

Methoden Deutsch .... Best.-Nr. 944062
Dramen analysieren und interpretieren .... Best.-Nr. 944092
Erörtern und Sachtexte analysieren .... Best.-Nr. 944094
Gedichte analysieren und interpretieren .... Best.-Nr. 944091
Epische Texte analysieren und interpretieren .... Best.-Nr. 944093
Übertritt in die Oberstufe .... Best.-Nr. 90409
Abitur-Wissen Erörtern und Sachtexte analysieren Best.-Nr. 944064
Abitur-Wissen Textinterpretation .... Best.-Nr. 944061
Abitur-Wissen Deutsche Literaturgeschichte .... Best.-Nr. 94405
Abitur-Wissen Prüfungswissen Oberstufe .... Best.-Nr. 94400
Kompakt-Wissen Rechtschreibung .... Best.-Nr. 944065
Lexikon Autoren und Werke .... Best.-Nr. 944081

Ethik

Ethische Positionen in historischer Entwicklung gk Best.-Nr. 94951
Abitur-Wissen Philosophische Ethik .... Best.-Nr. 94952
Abitur-Wissen Glück und Sinnerfüllung .... Best.-Nr. 94953
Abitur-Wissen Freiheit und Determination .... Best.-Nr. 94954
Abitur-Wissen Recht und Gerechtigkeit .... Best.-Nr. 94955
Abitur-Wissen Religion und Weltanschauungen .... Best.-Nr. 94956
Abitur-Wissen Politische Ethik .... Best.-Nr. 94958

Erziehungswissenschaft

Erziehungswissenschaft NRW GK/LK .... Best.-Nr. 54941

Pädagogik/Psychologie

Grundwissen Pädagogik .... Best.-Nr. 92480
Grundwissen Psychologie .... Best.-Nr. 92481

Latein

Abitur-Wissen Lateinische Literaturgeschichte .... Best.-Nr. 94602
Wiederholung Grammatik .... Best.-Nr. 94601
Wortkunde .... Best.-Nr. 94603
Kompakt-Wissen Kurzgrammatik .... Best.-Nr. 906011

Französisch

Landeskunde Frankreich .... Best.-Nr. 94501
Themenwortschatz .... Best.-Nr. 94503
Literatur .... Best.-Nr. 94502
Abitur-Wissen Literaturgeschichte .... Best.-Nr. 94506
Kompakt-Wissen Abitur Themenwortschatz .... Best.-Nr. 945010
Kompakt-Wissen Kurzgrammatik .... Best.-Nr. 945011

Religion

Katholische Religion 1 gk .... Best.-Nr. 84991
Katholische Religion 2 gk .... Best.-Nr. 84992
Abitur-Wissen gk ev. Religion
Der Mensch zwischen Gott und Welt .... Best.-Nr. 94973
Abitur-Wissen gk ev. Religion
Die Verantwortung des Christen in der Welt .... Best.-Nr. 94974
Abitur-Wissen Glaube und Naturwissenschaft .... Best.-Nr. 94977
Abitur-Wissen Jesus Christus .... Best.-Nr. 94978
Abitur-Wissen Die Frage nach dem Menschen .... Best.-Nr. 94990
Abitur-Wissen Die Bibel .... Best.-Nr. 94992
Abitur-Wissen Christliche Ethik .... Best.-Nr. 94993

Sport

Bewegungslehre · Sportpsychologie .... Best.-Nr. 94981
Trainingslehre .... Best.-Nr. 94982

Kunst

Abitur-Wissen Malerei .... Best.-Nr. 94961
Abitur-Wissen Analyse und Interpretation .... Best.-Nr. 94962

Englisch

Übersetzungsübung .... Best.-Nr. 82454
Grammatikübung .... Best.-Nr. 82452
Themenwortschatz .... Best.-Nr. 82451
Grundlagen, Arbeitstechniken, Methoden mit CD .. Best.-Nr. 944601
Sprachmittlung .... Best.-Nr. 94469
Textaufgaben Literarische Texte und Sachtexte .... Best.-Nr. 94468
Sprechfertigkeit mit CD .... Best.-Nr. 94467
Englisch – Grundwissen Übertritt in die Oberstufe Best.-Nr. 82453
Abitur-Wissen Landeskunde Großbritannien .... Best.-Nr. 94461
Abitur-Wissen Landeskunde USA .... Best.-Nr. 94463
Abitur-Wissen Englische Literaturgeschichte .... Best.-Nr. 94465
Kompakt-Wissen Abitur Themenwortschatz .... Best.-Nr. 90462
Kompakt-Wissen Abitur Landeskunde/Literatur .... Best.-Nr. 90463
Kompakt-Wissen Abitur
Landeskunde/Literatur – NRW .... Best.-Nr. 50463
Kompakt-Wissen Kurzgrammatik .... Best.-Nr. 90461
Kompakt-Wissen Grundwortschatz .... Best.-Nr. 90464

Bestellungen bitte direkt an:
STARK Verlagsgesellschaft mbH & Co. KG · Postfach 1852 · 85318 Freising
Tel. 0180 3 179000* · Fax 0180 3 179001* · www.stark-verlag.de · info@stark-verlag.de
* 9 Cent pro Min. aus dem deutschen Festnetz

STARK

18-V1T